国際安全保障

基本的な問いにどう答えるか

今野茂充 編

春風社

国際安全保障

基本的な問いにどう答えるか

社会科学研究叢書 11

目次

第二部　事例研究

はしがき

「日本を取り巻く安全保障環境が年々厳しくなっている」といわれるようになって久しい。2022年5月に尹錫悦(ユンソンニョル)が韓国大統領に就任して以来、日韓関係には改善がみられるようになったが、近年の東アジア情勢を概観すると、将来を楽観的に展望できる要素は少ないように思われる。ここ数年、台湾有事の可能性について公然と議論されるようになり、中国の軍事力の大幅な増強は、通常戦力にとどまらず、核戦力にまで及んでいる。2022年2月にロシアがウクライナに進攻した後、日ロ関係は悪化し、北方領土問題を解決する糸口はまったくみえない。北朝鮮の核戦力の整備も着実に進展しており、「朝鮮半島の非核化」が実現する見込みはまったくないといっても過言ではない。これまで日本が頼りにしてきた同盟国・アメリカについても、国内政治・国内社会に不安な要素が存在しており、かつてのように「アメリカとの関係さえ良好な状態を維持できれば、日本はなんとかなる」と楽観的に考えることは徐々に難しくなっている。こうした状況下で、長らく「戦後平和主義」の影響が強かった日本においても、国際安全保障への関心が高まっていることは、ある意味、当然のことなのかもしれない。

とはいえ、日本を取り巻く国際安全保障環境が大きく変化していることに鑑みると、日本の安全保障政策やそれを支える国内体制の変化は、悠々閑々としているようにもみえる。安全保障を「それまで獲得した価値がある程度保護されている状態」、「不安という悪が存在しない状態」と定義したことでよく知られている、古典的リアリストのアーノルド・ウォルファーズは、安全保障のための努力は国内で重荷として扱われる傾向が強く、国家には、安全保障のための努力を、自国が適切と考える保護が得られる最小限の水準にとどめようとする傾向があることを、60年ほど前に指摘している†1。この傾向は、現在でも多くの国にあてはまると思われる。

ウォルファーズは、安全保障に最低限必要だと一般的に考えられる水準は、多くの場合、「政治家や軍事指導者、あるいは安全保障を特段重視する意思決定プロセスの参加者が考える水準よりも低くなる。いずれにせよ、外的脅威の程度とともに、国民性、伝統、嗜好、偏見など数多くの国内要因が、国家が目標とする安全保障の水準に影響を与える」とも述べている†2。日本国内では、指導者や防衛·外交当局者、報道関係者の間にも、国際安全保障に関する情勢認識に大きな乖離が存在し、国民の安全保障に関する意識や感覚にもかなりのバラつきが存在する。日本を取り巻く国際安全保障環境が悪化傾向にあることを考えると、国際安全保障の研究や実務にかかわる人々だけではなく、大学生や一般読者の方々が国際安全保障への理解を深め、こうした問題について考える時間を持つことが、これまで以上に重要になっているといえよう。

国際安全保障研究は第二次世界大戦後に発展した研究分野であり、その発展の契機は原爆の開発と冷戦の勃発によってもたらされたとされている。冷戦期の国際安全保障研究においては、戦争や同盟の原因といった一般的な問題や、特定の国が直面する軍事的脅威やその他の脅威に関する政策志向的な研究が中心的な存在であった。より具体的には、国際システムにおける紛争や戦争の原因、国家間紛争の力学と結果、脅威の性質と脅威認識、こうした脅威によって引き起こされる紛争の緩和や紛争解決に関する基礎的な理論研究などがあ

---

1 Arnold Wolfers, *Discord and Collaboration: Essays on International Politics*, Johns Hopkins University Press, 1962, pp. 150, 153.

2 Ibid., p. 153.

る。また、戦略、軍備管理、核抑止、通常抑止、通常戦略、国家の防衛政策の決定要因、軍事組織や政軍関係の研究、軍事史などの研究も盛んにおこなわれていた[†3]。一般的に、この分野では、国際政治学におけるリアリズムの影響が大きかったとされている。

以上のような研究テーマは、今では伝統的安全保障の問題として認識されているが、その多くは現在も国際安全保障研究の重要なテーマであり続けている。他方で、冷戦終結以降、外交と軍事(あるいは国際政治)の範囲にはおさまらない性質をもつ問題が安全保障研究で扱われるようになり、非伝統的安全保障と総称されるようになった。非伝統的安全保障にもさまざまな問題があるが、海賊、テロ組織、武装集団、国際犯罪集団といった非国家主体がかかわる問題が重要な研究対象となっている。

このように国際安全保障研究が扱う範囲は広範であるが、かつては、海外における研究成果の受容は、日本の国際政治学者が関心を持つ一部の論議に限られていた。「戦後平和主義」の影響も現在と比べてはるかに大きく、その影響下で、日本の学界の言説空間が形成されていたこともその一因である[†4]。そのため、海外の文献を読まなければ、国際安全保障研究に関する理論的な争点を理解したり、研究動向を大局的に把握したりすることが困難な時代が長く続いた。ところが、日本を取り巻く安全保障環境の大きな変化もあり、過去20年余りの間に、日本語で読むことができる国際安全保障関連の書籍

3 Joseph S. Nye, Jr., and Sean M. Lynn-Jones, "International Security Studies: A Report of a Conference on the State of the Field," *International Security*, Vol. 12, No. 4 (Spring 1988), pp. 6–8.

4 冷戦期の日本では、安全保障領域においても現実主義者は少数派であった。また、神谷万丈が論じているように、日本の現実主義者は、北米(あるいは欧州)のリアリストとは異なる視座や世界観に基づいた議論を展開していた。神谷万丈「日本的現実主義者のパワー観」『国際安全保障』第39巻第4号(2012年3月)66–81頁、神谷万丈「日本的現実主義者のナショナリズム観」『国際政治』第170号(2012年10月)15–29頁を参照。

は大幅に増加した[†5]。ここでは、総論・原論的な書籍や理論を扱う書籍を中心に、その一部を紹介してみたい。

まず、本格的な入門書として挙げておきたいのが、防衛大学校安全保障研究会の編集による『安全保障学入門』と『安全保障のポイントがよくわかる本』である[†6]。この2冊は、安全保障問題に関心を持つ学生や一般読者が、本格的な勉強をはじめる際に有用なテキストである。基礎的な議論を理解した後、海外の学界での理論的な議論を含め、より専門的に学びたい読者には、宮岡勲『入門講義　安全保障論』、土山實男『安全保障の国際政治学』、多湖淳『戦争とは何か』、鈴木基史『平和と安全保障』、山本吉宣・河野勝(編)『アクセス安全保障論』といった書籍が有益だと思われる[†7]。テロリズム研究に関しても、

5　赤木完爾・国際安全保障学会編『国際安全保障がわかるブックガイド』(慶應義塾大学出版会、2024年)は、日本語で読むことができる安全保障関連の書籍を数多く紹介している。日本の学界における近年の安全保障研究の傾向については、泉川泰博「日本国際政治学会の安全保障研究」『国際政治』第199号(2020年3月)97–109頁、赤木完爾「安全保障理論の新たな地平」『国際安全保障』第44巻第3号(2017年3月) 1–7頁なども参照。

6　防衛大学校安全保障研究会編『安全保障学入門』新訂第5版、亜紀書房、2018年(初版は1998年に刊行);防衛大学校安全保障研究会編『安全保障のポイントがよくわかる本——「安全」と「脅威」のメカニズム』亜紀書房、2007年。

7　宮岡勲『入門講義 安全保障入門』第2版、慶應義塾大学出版会、2023年;土山實男『安全保障の国際政治学——焦りと傲り』第2版、有斐閣、2014年;多湖淳『戦争とは何か——国際政治学の挑戦』中公新書、2020年;鈴木基史『平和と安全保障』東京大学出版会、2007年;山本吉宣、河野勝編『アクセス安全保障論』日本経済評論社、2005年。これらの書籍に加えて、須藤季夫『国家の対外行動』(東京大学出版会、2007年)、梅本哲也『アメリカの世界戦略と国際秩序——覇権、核兵器、RMA』(ミネルヴァ書房、2010年)、野口和彦『パワー・シフトと戦争——東アジアの安全保障』(東海大学出版会、2010年)、吉川直人・野口和彦編『国際関係理論』第2版(勁草書房、2015年)、川﨑剛『大戦略論——国際秩序をめぐる戦いと日本』(勁草書房、2019年)、足立研幾『国際政治と規範——国際社会の発展と兵器使用をめぐる規範の変容』(有信堂、2015年)、植木千可子『平和のための戦争論——集団的自衛権は何をもたらすのか?』(ちくま新書、2015年)、岡垣知子『国際政治の基礎理論』(青山社、2021年)なども専門的に安全保障を学びたい読者にとって有用である。

宮坂直史(編)『テロリズム研究の最前線』が刊行され、最新の議論を学ぶことが可能になった[†8]。さらに、国際安全保障を理解する上で重要な視座を提供してくれるのが、アメリカの著名なリアリストの論考である。ケネス・ウォルツの『人間・国家・戦争』や『国際政治の理論』、ロバート・ギルピンの『覇権国の交代』、スティーヴン・ウォルトの『同盟の起源』、ジョン・ミアシャイマーの『大国政治の悲劇』、クリストファー・レインの『幻想の平和』など、その一部は日本語にも翻訳されている[†9]。安全保障問題における戦略的相互作用に関心がある読者には、トーマス・シェリングによる古典的名著『軍備と影響力』や『紛争の戦略』が有益である[†10]。

歴史的な経緯を含め、安全保障面での日本の立ち位置を理論的に把握することを試みる論考としては、川﨑剛による『社会科学としての日本外交研究』や小野直樹の『日本の対外行動』といった研究書がある[†11]。ただ、このテーマの重要性を

8　宮坂直史編『テロリズム研究の最前線』法律文化社、2023年。

9　ケネス・ウォルツ『人間・国家・戦争——国際政治の3つのイメージ』渡邉昭夫・岡垣知子訳、勁草書房、2013年；ケネス・ウォルツ『国際政治の理論』河野勝・岡垣知子訳、勁草書房、2010年；ロバート・ギルピン『覇権国の交代——戦争と変動の国際政治学』納屋政嗣監訳、徳川家広訳、勁草書房、2022年；スティーヴン・M・ウォルト『同盟の起源——国際政治における脅威への均衡』今井宏平・溝渕正季訳、ミネルヴァ書房、2021年；ジョン・J・ミアシャイマー『完全版 大国政治の悲劇』奥山真司訳、五月書房、2017年；クリストファー・レイン『幻想の平和——1940年から現在までのアメリカの大戦略』奥山真司訳、五月書房、2011年。

10　トーマス・シェリング『軍備と影響力——核兵器と駆け引きの論理』斎藤剛訳、勁草書房、2018年；トーマス・シェリング『紛争の戦略——ゲーム理論のエッセンス』河野勝監訳、勁草書房、2008年。

11　川﨑剛『社会科学としての日本外交研究——理論と歴史の統合をめざして』ミネルヴァ書房、2015年；小野直樹『日本の対外行動——開国から冷戦後までの盛衰の分析』ミネルヴァ書房、2011年。日本外交に関する歴史研究と理論研究の対話や相互作用については、大矢根聡編『国際関係理論と日本外交史——「分断」を乗り越えられるか』（勁草書房、2020年）と大矢根聡編『戦後日本外交からみる国際関係——歴史と理論をつなぐ視座』（ミネルヴァ書房、2021年）も参照。

考えるとまだまだ数は少ない。宮下明聡『ハンドブック戦後日本外交』は、1951年以降の日本外交にかかわる事象について、仮説を構築したり、検証したりする際に参照されることを意識して書かれており、戦後日本の安全保障政策の歴史を学んだり、研究したりする際にも有用である†12。

本書の目的と構成

本書の目的は、国際安全保障の領域における基本的な問いを整理し、こうした問いに答えるために有用な論点や、国内外の学界で蓄積されてきた研究成果について検討することである。基本的な問いとはいっても、初歩的な知識のみでは答えることが難しい場合も多い。こうした基本的な問いのなかには、有史以来、探求され続けているような解決困難な問題も存在する。国際安全保障に関する基本的な問いについて考える際には、技術水準や国際情勢の変化によって、探求対象となる問いの答えに変化が生じることも想定する必要がある。たとえば、戦争の原因についてもそうであり、時代によって戦争を引き起こす要因の比率や大国間戦争の頻度にも変化がみられる。また、核時代の到来によって、核を持つ大国間の全面戦争は考えづらくなっている。そのため、核時代より前と核時代以降とでは、大国間戦争の原因も自ずと変化することになる。実際のところ、本書で取り上げる問いのすべてに、本書のなかで明確に答えることはできないが、基本的かつ重要な国際安全保障上の問いについて、読者が考えを深めるための視点や材料を提示することも、本書の大きな目的の1つと

12　宮下明聡『ハンドブック戦後日本外交――対日講和から密約問題まで』ミネルヴァ書房、2017 年。戦後日本の安全保障については、千々和泰明『安全保障と防衛力の戦後史 1971 ～ 2010』（千倉書房、2021 年）と千々和泰明『戦後日本の安全保障――日米同盟、憲法 9 条からNSCまで』（中公新書、2022 年）も参照。

している。

本書の執筆にあたり、執筆者の間では、「それぞれが扱うテーマについて、基本的な問いを明確に意識して議論を進める」という方針を共有している。ただし、各執筆者の専門領域や各章で扱うテーマの性質の違いを考慮して、各章の議論の進め方については、それぞれの執筆者の判断に委ねられている。また、本書は国際安全保障の諸問題を包括的に概観する書物ではないため、入門的な事柄から体系的に学ぶことを目指す場合には、前述したような書籍(特に入門書)を先に読んでいただけると、本書で議論している内容への理解が一層深まると思われる。

本書は2部構成となっている。第1部は、国際安全保障の基本的な問題に焦点を当てており、意図せざる戦争、同盟、核兵器、大量破壊兵器の不拡散、テロリズム、武装集団を扱う6つの章から構成されている。第2部は事例研究編となっており、朝鮮半島の非核化をめぐる問題、中台関係をめぐる問題、新興技術の移転規制をめぐる経済安全保障の問題を扱う3つの章から構成されている。終章では、戦争原因に関する理論研究について考察している。各章の内容についても確認しておこう。

第1章(福田保)では、意図せざる戦争をめぐる問題について論じている。紛争の当事者が、戦争ではなく平和を望んでいる場合にも、戦争が偶発的に起きることはあるのだろうか。もし、その可能性があるのであれば、どのように戦争へと発展するのだろうか。本章では、意図せざる戦争の引き金となりうる、①安全保障のジレンマ、②威嚇(抑止と瀬戸際政策)、③誤認、④軍部の独断的行動、⑤機械の誤作動とAI技術、という5つの要因について考察した後、意図せざる戦争に関する3つの論点について検討している。そもそも実際の歴史において、意図せざる戦争が起きたことはあるのだろうか。万一、偶発的衝突が米中間の戦争に発展した場合、それは意図せざる戦争といえるのか。AI技術の発展は意図せざる戦争とどのように関連しうるのか。いずれも非常に興味深い論点である。

第2章(冨樫あゆみ)では、同盟をめぐる問題を扱っている。同盟はなぜ締結されるのか。同盟にはどのような形態があり、国家は同盟をどのように利用するのか。同盟はどのように維持されるのか。本章では、同盟締結の理由について、勢力均衡理論、脅威均衡理論、利益均衡理論などのリアリズム学派の同盟理論に依拠しながら検討している。そして、同盟の形態については、バランシングの論理を確認した上で、アンダーバランシング(脅威に対する過小な反応)とオーバーバランシング(脅威に対する過剰反応)について検討し、バンドワゴニング(強者との同盟)やバックパッシング(責任の転嫁)についても考察している。同盟の維持については、同盟のジンレマ(見捨てられる恐怖と巻き込まれる恐怖)やそれを応用したビクター・チャの疑似同盟論に加えて、非対称同盟をめぐる諸問題との関連について議論しながら考察している。

第3章(今野茂充)では、核兵器をめぐる問題について論じている。核兵器にはどのような機能や役割があり、国際関係にどのような影響を及ぼすのか。国家が核兵器を追求する理由は何か。どのように核兵器取得を目指すのか。核抑止力の確立には、どの程度の核戦力が必要となるのか。広島と長崎で使用された後、なぜ実戦で使用されていないのか。核保有国の数がそれほど増えていない理由は何か。核兵器と平和の関係をどのように考えればよいのか。こうした核兵器をめぐる基本的な問いについて、本章では、主として「核研究のルネッサンス」とも称される2010年代以降の研究成果に依拠しながら検討を加えている。そして、核兵器の防衛面での効用が非常に大きいことや、先進国にとって技術面・資金面での核保有のハードルはそれほど高くないことを確認した上で、非核兵器国が核武装を追求することは簡単なことではない理由についても論じている。

第4章(田中極子)では、大量破壊兵器の不拡散を扱っている。大量破壊兵器とは、一般的には核兵器、化学兵器、生物兵器を指し、これらを運搬するミサイル等の手段を含めて議論されることが多い。大量破壊兵器は国際条約で禁止されていたり、規制されていたりするにもかかわらず、なぜ現在でも大量破壊兵器の開発・保有・使用をめぐる問題が繰り返し生じるのだろうか。本章では、まず大量破壊兵器の不拡散をめぐる国際的な枠組みを概観した上で、イラク、リビア、イラン、北朝鮮の事例について論じている。これらの事例の検討を通じて、大量破壊兵器の拡散を防止するには、軍事利用と民間利用の両方に使用できる技術や物質の管理が重要であることを指摘し、そのために必要となる関連物質のセキュリティ措置と輸出管理という手段について考察している。

第5章（河野毅）では、イスラム教とテロリズムの関係について論じている。宗教とテロリズムはどのような条件で結びつくのか。イスラム教の世界観はイスラム過激派のテロ活動とどの程度の関連があるのか。本章ではまず、テロリズムの定義に関する議論の変遷について検討している。そして、宗教を背景とした暴力について考察し、イスラム教の教義そのものが暴力を促進するのか、それとも教義とはあまり関係なく、過激主義がより根本的な原因なのかという問題について論じている。イスラム過激派のテロリストのイデオロギーを分析すると、右派過激派の運動家との共通点が多いことを指摘した上で、テロ対策という文脈では、テロリズムをどう定義するかということよりも、テロリストの武器や資金源、組織的な意思決定の仕組みを詳細に調査して、対策を立てることが重要になると論じている。

第6章（望月克哉）では、武装集団について論じている。そもそも現代の世界における武装集団とはどのような存在なのか。なぜ世界にとって脅威となるのか。武装集団はどこから人的・物的資源を調達しているのか。各国で非合法化されている武装集団には、活動の実態が見えづらく、その意図や目的が必ずしも明確ではなく、組織化があまり進んでいないという特徴がみられることが多い。そして、このような特徴を持っために、武装集団のリーダーに世間の注目が集まりやすい一方で、資金や武器などを集めることに長けたリーダーの下に、ヒトが集まっている側面もあることが論じられている。専門家の多くは、特定の後援者が活動資金を提供していることや、身代金目的の誘拐･拉致といった行為から資金を得ていることを想定しているが、本章でも論じられている通り、ほとんどの場合、武装集団の活動資金源を特定することはきわめて困難である。

第7章(望月敏弘)では、中国による台湾「統一」がこれまで実現していない理由について、中国および台湾の内部事情を重視しながら考察している。中国共産党にとって、台湾統一の優先順位はどの程度高いのか。台湾の民主化は中台関係にどのような影響を及ぼしてきたのか。中国による台湾統一の可能性はどの程度あるのか。本章では、中台関係の歴史的経緯を振り返った上で、中国による台湾統一を困難にしてきたと考えられる3つの要因について検討している。第1に、中国共産党による一党支配体制の維持こそが、今の中国にとって最優先の目標であること。第2に、その支配体制を維持するためにも、中国が経済発展を必要としていること。そして第3に、台湾における民主化の進展と「平和統一」のための中国による統一戦線工作の継続性である。本章では、偶発的な出来事が中台軍事衝突に発展する可能性は否定していないが、中台の国内事情を勘案すると、近い将来に台湾有事が起きる可能性は低いと評価している。

第8章(冨樫あゆみ)では、「朝鮮半島の非核化」が実現する見込みがない理由について考察している。韓国とアメリカをはじめとする関係諸国は、北朝鮮の核問題にどのように対応してきたのか。北朝鮮はなぜ核兵器に執着してきたのか。なぜ、朝鮮半島の非核化の実現は困難なのか。本章ではまず、北朝鮮の核問題が顕在化した1980年代から2020年頃までの朝鮮半島核問題の経緯について再検討している。そして、北朝鮮が核開発と核兵器の保有に固執してきた理由について、「北朝鮮式社会主義体制」の維持という観点から論じている。アメリカの脅威と国際環境の悪化という危機に直面した北朝鮮は、核開発を通じた軍事力の強化によって事態の打開をはかってきた。最後に、反実仮想を用いながら複数のシナリオを検討し、朝鮮半島の非核化の実現が困難であることを再確認している。

第9章(田中極子)では、新興技術の移転規制と自由貿易との整合性をめぐる問題について検討している。自由貿易体制において、物や技術の輸出規制は、安全保障上の例外措置とみなされてきた。ところが、米中対立が長期化するなかで、様相は大きく変化している。経済安全保障を目的とする輸出管理制度の強化は、自由貿易体制とどこまで整合しうるのだろうか。技術へのアクセスという自由世界の国際公益との関連で、輸出管理はどこまで許容されうるのか。本章では、まず「守り」の側面が強い経済安全保障と、「攻め」の性質が強いエコノミック・ステートクラフトとしての輸出管理の相違について論じている。そして、米中間の戦略的競争と、そのなかで板挟みとなっている日本への影響の分析を通じて、経済安全保障の追求と自由主義的な経済秩序との関係について考察している。

終章(今野茂充)では、戦争原因に関する理論を扱っている。戦争原因に関する諸理論はどのような問題を分析対象としてきたのか。理論で戦争原因のどのような側面を説明することができるのか。戦争原因に関する理論研究にはどのような困難があるのか。本章では、まず戦争の定義と戦争原因の分析レベルについて整理している。そして、戦争原因に関する代表的な理論研究として、①リアリズムの戦争原因論(主としてアナーキーな国際システム、パワー・シフト、勢力均衡と戦争原因との関連)、②定量的な戦争研究、③戦争の交渉モデル、の3つのアプローチについて検討を加えている。こうした議論を踏まえて、戦争原因に関する研究は、地震予知や天気の長期予報に関する研究と同じような困難を抱えているため、さまざまな視点やアプローチを組み合わせて、総合的に理解する姿勢が重要になることについて論じている。

日本を取り巻く安全保障環境は混沌としているが、日本のリソースは限られており、すべての理想や願望を実現することはできない。地政学的競争のなかで、日本が今後、不必要な戦争を回避し、独立を維持していくためにも、国際安全保障に関する知識や素養がますます重要になると思われる。また、遠く離れた地域の安全保障問題への日本の関わり方について考える際にも、国際安全保障に関する慎慮や思慮分別が求められることになろう。

本書で扱うことができる議論は、膨大に蓄積された先行研究のごく一部でしかないが、国際安全保障に関する思索を深めるための契機として、本書を読者の皆様に活用していただくことが、本書をまとめるにあたっての編者の願いである。

今野茂充

第一部

国際安全保障の諸相

第1章

意図せざる戦争
――軍事衝突は偶発的に起こるのか

福田保

1. はじめに

偶発的軍事衝突ないし意図せざる戦争のリスクが取り沙汰されている。たとえば、ジョー・バイデン米大統領はロシアのウクライナ侵攻を強く糾弾し、ウクライナに携行式対戦車ミサイル「ジャベリン」などの軍事支援を行う一方、ウクライナ支援がロシアとの望まない第三次世界大戦へと発展しないよう注意を払っている。ロシア兵と戦うために米兵を派遣すれば、第三次世界大戦となるリスクがあることに言及した同大統領は、「意図した戦争より、唯一悪い戦争は、意図せぬ（unintended）戦争である」と述べた[†1]。偶発的な戦争のリスクは、米中間

1　Joe Biden, "Remarks by President Biden on the Security Assistance to Ukraine," Lockheed Martin Pike County Operations, Troy, Alabama, May 3, 2022, https://www.whitehouse.gov/briefing-room/speeches-remarks/2022/05/03/remarks-by-president-biden-on-the-security-assistance-to-ukraine.

においてより高いかもしれない†2。南シナ海や東シナ海上空での中国軍機による米軍機などに対する危険飛行(異常接近、至近距離での高速移動、火炎弾発射など)が近年急増しており、ロイド・オースティン米国防長官は空中衝突などの偶発事故が「制御不能な事態(spiral out of control)」へとエスカレートする恐れがあるとの懸念を表明した†3。

双方ともが平和を望んでいるにもかかわらず、戦争は偶発的に起こるのだろうか。もしそうであるならば、なぜ、どのような過程を経て戦争へと発展するのだろうか。本章はこの2つの関連する課題を考察することを目的とする。第1節で意図せざる戦争を定義し、第2節ではなぜそのような戦争へと陥ってしまうのか、引き金となる5つの要因を分析する。第3節では、5つの要因の分析を踏まえ、上述の米中の偶発的戦争を取り上げながら、意図せざる戦争に関する課題および疑問点を検討する。

2　たとえば、阿南友亮「膨張海軍 実戦は未知数 高まる偶発的衝突の危険」『中央公論』第136巻8号(2022年8月)、30–37頁;松本はる香「米国の武器売却に反発 高まる偶発的衝突リスク——台湾」『エコノミスト』2021年1月19日号、36–37頁;Kurt M. Campbell and Ali Wyne, "The Growing Risk of Inadvertent Escalation Between Washington and Beijing," The Lawfare Institute, August 16, 2020, https://www.lawfaremedia.org/article/growing-risk-inadvertent-escalation-between-washington-and-beijing; Adam P. Liff and Andrew S. Erickson, "Calming the Waters: The Need for Crisis Management in the East China Sea," *Foreign Affairs*, March 23, 2015, https://www.foreignaffairs.com/articles/east-asia/2015-03-23/crowding-waters; Bonny Lin and David Sacks, "How to Prevent an Accidental War Over Taiwan," *Foreign Affairs*, October 12, 2021, https://www.foreignaffairs.com/articles/taiwan/2021-10-12/how-prevent-accidental-war-over-taiwan.

3　Lloyd J. Austin III, "Transcript: Press Gaggle with Secretary of Defense Lloyd J. Austin III in Singapore," *U.S. Department of Defense*, June 4, 2023, https://www.defense.gov/News/Transcripts/Transcript/Article/3416959/press-gaggle-with-secretary-of-defense-lloyd-j-austin-iii-in-singapore.

2. 意図せざる戦争とは何か

「意図せざる戦争(inadvertent war)」は、特に冷戦期、米ソ核戦争回避を目的に研究が行われてきた。それは、危機の初期段階において、当事者のいずれの側も望まない、もしくは予期していなかったにもかかわらず起こる戦争である[†4]。意図せざる戦争に近しい概念に「偶発的戦争(accidental war)」がある。偶発的戦争とは、「軍部の独断的行動、誤警報、兵器体系の技術的ミス・誤作動によって生じた戦争」を指す[†5]。両者は類似するが、明確に区別する見方はある[†6]。たとえば、偶発的戦争は、より広い概念である意図せざる戦争の一形態であるという見解である[†7]。しかし、どちらの定義からも非計画性(意図の欠如)や偶然性を読み取れることから、厳密に区別されないことが少なくない。

本章は多くの関連研究と同様に両者を区別することはしない。その理由は2つある。第1は、上述した点に関連するが、「意

---

4 Paul Gordon Lauren, Gordon A. Craig, Alexander L. George, *Force and Statecraft: Diplomatic Challenges of Our Time*, Sixth Edition, Oxford University Press, 2020, p. 240; Jack S. Levy and William R. Thompson, *Causes of War*, Wiley-Blackwell, 2010, p. 29; Alexander George, ed., *Avoiding War: Problems of Crisis Management*, Westview Press, 1991, p. 8. 後者の著書では、意図せざる戦争の事例としてクリミア戦争、第一次世界大戦、朝鮮戦争における米中衝突、第二次中東戦争(スエズ戦争)、第三次中東戦争などが分析されている。

5 Scott D. Sagan, *The Limits of Safety: Organizations, Accidents, and Nuclear Weapons*, Princeton University Press, 1993, p. 262.

6 たとえば、ジョージは指導者(central decision makers)の決断・承認(authorization)の有無を重視し、それぞれを次のように定義する。すなわち、意図せざる戦争とは「危機の初期段階では望まない、もしくは予期していなかったにもかかわらず、危機の過程において、指導者によって決断された(authorized)戦争」である一方、偶発的戦争とは「指導者の正式な承認を経ずにとられた行動(actions *not* properly authorized)によって生じる戦争(イタリックはママ)」とする。George, *Avoiding War*, p. 8.

7 Stephen Van Evera, *Causes of War: Power and the Roots of Conflict*, Cornell University Press, 1999, p. 43n.

図せざる」と「偶発的」は同義的だからである[†8]。『大辞林(第四版)』によれば、意図とは「何かをしようと考えていること、こうしようと考えていること」であることから、「意図せざる」とはその打ち消し、つまり何かをしようと考えて(計画して)いないことを意味しよう。また、偶発とは「偶然に発生すること、思いがけずに起こること」である。すなわち、どちらの言葉にも事前の計画性は含意されない。さらに、同辞書は「偶発戦争」を「当事者間の意志からではなく、レーダーや電子機器類の故障、情報伝達の誤り、核爆発事故など、偶然のことが契機となって起こる戦争」(傍点は筆者)と説明している。

「意図せざる」と「偶発的」が同義的であることは、研究者にも共有されている。たとえば、トーマス・シェリングは、偶発的な戦争を「計画的な戦争(premeditated war)」と対比して位置づけ、「非意図性(inadvertence)」から生起する戦争と捉えている[†9]。そして、シェリングは「偶発的戦争ないし意図[せざる]戦争(accidental or inadvertent war)」を、「意図されたり前もって計画されたりしていない戦争」と定義する[†10]。

第2の理由は、本章が取り上げる問題は、国家が戦争を能動的に「選択」した結果生じる意図した戦争ではなく、「偶然」ないし「不運」によって起こる意図せざる戦争だからである。留意すべき点は、選択による戦争か、偶然による戦争かの違いである[†11]。上述の定義の通り、意図せざる戦争も偶発的戦争も非計画性、偶然性を含意しており、「選択」によってではな

8　英語の inadvertent と accidental も同義語である。Stephen L. Quackenbush, "The Problem with Accidental War," *Conflict Management and Peace Studies* (2023), p. 3.

9　Thomas C. Schelling, *Arms and Influence*, Yale University Press, 2020 [1966], p. 230. なお、和訳書では inadvertence は「過誤」と訳されている。トーマス・シェリング『軍備と影響力——核兵器と駆け引きの論理』斎藤剛訳、勁草書房、2018 年、223 頁。

10　Schelling, *Arms and Influence*, p. 227；シェリング『軍備と影響力』、220–221 頁。

11　Quackenbush, "The Problem with Accidental War," p. 3.

く「偶然・不運」によってもたらされる戦争である。以上の2点から本章は両者を同義と捉えることとする。

3. 意図せざる戦争の引き金——5つの要因

本節は、意図せざる戦争の引き金となる要因を5つ取り上げて説明する。5つの要因とは、安全保障のジレンマ、威嚇（抑止と瀬戸際政策）、誤認、軍部の独断的行動、機械の誤作動およびAI技術である。意図せざる戦争の要因は、必ずしもこれら5つに限定されるわけでも、またコンセンサスがあるわけでもない。しかし、これらは先行研究や基礎的な安全保障論のテキストで論じられることが多いものであり、その内容を筆者が整理してまとめたものである。たとえば、安全保障のジレンマと威嚇は国家間戦争の生起に関する概念ではあるものの、意図せざる戦争に限定されるものではない。これら5つの要因は、意図せざる戦争を考察するうえで足掛かりとなる基本的概念と捉えられよう。

(1) 安全保障のジレンマ

安全保障のジレンマは、国際社会がアナーキーであることから生じる[†12]。アナーキーとは無政府状態を意味し、つまり国際社会には世界政府のような国家より上位の集権的政治組織・権威は存在しない。国際社会では主権国家が最高権威であり、したがって各国はそれぞれの生存を自助努力によって確保しなければならない。アナーキー状態の国際社会における自助努力の一施策は、軍備増強である。「平和を欲すれば戦争に備えよ」という格言があるように、各国は他国からの侵攻に備え、自ら軍備を整える。

12 Robert Jervis, *Perception and Misperception in International Politics*, Princeton University Press, 2017 [1976], pp. 62–78; 土山實男『安全保障の国際政治学——焦りと傲り』第二版、有斐閣、2020 [2014]年、107–138頁

ここで生じる問題は、相手国の軍備増強の真意を正確に把握できないことである。たとえ自国の軍備増強が他国からの侵攻に備えた純粋に防衛目的の行動であったとしても、他国からはその意図が真に防衛的なものか、または後者を侵攻する意図をもつ攻撃的なものかは判断できない。たとえば、国防力向上を目的としたA国の軍備増強を、B国は攻撃の準備と警戒し、万が一の事態に備えて軍備を強化するかもしれない。同様にA国は、B国の軍備増強を自国への攻撃の前段階と捉え、これに対抗すべくさらに軍備を増強する。すなわち、自国の安全を強化するための行動が他国の同様の対抗措置を誘発し、結果的に自国の安全を弱めてしまうのである。このような、防衛目的の行動が意図せぬ、また望ましくない結果を招く問題を「安全保障のジレンマ」という[†13]。

安全保障のジレンマがスパイラル・モデルとも呼ばれることがある理由は、一国の軍備増強が他国の対抗措置(軍備増強)を惹起し、これがさらに前者の軍備増強を誘引するという負のスパイラル(連鎖反応)を生じさせるためである。特に敵対関係にある国家間の相互不信は増幅し、双方の軍備増強は軍拡競争へと発展する。とりわけ、攻撃と防御の判別が困難な場合、安全保障のジレンマはエスカレートしやすい。たとえば、南シナ海領有権問題など主権や領土をめぐる争いにおいては、自国の主権・領土防衛のための行動(特に他の係争国を不利な状況に置く行動)が他の係争国に攻撃的と映り、緊張と対立は激化する[†14]。

安全保障のジレンマは緊張と対立を悪化させるのみならず、意図せざる戦争をも引き起こす。特に、攻撃が防御よりも有利な状況下においては先制攻撃のインセンティブが高まる。防御とは「自国の国民、財産、領土を敵の攻撃から守り、

---

13 Jervis, *Perception and Misperception in International Politics*, p. 66.

14 Janice Gross Stein, "Crisis Behavior: Miscalculation, Escalation, and Inadvertent War," Robert A. Denemark, ed., *The International Studies Encyclopedia*, Vol. 2, Wiley-Blackwell, 2010, p. 672.

その被害を最小限にするための行動や技術」を意味し、攻撃とはその反対、つまり「相手の領土や国民の略奪やその破壊」を意味する[†15]。すなわち、攻撃が有利な状況とは、自国の国民、財産、領土を敵の攻撃から守るよりも、相手国の軍隊を打ち破り、領土や財産を略奪する方がより容易である状況を指す。より具体的には、次の状況が攻撃に有利と考えられている。①相手の領土を奪うことが自国の領土を守ることより容易な時、②守る方が攻める方より高いコストを要する時、③領土を奪うコストが領土そのものの価値より少ない時、④相手の攻撃を吸収するより、叩くインセンティブの方が強い時、⑤戦争の結果、領土が大きく変わる時、⑥兵器が長距離能力と高い機動性を持っている時、などである[†16]。

攻撃が有利である状況下においては、いずれの側も戦争を望んでいない場合でも、先に叩かなければ叩かれて不利な状況に陥ってしまうという恐れから、先制攻撃を行う、つまり意図せざる戦争へと発展する可能性がある[†17]。このような、攻撃が有利であるため攻撃こそ最良の手段であるとの考えを攻勢至上主義(cult of the offensive)という。攻勢至上主義の一事例は、第一次世界大戦におけるドイツのシュリーフェン・プランである[†18]。シュリーフェン・プランとは、端的に言えば、対独敵意を高めるロシアとフランスに挟まれたドイツが両国との二正面作戦を避けるべく、ロシア軍が動員を完了させる前に先にフランスに侵攻してパリを迅速に制圧し、その後反転して東部戦線でロシア軍を迎え撃つという軍事作戦であ

15　土山『安全保障の国際政治学』、111 頁 ; Robert Jervis, “Cooperation under the Security Dilemma,” *World Politics*, Vol. 30, No. 2 (January 1978), p. 187.

16　土山『安全保障の国際政治学』、111 頁 ; Charles L. Glaser, “Realists as Optimists: Cooperation as Self-Help,” *International Security*, Vol. 19, No. 3 (Winter 1994/95), p. 62.

17　Jervis, *Perception and Misperception*, p. 67; Stein, “Crisis Behavior,” p. 672.

18　第一次世界大戦は長きにわたって意図せざる戦争の代表例と目されてきたが、現在はもはやそのようには理解されていない。Quackenbush, “The Problem With Accidental War,” p. 12.

る[†19]。当時、ドイツは、①ロシアとフランスとの戦争は不可避であること、②ロシアが動員を完了させるまでには時間がかかること、③時が経てば経つほどドイツは不利になること、を考慮していた[†20]。1914年7月下旬、ロシアは防衛のために動員を実行に移したが、この動員はドイツにとってロシアの対独攻撃の準備と映った。シュリーフェン・プランが実行に移された1914年時は、機関銃、有刺鉄線、鉄道の発達などから防御の方が有利だったと考えられるにもかかわらず、ドイツを攻勢至上主義へと傾けたのは、安全保障のジレンマであることに「疑いの余地がない」[†21]。

厄介なことに、防御が有利な状態であっても、安全保障のジレンマは生じる。一例は台湾問題である[†22]。中国は「2つの中国」や「1つの中国と1つの台湾」を拒絶し、「1つの中国」原則を堅持している。つまり、台湾は中国の不可分の領土であり、中国の一部であるという考えである。中国は、台湾の分離独立は断固として認めず、万が一そのような事態となれば武力行使を厭わない方針を明確にしている。この点において中国が問題視するのは、アメリカの台湾への防衛兵器の供与である。兵器供与の目的は、台湾の中国本土への侵攻のためではなく、中国による強制的な併合から台湾を防衛するためである。しかし、中国からすれば、台湾の防衛力向上は「1つの中国」原則と相容れず、台湾の分離独立を助長しかねない。また、中国が軍事力をもってこれを無効化することを困

19　シュリーフェン・プランはこのような軍事作戦計画ではなく、ドイツ陸軍の兵員増強を求める政治文書に過ぎないとの論がある。石津朋之「『シュリーフェン計画』論争をめぐる問題点」『戦史研究年報』防衛研究所、第9号（2006年3月）、89–117頁。

20　土山『安全保障の国際政治学』、118頁。

21　同上、116、118頁；Jack S. Levy, "The Offensive/Defensive Balance of Military Technology: A Theoretical and Historical Analysis," *International Studies Quarterly*, Vol. 28, No. 2 (June 1984), p. 232.

22　Thomas J. Christensen, "The Contemporary Security Dilemma: Deterring a Taiwan Conflict," *The Washington Quarterly*, Vol. 25, No. 4 (Autumn 2002), pp. 7–21.

難にさせる。アメリカで成立した2024会計年度の「国防権限法(NDAA)」では台湾軍の訓練など米台協力の強化を通じて「台湾の防衛能力の向上」が謳われている[†23]。防衛を有利にする試みであっても負のスパイラルを生じさせ、軍拡競争を激化させ得る。

(2)威嚇——抑止と瀬戸際政策

意図せざる戦争の引き金となる第2の要因は威嚇である。威嚇とは、ここでは軍事力を行使するという脅しと捉える。本節は、威嚇のなかでも抑止と瀬戸際政策に着目する。抑止とは、自国(抑止国)が望まない行動を相手国(被抑止国)がとらないよう、その行動に対して懲罰的措置をとるよう威嚇して、被抑止国にその行動を事前に思い止ませることである[†24]。威嚇に信憑性があり、被抑止国がその行動を控えれば抑止は成功したこととなるが、被抑止国が抑止国の威嚇を軽んじた場合(つまり、抑止国の懲罰的措置の信憑性を低いと認識した場合)や、被抑止国のその行動に対する決意が固い場合には、抑止の成功率は低くなり、また緊張は高まりやすくなる。被抑止国は抑止国の威嚇の本気度を試すような行動に出るであろうし、抑止国はその行動に対してより強い姿勢で臨もうとする。双方とも弱みにつけこまれないよう譲歩しなければ、相互に威嚇・脅しの度合いを高めていくチキンゲームの様相を呈する状況へと発展していく。また、今、威嚇に屈すれば、威嚇をすれば譲歩する臆病な国だと見なされ、今後再び屈することはないと他国を説得することは困難になる恐れを考慮すると、双方ともそう易々とは譲歩できない[†25]。

23　Congress.gov, "Text-S.2226-118th Congress (2023–2024): National Defense Authorization Act for Fiscal Year 2024," July 27, 2023, https://www.congress.gov/bill/118th-congress/senate-bill/2226/text.

24　Jervis, *Perception and Misperception*, pp. 58–62; 土山『安全保障の国際政治学』、167、171 頁。

25　シェリング『軍備と影響力』、96 頁。

上記のような抑止は、リスク・テイク競争(competition in risk taking)の性格をもつ†26。すなわち、どちらの側も、脅せば相手は屈するだろうとの思考の下、威嚇が不測の事態へと繋がる可能性があることを承知のうえでそれぞれが威圧的行動をエスカレートさせ、緊張を高めるのである。このような競争は、意図せざる戦争の危険性を高めよう。さらに憂慮されるべきは、抑止国は、抑止のメッセージが被抑止国に明確に伝わっているとの前提に立って威嚇しているが、その前提が必ずしも正しいとは限らないことである。たとえば、1967年の中東において、イスラエルはティラン海峡の封鎖は開戦事由(*casus belli*)となることをエジプトが理解していることに「疑う余地はなく」、ナセル大統領が同海峡を封鎖した場合、その戦火は誤算からではなく「周到な戦争への準備」から生じるもの、とイスラエルは認識していたという†27。

第三次中東戦争は、抑止のエスカレートが意図せざる戦争へと至った事例である†28。1967年6月5日に開戦し10日に終戦したことから六日間戦争とも呼ばれる同戦争は、当事国がリスク・テイク競争の段階を引き上げていった結果、戦争へと発展した。同年5月、シリアに総攻撃をかけるためにイスラエル軍がシリア国境に集結しているとの情報(誤報であった)をソ連から受け取ったエジプトのナセル大統領は、前年にシリアと相互防衛条約を締結しており、またヨルダンなどアラブ諸国からの批判(エジプトはイスラエルに対して弱腰であるとの批判)を退けるべく、イスラエルのシリア侵攻を抑止するために大部隊をシナイ半島へ派兵させ、同月22日にティラン海峡の封鎖を宣言した。上述の通り、イスラエルはすでにティラン海峡の封鎖は開戦事由であることを明確にしていたことに加え

26　同上、95–101 頁。

27　Abba Eban, *An Autobiography*, Random House, 1977, p. 328. Cited in Janice Gross Stein, "The Arab-Israeli War of 1967: Inadvertent War Through Miscalculated Escalation," George, *Avoiding War*, p. 134.

28　Stein, "The Arab-Israeli War of 1967," pp. 126–159.

て、エジプト側には封鎖をしなければ戦争へと訴える意図はない旨を伝えていた。イスラエルの警告にもかかわらず海峡封鎖を宣言したのは、エジプトがイスラエルの開戦決意を疑っていたのではなく[†29]、自国軍の実力を甚だしく過大評価(もしくはイスラエル軍を過小評価)していたからである。エジプトの空軍力はイスラエルのそれを優に上回っているため、イスラエルに先制攻撃をされても大きな打撃を受けることはないと見積もられ、また秀でたエジプト空軍力を眼前にして、そもそも「イスラエルは自殺行為には及ばない」と踏んでいたようである[†30]。

一方、イスラエルにとって、ティラン海峡の封鎖は石油の供給や地中海経由の貿易を不安定化させるなど経済コストが大きいものであったが、イスラエルがより問題視したのは抑止の信憑性であった。海峡封鎖に対して何の行動も起こさなければ、イスラエル軍の抑止力への信頼が大いに揺らぐことが危惧された。イスラエルの抑止力に疑問符がつけられれば、アラブ諸国はそれをイスラエルの弱みと捉え、「イスラエルの存続そのものを脅かそうとするであろう」と憂慮された[†31]。6月5日、イスラエル空軍はエジプト、シリア、ヨルダン、イラクに奇襲攻撃をかけ、六日間戦争が勃発した。第三次中東戦争は、エジプトのイスラエル空軍力の過小評価、エジプト・イスラエルの国内世論、ナセル大統領の個人的動機など複数の要因が作用したが、抑止の積み重ねが望まぬ戦争を誘発したのである。すなわち、イスラエルとエジプト双方の威嚇に基づく抑止策が戦争を防ぐのではなくかえって緊張を高め、

29　ティラン海峡封鎖に踏み切った5月22日、ナセル大統領は「海峡を封鎖すれば、100%確実に戦争は起こるであろう」と述べている。Anwar el-Sadat, *In Search of Identity: An Autobiography*, Harper & Row, 1977, p. 172. Cited in Ibid., p. 134.

30　Ibid, pp. 135–136.

31　Yitzhak Rabin, *Service Ledger*, Am Oved, 1979, Hebrew, p. 60. Cited in Ibid., pp. 140–141.

両国とも意図していなかった戦争へと突入したのである。

威嚇の段階を極限にまで高める外交政策として瀬戸際政策がある。これは、戦争のリスクを意図的に作り上げることによって、相手から譲歩を引き出す外交戦術である†32。朝鮮半島における2度の核危機は、朝鮮民主主義人民共和国（北朝鮮）の瀬戸際政策によるものである†33。1993年3月に北朝鮮の核不拡散条約からの脱退宣言によって始まった第一次核危機では、北朝鮮は「戦争になればソウルは火の海になる」と米韓を脅した一方、アメリカは朝鮮半島周辺の米軍を増強し、詳細な戦闘計画を検討した。在韓米軍高官が「心の中では誰もが戦争に突入すると考えていた」と語ったように、第二次朝鮮戦争の危機が高まった†34。2002年に始まった第二次核危機では、2006年10月に北朝鮮が初の核実験を行った。瀬戸際政策を通じてアメリカから制裁解除や直接対話を引き出した成功経験から、北朝鮮はその後も核実験や弾道ミサイル発射を断行して意図的に緊張状態を作り出す外交戦術を繰り返している。

(3) 誤認・誤算

意図していないにもかかわらず起こる戦争には、何らかのヒューマンエラーが作用しているはずだと考えることは不思議ではない。戦争の惨禍を考えれば、指導者は戦争に訴えるのではなく、外交交渉による問題解決という合理的な意思決定を行うべきであり、またそうするはずである、と思う読者は少なくないであろう。そのような立場に立てば、戦争とは「両者とも相互の交渉能力を読み誤ったことにより（conflicting estimates of their bargaining power）解決できなかった外交的危機の結

32　トーマス・シェリング『紛争の戦略――ゲーム理論のエッセンス』河野勝監訳、勁草書房、2008 年、208 頁。

33　次の著書は北朝鮮の核開発について平易に書かれている。礒﨑敦仁、澤田克己『新版 北朝鮮入門――金正恩体制の政治・経済・社会・国際関係』東洋経済新報社、2017 年、225–244 頁。

34　同上、233–234 頁。

果」と理解されよう[35]。しかし、指導者も人間であり、相手の意図を読み間違えたり、自国や相手国の戦力を読み誤ったりすることはあり得る。一般に、誤認(misperception)とは、不正確な推測、結果の見誤り・誤算、自国の行動・政策に対する他国の反応に関する誤解・読み間違えを意味する[36]。誤認は上述の2つの要因——安全保障のジレンマと威嚇——においても作用する。安全保障のジレンマでは一方の意図、能力、行動を他方が過大評価した場合(第一次世界大戦におけるドイツ)、抑止ではそれらを過小評価した場合(第三次中東戦争におけるエジプト)に意図せざる戦争へと陥る[37]。

誤認や誤算は、意図せざる戦争の極めて重要な引き金の1つであることから、第3の要因として取り上げる。本節では特に、自国・相手国の能力(主に軍事力)に関する誤認と、相手国の意図に関する誤認の2つに焦点を当てる[38]。前者の事例の1つは、第三次中東戦争におけるエジプトの自国の空軍力の過大評価およびイスラエル空軍力への過小評価である。エジプトのナセル大統領は、イスラエルの戦争へのコミットメントを疑っていなかったにもかかわらず、自国と相手国の能力の差異についての誤認が最低限のコストで戦争に勝利できるとの希望的観測を抱いた。反対に、相手国の能力を過大評価した場合、たとえば時間が経つにつれて相手国の軍事力がより有利になると判断した場合、戦争が不可避であるならば早期のほうが望ましいという予防戦争へ訴える動機は強くなろう[39]。

35 Geoffrey Blainey, *The Causes of War*, 3rd ed., Free Press, 1988, p. 114.

36 Robert Jervis, "War and Misperception," Robert I. Rotberg and Theodore K. Rabb, eds., *The Origin and Prevention of Major Wars*, Cambridge University Press, 1989, p. 101.

37 Jervis, *Perception and Misperception*, p. 84. 両モデルとも誤認が作用するとはいえ、問題の本質はアナーキーから生ずるものであって、誤認など心理学的要因はそれを悪化させる副次的要因と捉えられている。Ibid., p. 76; Levy and Thompson, *Causes of War*, p. 30.

38 Levy and Thompson, *Causes of War*, pp. 134–138.

39 Ibid., pp. 136–138. ジョージは「危機下における予防戦争（intracrisis

1941年12月、日本が真珠湾攻撃を決断した背景に、アメリカとの戦争は早晩不可避であり、時を経て同国との軍事力の差がより大きくなる前に攻撃を仕掛けた方が良いとの考えがあった[†40]。

「意図の誤認の連鎖」によってもたらされた戦争の一例は朝鮮戦争である[†41]。最初の意図の誤認は、朝鮮戦争の勃発に繋がった。1950年1月にアメリカのディーン・アチソン国務長官が発表した西太平洋におけるアメリカの防衛線(アチソン・ライン)を、アリューシャン列島、日本、沖縄、フィリピンを結ぶラインとして設定し、朝鮮半島、台湾、インドシナを明確に含めなかった。韓国を防衛する意思をもっていたことは事後に判明したが、戦争勃発以前は明らかにしていなかった。アメリカに介入の意思はないと誤認した北朝鮮の金日成は同年6月に韓国侵攻に踏み切ったため、朝鮮戦争を誘発させた一因と解釈される。

2つ目の意図の誤認は、米中間の意図せざる戦争へと至った。朝鮮戦争は当初、北朝鮮側が戦争を有利に進め、韓国軍と米軍中心の国連軍は釜山まで後退したが、仁川上陸作戦の成功により韓国領の回復を達成した。その後、国連軍は北緯38度線を北進する方針を打ち出すと、これに対して中国は介入を警告して威嚇した。しかし、中国の抗戦意欲を過小評価して参戦はないと確信していた国連軍総司令官のダグラス・マッカーサーは方針通り北上を実行した結果、中国義勇軍が中国と北朝鮮の国境沿いの鴨緑江を越えて国連軍に反撃した[†42]。

---

preventive war)」を意図せざる戦争の類型の1つとしている。George, *Avoiding War*, p. 549.

40　George, *Avoiding War*, p. 549; 瀬島龍三『大東亜戦争の実相』PHP文庫、PHP研究所、2000年、244–245頁。ジョージは意図せざる戦争の類型の1つとして、日本の真珠湾攻撃を「戦争以外の選択肢がない説(“no acceptable alternative war” rationale)」の一事例としても取り上げている。George, *Avoiding War*, pp. 546–547.

41　中西寛、石田淳、田所昌幸『国際政治学』有斐閣、2013年、142–144頁。

42　デイヴィッド・ハルバースタム『ザ・コールデスト・ウィンター 朝鮮戦争(上)』山田

中国との国境を挟んで朝鮮半島に親米政権が存在することへの中国の脅威認識を、アメリカは軽視していたのである†43。

核戦争は回避できたものの、1962年のキューバ危機と同様、米ソ一触即発の事態へと危機が高じた事例は、ベルリンの地位をめぐって東西が対立した1961年の(第二次)ベルリン危機である†44。当時、急速な経済成長を遂げていた西ドイツを目指し、ベルリンの壁が建設されるまでに300万人(東ドイツ全人口の6分の1)にも上る東ドイツ市民が西ベルリンから西ドイツへと脱出していた。東ドイツのさらなる頭脳流出を阻むべく、ソ連のフルシチョフ書記長は1958年11月、米英仏軍の西ベルリンからの撤兵(西ベルリンの放棄を意味した)を含む西側3国が受け入れがたい内容の最後通牒を突きつけた。同危機はベルリンの壁が建設された後に収束したが、1961年10月には東西ベルリンの国境線を挟んで、米ソの数十輌の戦車が直接対峙する事態にまで発展した。米ソ核戦争の一歩手前まで危機が悪化したのは、米ソ双方ともベルリンをめぐって核戦争のリスクを負うはずがないと強く信じ、強硬な姿勢をとれば相手は引き下がると考えていたからである†45。フランスのシャルル・ド・ゴール大統領は、ソ連の力による脅しには我々も力で対応しなければばらないと主張し、これこそが「戦争を避ける真のやり方であることは明らかだ」と述べた†46。

本節では、誤認が意図せざる戦争および危機の誘因となる

耕介・山田侑平訳、文春文庫、2012年、33–36頁。米中央情報局も中国に参戦の意図はないと結論付けていた。Allen S. Whiting, "The U.S.-China War in Korea," in George, *Avoiding War*, p. 105.

43 Levy and Thompson, *Causes of War*, p. 136.

44 (第二次)ベルリン危機については、たとえば、山本健『ヨーロッパ冷戦史』ちくま新書、2021年、204–217頁。

45 同上;Marc Trachtenberg, "The 'Accidental War' Question," paper presented at a workshop on Organization Theory and International History, Stanford University, February 14, 2000, p. 11.

46 同上、210頁

ことを論じてきたが、誤認は戦争を防ぐ要因にもなり得る。たとえば、自国と相手国の国力差を正しく見積もり、相手国の軍事力が強大になる前に叩かなければならないとして予防戦争に打って出たであろうケースで、両国間の国力差はほぼないと誤認されれば予防戦争は回避される可能性がある。1930年代の英仏の対独宥和政策は、ヒトラー率いるドイツの要求を満たし将来の戦争(第二次世界大戦)を防げるとの誤認(希望的観測)に基づいていたと評価されることが少なくない。他方、当時の宥和政策は、英独の勢力均衡がすでにドイツに分があるとイギリスが判断し、後者がその状況を挽回するための時間稼ぎを目的としていた結果であるとの見方がある†47。すなわち、この見解に基づけば、イギリスは1930年代半ばにドイツの国力を過大評価し、対独予防戦争を仕掛ける時機を逸したと誤認したことによって、戦争が回避されたと理解される†48。

(4)軍部の独断的行動

軍部の独断的行動や兵器体系の技術的ミス・誤作動によって生じる戦争こそが「偶発的」と呼ぶに相応な事態であり、これこそが偶発的戦争／意図せざる戦争であると捉える見方がある。マーク・トラクテンバーグは、意図せざる戦争を「軍部内から生じる圧力によって、政治的プロセス――通常、対立が平和的解決へと至る過程――が圧倒されることで起こる戦争」と定義し、この「軍部から生じる力」が意図せざる戦争の問題の核心であろうと論じる†49。実際、ベルリン危機とキューバ危機時に米国防長官を務めたロバート・マクナマラが最も恐れた事態は、軍部内で起こり得るさまざまな出来事が制御

---

47 Norrin M. Ripsman and Jack S. Levy, "Wishful Thinking or Buying Time? The Logic of British Appeasement in the 1930s," *International Security*, Vol. 33, No. 2 (Fall 1995), pp. 148–181.

48 Levy and Thompson, *Causes of War*, pp. 135, 159 n20.

49 Trachtenberg, "The 'Accidental War' Question," pp. 1, 13.

不能な事態へと発展する「軍部の過剰反応（military overreacting）」であった[†50]。

マクナマラ国防長官が偶発的核戦争を恐れた理由の1つに「事前委任（pre-delegation）」があった[†51]。事前委任とは、不測の事態に迅速に対応できるよう、あらかじめ定められた緊急対処要領等に従って、首脳（文民）より下位の現地司令官（軍人）に（対応のための）権限を付与することである。たとえば、ドワイト・アイゼンハワー米大統領は戦時における空軍の核兵器使用権限を事前委任しており、その権限は総司令官より下位のレベル（米空軍防空師団長）にまで与えていたという[†52]。北大西洋条約機構（NATO）においても同様、NATO領空に侵入した敵機や不審機への対応は、アメリカ軍人が務める欧州連合軍最高司令官に事前委任されている[†53]。意図せざる戦争との関連で事前委任が問題視される理由の1つは、兵器使用を決断できる人数が多ければ多いほど、危機時における兵器使用の管理が困難になるためである[†54]。

軍部の暴走によって起こった意図せざる戦争の一例は、満州事変である。満州事変は、1931年9月、満州に置かれた日本の関東軍が奉天郊外の柳条湖で南満州鉄道の線路を爆破し、これを中国の仕業だと断定して、軍事行動を拡大させ満州を占領した出来事である。当時、世界恐慌の影響で日本経済は深刻な不況に見舞われており、東京の日本政府は外交によって対応を模索していた。しかし、軍事行動によって満州の権

50　Ibid., p. 4.

51　Ibid.

52　櫻田大造「カナダはなぜNORADを設立したのか——加米関係史の一考察」『国際安全保障』第40巻第4号（2013年3月）、112頁。

53　このような制度が構築された背景には、航空機の侵入に対して、軍事委員会や北大西洋理事会を開催して対処を決定することは現実的ではないとの判断があったようである。鶴岡路人「NATOにおけるミサイル防衛」NIDSコメンタリーNo. 19（2011年2月17日）、http://www.nids.mod.go.jp/publication/commentary/pdf/commentary019.pdf

54　Jervis, "War and Misperception," p. 117 n32.

益を拡大しようと企図した関東軍は、政府の承認を得ることなく中国に対する軍事行動を起こしたのである。柳条湖事件の数日後に日本政府は不拡大方針を発表したものの、関東軍はこれを無視して軍事行動を拡大させていった。軍人によって主導された点は、満州事変の1つの重要な特徴である†55。

(5)機械的エラーとAI技術

上記(3)で取り上げた誤認・誤算はヒューマンエラーであったが、機械の誤作動、つまりシステムエラーが意図せざる戦争の引き金になることも十分考えられる。冷戦期、最も恐れられた意図せざる戦争は偶発的核戦争である。米ソ両大国は、敵対国からの核攻撃を事前に探知・追跡・要撃するために、核搭載爆撃機をレーダー網で捕捉したり、大陸間弾道ミサイルに対応するため弾道ミサイル早期警戒システムを導入した。幸い、偶発的核戦争は現実にはならなかったものの、米ソ両国において早期警戒システムが誤作動を起こしたことは一度や二度ではない。月からの反射波や太陽光の反射をミサイル攻撃として感知して誤警報を発出し、警戒態勢が敷かれたこともあった†56。

冷戦期、誤作動による偶発的核戦争のリスクが一気に高まった事案の1つは、1980年6月に起きた。当時はキューバ危機後に進展した東西緊張緩和(デタント)を経て、1979年のソ連によるアフガニスタン紛争、それへの抗議の意を込めたアメリカやその同盟国による翌1980年のモスクワ五輪ボイコットなど、再び米ソの緊張が高まっていた。また当時は、米ソ両国とも、相手の核ミサイル発射を探知したら短時間のうちに報復攻撃をしかけられる24時間の警戒態勢をとっていた。そのような米

55　加藤陽子『満州事変から日中戦争へ』岩波新書シリーズ日本近現代史⑤、岩波書店、2007 年、3 頁。

56　有江浩一「人工知能技術が核抑止に及ぼす影響」『安全保障戦略研究』第 1 巻 1 号(2020 年 8 月)、164–166 頁;吉田文彦『迫りくる核リスク——〈核抑止〉を解体する』岩波新書(新赤版)、岩波書店、2022 年、68–82 頁。

ソ関係のなか、ブレジンスキー米大統領補佐官に、ソ連がアメリカに向けてミサイルを発射したとの報告が複数回届けられた。同補佐官がジミー・カーター大統領に電話をかけようとした際に、誤警報であることがわかった。原因は、ソ連の核攻撃に備えた訓練用の指令が誤って北米航空宇宙局防衛司令部(NORAD)のコンピューターで動き出し、誤警報が発せられたという†57。

冷戦終結後の1995年1月には、ノルウェー沖から打ち上げられた米航空宇宙局(NASA)のオーロラ観測用ロケットを、アメリカの潜水艦から発射された核ミサイルとロシア軍が誤解した事案が発生した†58。ロケット発射を受け、核報復攻撃を大統領が命令するための「核のブリーフケース」がボリス・エリツィン大統領に渡されて、史上初めて使用可能な状態となった。幸いなことに、ロケットはモスクワに向かっておらず、また弾道ミサイルの軌道とは異なっていたことからブリーフケースは使用されなかった。上記2事案とも「人間の介在によって危機を回避できた」†59が、機械の誤作動によって意図せざる戦争へと突入する恐れがあることを示している。

近年、人工知能(Artificial Intelligence: AI)技術の急速な発展に伴い、これを軍事・防衛システムに導入する試みがすでに始まっており、その是非が活発に議論されている。同時に、AI技術が意図せざる戦争/偶発的戦争(特に核戦争)を惹起させる恐れについても議論されており、さまざまなシナリオが提示されている†60。AI技術によって意図せざる戦争の可能性は低

57　吉田『迫りくる核リスク』、68–71頁。
58　同上、80–82頁;有江「人工知能技術が核抑止に及ぼす影響」165–166頁。
59　有江「人工知能技術が核抑止に及ぼす影響」166頁。
60　たとえば、ジェームズ・ジョンソン『ヒトは軍用AIを使いこなせるか——新たな米中覇権戦争』川村幸城訳、並木書房、2023年;James Johnson, "Inadvertent escalation in the age of intelligence machines: A new model for nuclear risk in the digital age," *European Journal of International Security*, No. 7 (2022), pp. 337–359; Michael C. Horowitz and Paul Scharre, "AI and International Stability: Risks and Confidence-Building Measures," Center for a New American Security, January 2021, https://www.cnas.org/publications/reports/ai-and-international-stability-

下するとの見方の1つに、AI技術を導入して信頼性の高い早期警戒システムを構築することができれば、危機の際に偶発的なエスカレーションの危険を軽減させ得るというものがある†61。また、AIによって精度の高い情報を収集、分析が可能となれば、自国および相手国の軍事力の差異をより正確に把握することができ、事前に戦争における勝利の確率も算出されよう†62。AI技術の支援があれば、人間の誤認による戦争の可能性は低下し、また、勝機が低い国家は戦争よりも交渉による解決をより強く望むため国家間対立が戦争へと発展する可能性をも軽減させ得る。

他方、AI技術は意図せざる戦争の危険性を高める可能性も指摘されている。まず、AIが、たとえば危機ではない状況を危機的状況と誤って判断する場合が考えられる。AIの機械学習には膨大なデータが必要となるが、たとえば、核攻撃など実戦データがない、あるいは稀な事態のためAIが正確な判断をするに必要なデータが不足する場合、AIの信頼性は低下する†63。したがって、核の早期警戒用のアルゴリズムの設計と訓練は、「ほぼ完全にシミュレーション・データに依存」することになるため、安全性の観点から非常にリスクが高いとされる†64。また、今日のAI画像認識技術では、撮影時の天候の違いや対象物の画像に他の物が写り込むなどのわずかな影響で、対象物を正しく認識できなくなる†65。したがって、AIが

---

risks-and-confidence-building-measures.

61 Edward Geist and Anderw J. Lohn, "How Might Artificial Intelligence Affect the Risk of Nuclear War?" RAND Corporation, 2018, https://www.rand.org/content/dam/rand/pubs/perspectives/PE200/PE296/RAND_PE296.pdf. Cited in 同上、171 頁。

62 Horowitz and Scharre, "AI and International Stability," p. 6. 米国防総省の国防高等研究計画局（DARPA）の RAID（Real-time Adversarial Intelligence and Decision-making）は、5 時間先の敵軍の目標、動き、感情までも予測できるように設計されているという。ジョンソン『ヒトは軍用 AI を使いこなせるか』、213 頁。

63 Horowitz and Scharre, "AI and International Stability," p. 7.

64 ジョンソン『ヒトは軍用 AI を使いこなせるか』、205、208 頁。

65 Horowitz and Scharre, "AI and International Stability," p. 8.

兵器ではないものを敵対国の兵器と誤認する可能性はある。このように、AIのアルゴリズムが実際の状況を誤って解釈し、その誤った判断を人間が過度に信用して対応した場合、危機は偶発的にエスカレートして、最悪の場合には意図せざる戦争へと発展する恐れがある。

関連して、技術的な成熟を遂げる前の段階、すなわちまだ信頼性が十分ではないAI技術が導入されてしまった場合も、誤った判断をする可能性は否定できない。なぜ信頼性が低いAI技術が導入されるのか。それは、安全保障のジレンマが作用するからである†66。相手国が先に新たなAI技術を導入した場合、自国は遅れをとってはならないとの危機意識を抱き、あるいは相手国より少しでも有利な立場に立ちたいとのインセンティブが働き、実験と検証(T&E)を短縮して、相手に先んじて未成熟なAIを導入する場合がある†67。

未成熟なAI技術が導入された場合、システムエラーは起こりやすく、破壊工作、特にサイバー攻撃の影響を受けやすい。一方、十分に訓練を積み、信頼の置けるAIシステムであってもサイバー攻撃に対して脆弱となり得る†68。サイバー攻撃によって、早期警戒システムによる探知は困難になると考えられる。たとえば、相手国ないし第三者が意図的に不正なデータを紛れ込ませて分析結果の操作を試みるデータ・ポイズニング攻撃を仕掛けてきた場合、そのような攻撃を受けた国は、軍の警戒態勢を引き上げると同時に、AIの判断・分析結果が正しいか否かを確認するために貴重な時間を費やすことになる†69。核弾道ミサイルが発射されたとの判断であれば時間

66 Horowitz and Scharre, "AI and International Stability," p. 8.

67 第一次世界大戦時には毒ガス、第二次世界大戦時にはドイツがジェットエンジンなどを予定より早く導入した。同上。

68 ジョンソン『ヒトは軍用AIを使いこなせるか』、211頁。

69 Mark Fitzpatrick, "Artificial Intelligence and Nuclear Command and Control," *Survival*, Vol. 61, No. 3 (June-July 2019), pp. 82–84 [81–92]; 有江「人工知能技術が核抑止に及ぼす影響」、172–173頁。

的猶予はない。NORADのオペレータが早期警戒システムから攻撃の初期兆候を評価・確認するまでの時間は3分未満だという[†70]。誤情報や偽情報が錯綜する場合には混乱を極めよう。このような情報が不完全で、意思決定の時間が著しく限られ、混乱している危機下において、指導者は最善の決断をしなければならない。時間がなく、極度のプレッシャーにさらされれば正確な判断を下すことは難しくなるだけでなく、最悪の事態に備えた意思決定(たとえば核の報復攻撃など)をする可能性は高まろう。

4. 意図せざる戦争は現実に起こるのか——米中偶発的戦争をめぐる一考察

本章は意図せざる戦争の原因を5つに整理して、複数の事例を紹介してきた。本節では、以上の議論を踏まえ、意図せざる戦争に関する課題および疑問を3点検討する。それらは、意図せざる戦争の定義に関わる学術的課題、米中における意図せざる戦争の可能性をめぐる疑問、AI技術と意図せざる戦争に関する課題と提言である。

第1に、本章は意図せざる戦争について論じてきたが、歴史上、意図せざる戦争なるものが起こったか否かについての見解は分かれている。たとえば、核抑止戦略で著名なバーナード・ブロディは「近代史において、真に偶発的と呼べる戦争はない」との結論に達したし、イギリスの軍事史家マイケル・ハワードは「歴史を遡って偶発的戦争の記録を見ても、そのような戦争は1つも見つからない」と主張した[†71]。意図せざる戦争がそもそも現実的なものかどうかで意見が割れる理由の

70　ジョンソン『ヒトは軍用AIを使いこなせるか』、217頁。

71　Bernard Brodie, *How Much Is Enough? Guns Versus Butter Revisited*, California Seminar on Arms Control and Foreign Policy, Lecture Series No. 56; Michael Howard, *The Causes of War*, Harvard University Press, 1983, p. 12. Both cited in Quackenbush, "The Problem with Accidental War," p. 8.

1つは、その定義の曖昧性にあろう。本章で用いた定義、すなわち「危機の初期段階において、当事者のいずれの側も望まない、もしくは予期していなかったにもかかわらず起こる戦争」は、国際政治学のテキストでも用いられることが少なくない一般的な定義である[†72]。この定義は、意図せざる戦争について体系的な分析を行ったアレキサンダー・L・ジョージの『戦争の回避(*Avoiding War*)』でも使用された定義であるが、ジョージ本人も認めるように「大まかで、曖昧性がないわけではない」[†73]。たとえば、「危機の初期段階」というのはいつからいつまでの期間を指し、またどのような特徴を有する段階なのだろうか。また、危機の初期段階を経た後、指導者が抑止や瀬戸際政策のような意図的に緊張を高める行動をとって戦争になった場合でも、意図せざる戦争と解されるのだろうか[†74]。

さらに、意図せざる戦争の特徴の1つは、戦争が「選択」によってではなく、「偶然・不運」によってもたらされることである。仮に、双方の指導者が危機の初期段階を越え最終段階まで平和を望んでいたとしても、戦争へと至る直前の段階で、大きなリスクを伴うことを覚悟のうえで意図的に緊張を高める行動を取った場合、その結果起きた戦争は偶然あるいは不運によってもたらされたといえるのだろうか。

第2に、上記の問題点を踏まえると、万が一、米中が戦争へと発展してしまった場合、それは意図せざる戦争といえるかは疑問である。冒頭で述べたように、今日、米中間の偶発的な衝突——厳密には、至近距離での危険飛行や航行の結果、両軍が衝突してしまった場合、衝突の危険性は自明であること

72 たとえば、Lauren, Craig, George, *Force and Statecraft*, p. 240; Levy and Thompson, *Causes of War*, p. 29; George, *Avoiding War*, p. 8. 危機の初期段階ではなく、「危機発生以前(prior to the crisis period)」とする捉え方もある。Dale C. Copeland, *The Origins of Major War*, Cornell University Press, 2000, p. 44.

73 George, *Avoiding War*, p. 545.

74 この点について、トラクテンバーグは「意図せざる戦争とは言えない」と否定的な見解を述べている。Trachtenberg, "The 'Accidental War' Question," p. 13.

から「偶発的」とは言いがたい――が偶発的な戦争へと発展する恐れが取り沙汰されている。しかし、すでに米中は双方とも軍事衝突は望まないと明言している[†75]。それでも米中が戦争へと突入してしまった場合、それは意図せざる戦争と分類され得るのだろうか[†76]。両国がすでにその危険性を把握していながら起きた戦争は、起こるべくして起こった戦争であって、意図せざる戦争とするのは困難ではないだろうか。「予測された意図せざる戦争」はない。

2001年の海南島沖での米中軍用機接触事故や2009年のインペッカブル号事件が軍事衝突に至らなかったからといって、無論、今後も同様に戦争が回避されるとは限らない。偶発的な衝突がコントロールできない事態へとならないよう、米中双方の取り組みが重要であることは論を俟たない。しかし、軍用機・軍艦の偶発的な衝突から、全面的な戦争へと発展する可能性は果たして高いのだろうか。意図せざる戦争の最も重要な特徴は、双方ともに戦争を望まない点にある。望まないのであれば、戦争を回避するための行動をとるはずである。上述した通り、米ソ(ロ)間で軍事システムの誤作動によって偶発的核戦争の可能性が非常に高まった事案は少なくとも複数回あり、核ミサイルが発射されたとの(誤)警報がありながらも両国とも報復攻撃は止まった。軍事大国であり、核保有国でもある米中が戦争を起こせば、双方ともに甚大な被害を免れないことは明らかである。つまり、米バージニア大学のデール・コープランドが論じる通り、「偶発的戦争は、双方と

75　たとえば、2023年11月、中国の習近平国家主席はいずれの国とも冷戦も熱戦も望んでいないと述べた。Xi Jinping, "Full text of Xi's speech at welcome dinner in U.S." *China Global Television Network*（*CGTN*), November 17, 2023, https://news.cgtn.com/news/2023-11-17/Full-text-Xi-s-speech-at-welcome-dinner-in-U-S--1oMGfl69DxK/index.html.

76　米中関係はまだ危機段階にない、つまり意図せざる戦争の定義に当てはまる状態にはないという反論はあろう。一方、上述の通り、双方が戦争を望まない時点を「危機発生以前」と捉える見方もある。Copeland, *The Origins of Major War*, p. 44.

もに戦争の意思決定を行わなかったことを示唆するが、実際には大戦争(major war)はあまりにも重大であるため、偶然に起こるものではない(too significant to "just happen")」(引用符はママ)†77。米中間の偶発的戦争は起こらないと主張しているのではない。偶発的な事故が偶発的戦争へと至るシナリオとその可能性をきちんと検証し、自己充足的予言となることを防がなければならない。

第3に、米中ともにAIを活用した意思決定支援システムに強い関心を寄せ多額の投資を行っていること、またAI技術が今後ますます軍事分野に導入されていくことを考えると、米中間で意図せざる戦争が起こるとすれば、AIが何らかの形で関与するであろうことは想像にかたくない。AI技術によってそのような軍事衝突が防止される方向に進めば良いが、AIはさまざまな形で偶発的エスカレーションを招きかねない。本章第2節(5)で取り上げたシナリオはそのごく一部に過ぎないが、米中間で起こり得るシナリオの1つとして次のようなものがある。それは、サイバー攻撃によって指揮・統制・通信システムが麻痺した場合、その攻撃を受けた国はより深刻な攻撃の前兆と捉え、自衛のために相手国に対して先制攻撃を行うというものである†78。

危機管理の観点からも、AI技術が及ぼす影響は深刻である。危機管理の原則の1つに「軍事行動のペースに休止期間を設ける」というものがある†79。双方のコミュニケーション、置

77　Ibid. また、軍用機・軍艦の衝突ではないが、トラクテンバーグは、「敵対国軍用機による領空侵犯が核戦争へと発展する事態は考えられない」と論じる。Trachtenberg, "The 'Accidental War' Question," p. 3.

78　Johnson, "Inadvertent escalation in the age of intelligence machines," p. 341; Michael T. Klare, "Cyber Battles, Nuclear Outcomes? Dangerous New Pathways to Escalation," *Arms Control Today*, November 2019, https://www.armscontrol.org/act/2019-11/features/cyber-battles-nuclear-outcomes-dangerous-new-pathways-escalation. クレアは、このような事態はNATO諸国・ロシア間、米中間で起こり得ると論じる。

79　Lauren, Craig, George, *Force and Statecraft*, p. 243.

かれている状況の分析、意思決定、提案およびそれへの回答、協議の実施などに十分な時間を確保することがその目的である。しかし、この原則から外れる状況に置かれた場合、指導者は極めて短縮された時間枠で重大な意思決定をするという重圧にさらされる†80。

AI技術が意図せざる戦争のリスクを高めないよう、米中を中心に国際社会はあらゆる方策を講じるべきである。その方策の1つに信頼醸成措置(CBMs)がある。信頼醸成措置とは、国家間の戦闘防止、エスカレーションの回避、軍事的緊張の緩和、信頼構築のための一連の計画的手続きである†81。信頼醸成措置は、冷戦期に意図せざる戦争の危険性を低下させるツールとして期待された。キューバ危機後の1963年8月には米ソ首脳の直接の意思疎通を可能にする通信回線(ホットライン)が設置され、1972年5月には海上事故防止協定が締結された。後者には艦船の危険行為・妨害行為の禁止、危険を及ぼすような行為の事前通告、情報交換の強化などが含まれた。また、米中間においても1998年に軍事海洋協議協定、2014年に海上および上空での事故防止のための覚書が締結されている。

AIの軍事活用による事故、意図せざる対立、偶発的エスカレーションのリスク軽減に有用であるとして、米ペンシルバニア大学のマイケル・ホロウィッツらは、軍用AIにおけるさまざまな具体的な信頼醸成措置を提案している†82。たとえば、

---

80 Ibid., p. 256.

81 United Nations Office for Disarmament Affairs (UNODA), "Military Confidence-Building Measures," https://disarmament.unoda.org/convarms/military-cbms. 防衛省は信頼醸成措置を次のように定義する。「偶発的な軍事衝突を防ぐとともに、国家間の信頼を醸成するとの見地から、軍事情報の公開や一定の軍事行動の規制、軍事交流などを進める努力」。http://www.clearing.mod.go.jp/hakusho_data/2000/yougo/main/yg12018.htm.

82 Michael C. Horowitz and Lauren Kahn, "How Joe Biden can use confidence-building measures for military uses of AI," *Bulletin of the Atomic Scientists*, Vol. 77, No. 1 (2021), pp. 33–35; Michael C. Horowitz and Lauren Kahn, "Leading in Artificial Intelligence through Confidence Building Measures," *Washington Quarterly*, Vol. 44, No. 1 (2022), pp. 91–106; Horowitz and Scharre, "AI and International Stability."

自律型兵器体系事故防止協定（Autonomous Incidents Agreement）案は米ソ海上事故防止協定をモデルとしたもので、自律型兵器体系を配備ないし展開する際の事前通告、係争地域における自律型兵器体系を配備する際の軍部間協議・情報共有などが含まれる。AI利用による不慮な事故や意図せざる戦争を回避することは諸国間が共有する利益であることから、このような措置が現実のものとなるよう取り組むことは価値があろう。

5. おわりに

本章は、意図せざる戦争の引き金となる5つの要因の分析を通して、双方が平和を望んでいるにもかかわらず、戦争は意図せずして偶発的に起こるのか、また、もしそうであるならば、なぜ、どのような過程を経て戦争へと発展するのかという2つの関連する課題を検討した。意図せざる戦争の定義に曖昧性という問題はあるものの、そのような戦争が起こる可能性は否定できない。安全保障のジレンマ、威嚇、また軍部の独断的行動によって生じる偶発的戦争の恐れがないわけではないものの、今世紀においては特に、AI技術が軍事分野に活用されることによって偶発的な軍事衝突へとエスカレートしていく事態が懸念される。現時点においては、兵器使用に直接影響が出る意思決定についてはAIに委ねずに人間がその中枢にいるべきであるとのコンセンサスがあるが、AI技術の有用性の認識が国際社会で高まれば、このコンセンサスが今後も維持されるとは断言できない。誰もが望まない意図せざる戦争へと発展しないよう、信頼醸成措置など不慮の事態を事前に防止する取り組みが進展することが期待される。

第2章

同盟
——なぜ締結され、どのように維持されるのか

冨樫あゆみ

1. はじめに——同盟とは何か

同盟に関する議論を主導してきたリアリズムやネオリアリズムは、国際政治領域をアナーキー（anarchy, 無政府状態）であると理解する。中央政府、地方自治体といった階層的な統治構造が存在する国内政治とは対照的に統治者が存在しない無階層、つまりアナーキーである国際政治領域において国家の第一の目標は生存（survive）にある。同盟は古代エジプトから現代に至るまで「国家が生き抜く術」として利用され、主に行為者である国家が国家と条約を締結することによってこれまで実に多くの同盟が形成されてきた。例えば戦後日本にとっての唯一の同盟は日米同盟であるが、現在の日米同盟は1960年に日本と米国間で締結された日米安全保障条約に依拠するものである。また、米国にとっての最大の同盟相手は北大西洋条約機構（NATO）であるが、この根拠は1949年に米国が締結した

北大西洋条約にある。

一方で、肝心の同盟の定義をめぐっては研究者によって見解が分かれる。土山實男は同盟をより厳格に理解し、「将来の安全に共通の不安をもつ国家が共同軍事行動を約束するもの」と定義しているが、これは狭義の理解と整理される[†1]。より広義では、ウォルト（Stephen M. Walt）が同盟（alliance）と安全保障上の連携（alignment）を同義で捉え、「二カ国あるいは三カ国以上の主権国家間での安全保障協力に関する公式／非公式的な協定」と定義している[†2]。同盟を狭義で理解するのか、それとも広義で捉えるのかをめぐっては「何が同盟なのか」という根本的な問いにも関連する。例えば、31の加盟国で構成されるNATOでは加盟国が武力攻撃を受けた場合、その他の加盟国が集団的自衛権を行使する集団防衛が規定されているため、これは狭義もしくは広義のいずれにおいても同盟と理解される。反対に、曖昧となる事例が日米韓安全保障協力である。日本、米国、韓国は、首脳会談や各種会談における声明において日米韓三カ国が北朝鮮やグローバルな安全保障上の課題に対して協力することを表明しているが、この日米韓安全保障協力は実戦的な「共同軍事行動」の実行を約束するものではない。この場合、狭義の定義に従えば同盟に該当しない一方、広義の理解からは同盟に該当する。定義が定まっていないことからも明らかであるように、国際安全保障論における最も古い研究対象の1つである同盟について数多くの研究者が議論を深めてきた。

2. なぜ国家は同盟を締結するのか

国家がなぜ同盟を締結するのか、そのメカニズムをめぐっ

1　土山實男『安全保障の国際政治学——焦りと傲り』第2版、有斐閣、2014年、281頁。

2　スティーヴン・M・ウォルト『同盟の起源——国際政治における脅威への均衡』今井宏平・溝渕正季訳、ミネルヴァ書房、2021年、12頁。

てもこれまで研究者によって様々に議論されてきた。一方で、この疑問に対して明確かつ絶対的な答えが存在しているとは言いがたい。同盟が締結される目的、締結時の国際情勢、国家の安全保障環境や国内状況は多岐にわたるからである。そうとは言いつつも、国家が同盟を締結する理由や原因について国際関係理論の発展とともに、多様な視点から研究されてきた。本節では同盟締結をめぐる代表的な議論を整理しながら、なぜ国家は同盟を締結するのかについて理解を深めたい。

同盟理論は、国際関係理論のなかでもリアリズムやネオリアリズムを中心として議論が深められてきた。リアリズムは国際政治領域をパワーの対立と捉える。リアリズムにおいては、国家はパワーに対して均衡する存在であり、国家がお互いに均衡している状態を勢力均衡(balance of power)と呼ぶ。国家の「独立と存立は、他国の力が自らの力とは不釣り合いなほどに増大することによって脅かされ」るため、国家は何らかの手段によって他国とパワーを均衡すること(勢力均衡)によって自国を防衛しようとする†3。同盟はこの勢力均衡のための重要な、かつ最も一般的な手段の1つである。実際に、国際政治学の大家でありリアリズムを提唱したハンス・モーゲンソーは「同盟は、バランス・オブ・パワーの必然的機能である」と述べている†4。

では、勢力均衡の原因となるパワーはリアリズムにおいてどのように評価されるのだろうか。リアリズム、特にケネス・ウォルツが提唱したネオリアリズムは、概してパワーを国家が有する物質的な力の総合と考えてきた。物質的な力の総合とは、一般的には国土の規模、資源や工業力、軍事力などを総合的に判断したものと理解される。ネオリアリズムは、この物質的な力がどのように分布されているか(パワーの分布、

3 ハンス・J・モーゲンソー『国際政治(中)』原彬久監訳、岩波文庫、2013年、110頁。
4 同上、42頁。

distribution of power)によって国際政治の構造(structure)が決定されると考える。一方で、リアリストのなかでは国家が資源を動員できる力や地理的な要素などパワーを物質的要素以外から理解しようとする流れもある。つまり、パワーをめぐる問題は、何をもってパワーとするかに関しては研究者間で異なり、何よりもパワーを数値化したり正確に評価したりすることが極めて難しいという点にある†5。一方で、モーゲンソーはパワーの不確実性を認めつつも、その正確性を追求することは不毛であると考えた。むしろ、勢力均衡論にとって重要なことはパワーを正確に測定することではなく、国家は推定され得るパワーに対して均衡することにあるといえよう。

このように同盟が締結される原因を勢力均衡に求めた勢力均衡論に対して、スティーヴン・ウォルトは脅威均衡論(balance of threat theory)を唱え、国家が同盟を締結する原因を脅威に求めた。脅威均衡論における「脅威」は、経済力や軍事力といった総合的なパワーに加え、地理的接近性、攻撃的能力、攻撃的意図から判断される†6。この脅威均衡論が勢力均衡論と異なる点は、国家はパワーが強大な国家に対して必ずしも対抗するのではなく、脅威と認識する国家に対して対抗すると考えることにある。そして、脅威に対抗する政策の一形態が同盟であると考えた。例えば、第二次世界大戦以降米国は強大なパワーを有する国家として存在してきたが、すべての国家が米国に対抗するわけではない。一方で、中小国であっても国家にとって脅威であると認識される場合には、第三国と同盟を締結することによって対抗する。

5　パワーを資源の側面から捉えることに批判的な構成主義（constructivism）はパワーとは自らの行為を正当化（legitimacy）させる非物理的な力であると主張する。Christian Reus-Smit, “Constructivism,” Scott Burchill et al. eds., *Theories of International Relations*, 3rd ed., Palgrave Macmillan, 2005, p. 209. 国際関係理論におけるパワーの定義はDaniel Drezner, “Power and International Relations: A Temporal View,” *European Journal of International Relations*, Vol. 27.no. 1, 2021, pp. 29–52. に整理されている。

6　ウォルト『同盟の起源』、5頁。

これに対し、ランドール・シュウェラーはパワーを分析の基礎とする勢力均衡や脅威均衡論を批判し、国家は自らが追求する利益を確保するために同盟を締結すると主張した。シュウェラーは、現状に満足しない国家(現状打破国家)が他国と同盟を結ぶ動機は現状に満足している国家(現状維持国家)が同盟を結ぶ動機とは異なるものであると考えた。これは利益均衡論(balance of interest theory)と呼ばれる。利益均衡論によると、現状維持国家にとっての利益は正しく現状を維持することにあるため、現状打破国家を抑止もしくは打倒することを目的として同盟を締結する一方で、現状打破国家は同盟を自らの利益を増大させる機会と捉える[†7]。つまり利益均衡論は、同盟はパワーや脅威に均衡するためではなく、競争相手の国家を出し抜いたり、現状打破国家をけん制するためなど国家が追求する利益を実現するために同盟を締結すると考える立場といえる。

また、スティーブン・デビッドは、勢力均衡を受け入れつつも同盟は外的脅威に加え内的脅威に対抗するために締結する「オムニバランシング(omni-balancing)論」を展開した。デビッドによると、第三世界の政治指導者にとっては国内の政権安定が外的脅威への対処と同様に重要であり、同盟締結の目的には国内に存在する自らの権力を脅かす勢力(内的脅威)への対抗が含まれる[†8]。

これらの理論の根底にある共通した問題意識は、「同盟という国家行動は何によって決定されるのか」にあろう。このような同盟に関する諸理論は国家行動を、パワーの分布が決定する国際システムの構造と国家の相互作用から理解し国内政治との連続性を否定する立場と、これに対して批判的な立

7 Randall L. Schweller, *Deadly Imbalances: Tripolarity and Hitler's Strategy of World Conquest*, Columbia University Press, 1998, pp. 60–62.

8 Steven R. David, "Explaining Third World Alignment," *World Politics*, vol. 43, no. 2, 1991, pp. 233–56.

場とに整理することができる。前者はネオリアリズムに則った立場であり、概ね同盟の締結を「神の見えざる手」のようにパワーへの対抗として機械的に理解する。脅威均衡論は原則的にはこの立場を認めつつパワーに加えて脅威への対抗こそが同盟の目的であると主張した。対して後者は、同盟締結という国家行動の分析枠組みに、国際システムの構造に加えて行為者である国家の視点つまり国内要因を加算する立場であり理論上はネオクラシカル・リアリズムに分類される。勢力均衡やネオリアリズムの限界を指摘したのシュウェラーの利益均衡論やオムニバランシング論がこれらに該当する。

このように、同盟締結という国家行動を分析する理論は単一ではなく、どの理論を用いるかによって同盟締結の目的や原因への理解が異なるといえよう。

3. 同盟の形態

勢力均衡論、脅威均衡論そして利益均衡論というように、同盟が締結される原因が多様に理解されてきたのと同様に、同盟の形態も画一でなく多様である。国家が外的脅威に対してどのように反応するのだろうか。例えば脅威均衡論によると国家が認識する脅威に対して均衡するが、では実際どのような手段を用いるのかをめぐる議論がこれに該当する。

(1)同盟の形態

最も代表的な同盟の形態は、バランシング(balancing)である。例えば、A国に直接対抗する手段としてB国がC国と同盟を締結する場合が該当する。バランシングの基本的な理解は、勢力が弱い国家と同盟を締結することによって、より強大な国家に均衡することである。勢力均衡や脅威均衡論によると、バランシングを目的とする同盟は自国よりも弱い国家と締結される傾向にあり、かつ最も一般的である。

バランシングに対して、外的脅威に直面する国家が脅威を認識できない、認識していたとしても反応しないもしくは反応できない状況を意味するアンダーバランシング(underbalancing)がある。アンダーバランシングを提唱したシュウェラーは、国家がバランシングするか否かは勢力均衡論が主張するようにパワーの分布によって決定されるのではなく、国内政治過程によって左右されると考えた。アンダーバランシングの議論において、国家の外的脅威に対する反応は国家行動を実際に決定するエリート間での合意形成(elite consensus)やエリートの統合(elite cohesion)、そして政府の脆弱性や社会の統合(social cohesion)の程度に影響を受ける[†9]。シュウェラーによると、エリート間での合意形成やエリート統合の程度は、バランシングしようとする国家の意志を左右し、政府の脆弱性や社会統合の程度は、バランシングするために必要な資源を国家がどの程度引き出すことができるのかに影響する[†10]。例えば、国内エリートや社会が分裂状態でありかつ政府も不安定な状態であるA国に対して、B国という外的脅威が出現したとしよう。B国に対してどのように反応するかをめぐってエリート間で合意が形成されない状況において、A国はアンダーバランシングを選択する[†11]。また、仮にエリート間でバランシングしないという合意が形成された場合でもA国はアンダーバランシングを選択する。

反対に、国家が外的脅威に対して過剰に反応するオーバーバランシング(overbalancing)がある。例えば、国家が脅威の程度を誤って見積もったり、国内政治状況によって脅威に過度に反応したりする場合が該当する[†12]。バランシングとの対比で考えるならば、バランシングに関する実証事例は脅威に対

9 Randall L. Schweller, *Unanswered Threats: Political Constraints on the Balance of Power*, Princeton University Press, 2006.

10 Ibid., p. 47.

11 Ibid., p. 63.

12 Ellis Mallett and Thomas Juneau, "A Neoclassical Realist Theory of Overbalancing," *Global Studies Quarterly*, No3, 2023, p. 2.

して「適切に均衡した」結果を対象とする一方で、オーバーバランシングは「適切に均衡しなかった」事例に該当するため、アンダーバランシングの事例と同様にその原因を探るべく国内の諸要因に着目する。オーバーバランシングの代表的な事例の1つが9.11以降に米国が開始した「対テロ戦争」である†13。ミレットとジュノーは、米国が「対テロ戦争」に対して実際の脅威以上に資源を投入し、アラブ世界と出口の見えない戦争を開始した原因の1つとして、当時ジョージ·W·ブッシュ大統領がテロリズムの脅威を過大に認識したためであると指摘している†14。

このように脅威に対抗することを前提としたバランシングに対して、むしろ自国より強大な国家と同盟を結ぶバンドワゴニング(bandwagoning)がある。バンドワゴニングをどのように理解するかは研究者によって異なり定義も一定ではない。例えばウォルトはバンドワゴニングを「支配的な国家/同盟に与すること」と定義し、強大国よりも中小国が選択する脆弱な同盟形態であると考えた†15。一方で、シュウェラーはウォルトの定義を批判しながら、バンドワゴンをより脅威となる国家と同盟を組むことによって攻撃をかわすことを目的するものと、戦時における優勢国家と組むことで「勝利の分前に与る」ことを目的とするものと分けて定義し、利益均衡論の立場から国家は自国の利益を実現するためにバンドワゴニングを選択すると主張した†16。シュウェラーはバンドワゴンニングをより「コストのかからない」選択であると指摘し、特に現状打破を狙う国家の間ではバランシングよりも一般的であると述べている†17。このような理解からシュウェラーは、日本がドイツおよびイタリアと同盟を結んだ三国同盟は後者

13 Ibid., p. 10.

14 Ibid.

15 ウォルト『同盟の起源』、27頁。

16 Schweller, *Deadly Imbalances*, p. 69.

17 Schweller, *Deadly Imbalances*, p. 77; Schweller, *Unanswered Threats*, p. 7.

の意味において日本のバンドワゴニングであったと指摘した。土山もシュウェラーの理解に同調しつつ、日米同盟を筆頭として日本にとっての伝統的な同盟形態はバンドワゴニングであると分析している†18。

これら同盟の形態に関する議論は実際に締結された同盟を実証事例として展開されているため、必然的に同盟が締結された当時の国際政治の状況が同盟の形態へ影響すると考えられてきた。例えば、冷戦期の米国とソビエト連邦のような2つの超大国が存在する国際構造なのか(bipolarity)、もしくは冷戦後の米国一極の時代(unipolarity)それとも複数の強大国がしのぎを削る多極の時代(multipolarity)なのかによって同盟の形態は異なる。なかでもトーマス・クリステンセンとジャック・スナイダーは、多極においては国家が攻勢もしくは防御のいずれが優勢かによって同盟形態が異なると指摘した。攻勢が優勢な場合には無条件的に同盟を締結するチェインギャンギング(chain-ganging)を、対して防御に利がある場合には安全保障に関するコストを削減できるバックパッシングが選択される†19。

(2)同盟をどのように「利用」するのか

これまで、「外的脅威にどのように対応するのか」という同盟の形態について整理してきたが、では同盟が一度締結されたならば国家は同盟をどのように利用するのだろうか。特に、同盟締結国の一方が強大国の場合、自国にとって有利に働くように同盟を「利用」してきた。

バックパッシングは、自国の防衛に対する責任を同盟相手国へ転嫁する戦略である。ジョン・ミアシャイマーによるとバックパッシングは安価で防衛力を獲得することができる

18 土山『安全保障の国際政治学』、294頁。

19 Christensen, Thomas J., and Jack Snyder. "Chain Gangs and Passed Bucks: Predicting Alliance Patterns in Multipolarity," *International Organization*, Vol. 44, No. 2, 1990, p. 139.

ため強国がより好む政策である†20。通常責任を転嫁した国(buck-passer, バックパッサー)は強国であり、攻撃的な国と戦争に対峙するのは責任を転嫁された国(buck-catcher, バックキャッチャー)となる。従ってバックパッシングはバックパッサーにとっては理想的な同盟とも思えるが、バックキャッチャーが攻撃を加えそうな国家を見過ごしたり監視できなかった場合には、むしろバックパッサーが危険な状況に陥る†21。もしくは、バックパッサーが責任を転嫁させたことによってバックキャッチャーの軍事力が増大し、その結果、バックキャッチャーが勢力均衡を脅かす存在となる危険性も含んでいる†22。

オフショアバランシング(offshore balancing)はバックパッシングに分類され、米国がヨーロッパ、北東アジアやペルシャ湾を中心に本国から遠い地域においても優位を保つために、第一防衛線として域内の同盟国家に対して域内覇権を狙う新興国家に対しバランシングする責任を転嫁する戦略である†23。これは、主に米国の同盟政策を分析する枠組みとして用いられる。米国はオフショアバランシングを展開し域内同盟国家へ適切な助言や援助を提供する一方、米国自身が前線に大規模な軍隊を派遣する必要は低下する†24。従って米国にとっては少ないコストで安全保障上の利益を獲得できる戦略といえる。

4. 同盟はどのようにして維持されるのか

これまで述べてきたように様々な目的と形態によって同盟

20 John J. Mearsheimer, *The Tragedy of Great Power Politics*, W. W. Norton, 2001, p. 160.

21 Ibid., p. 161.

22 Ibid.

23 John J. Mearsheimer and Stephen M. Walt, "The Case for Offshore Balancing: A Superior U.S. Grand Strategy.", *Foreign Affairs*, July/August 2016, pp. 70–83.

24 Ibid.

は締結されるが、一方で同盟はどのように維持されるのであろうか。一度同盟が締結されたならば、永久的に同盟は維持されるのだろうか。国家と国家間で締結される同盟は締結国家間の関係が反映される「鏡」とも言える。同盟締結国であっても様々な要因によって国家間関係が悪化した場合は同盟の機能が損なわれ、翻っては自国の安全を危険に晒すことにもなる。従って、一度締結された同盟が効果的に機能するために締結国家は同盟を維持する意志を明らかにしつつ、同盟を適切に管理することが求められる。これは同盟内政治とも呼ばれ、一度同盟が締結された後に同盟をどのように維持管理するのかをめぐっては、締結国家間において駆け引きが展開される。例えば、同盟相手国の行動を制限もしくは拘束するバインディング(binding, 結束戦略)や、同盟締結国家間に楔を打ち込むことによって同盟の弱体化もしくは決裂を目的とするウェッジング(wedging, 分断戦略)戦略などは同盟内政治をめぐる代表的な議論である。本節では、米国との同盟関係にある日本と韓国を事例として「同盟のジレンマ」をめぐる同盟内政治と非対称同盟が抱える問題について整理する。

(1)同盟内政治と日韓協力

ロバート・ジャーヴィスは、アナーキーな国際政治領域には「安全保障のジレンマ」が存在すると指摘した。例えばA国が軍備を拡大した場合、A国が他国を攻撃する意図を持たないとしてもB国はA国の平和的意図に確信を持てないためB国も軍備を拡大し、結果的に国家間の緊張状態が高まる状態を説明した理論である。グレン・スナイダーはこの論理を同盟関係にも適用し、「同盟のジレンマ」の存在を指摘した。狭義では「同盟のジレンマ」は同盟結成時と同盟結成後の2つの局面において確認されるが、同盟結成後に同盟締結国が抱くジレンマについて整理するならば以下の通りとなる。「同盟のジレンマ」は同盟締結国が抱く「巻き込まれ」る不安(fear)と「見捨てられ」の恐怖(fear)から説明される。A国とB国が同盟関係にあると仮定しよう。B国が同盟へ十分に関与していないとA国が判断した場合、A国は同盟から「見捨てられる」恐怖を抱く。反対に、B国が同盟を利用してA国が意図しない紛争に巻き込もうとした場合、もしくはA国が意図しない段階までB国が同盟を強化しようとした場合、A国は「巻き込まれ」の不安を抱く。結果として同盟をどのように運用するかは、このジレンマと深く関わっていると考えるのが「同盟のジレンマ」である。「同盟のジレンマ」はこれまで同盟内政治を説明する理論的枠組みとして用いられてきた。

ここでは、脅威均衡論と「同盟のジレンマ」を応用して冷戦期における日韓協力を説明したビクター・チャの疑似同盟論に言及したい。チャは、日本と韓国は同盟関係にはないが、北朝鮮という共通の脅威と米国という共通の「庇護(protector)を受ける」疑似同盟(quasi alliance)にあると定義した†25。チャによると、米国との二国間関係において韓国は米国から「見捨てられ」の恐怖が強い一方で、日本は「巻き込まれ」の不安が強いが、疑似同盟としての日韓関係においては米国からの「見捨てられ」の恐怖を共有する†26。日韓が米国からの「見捨てられ」の恐怖を共有した場合に日韓協力が進展する、というのがチャの提唱する疑似同盟論である。

例えば、リチャード・ニクソン政権期とジェームズ・カーター政権期における日韓協力を考えてみよう。1969年から1971年および1975年から1979年にかけて、日本と韓国は政治や経済、そして安全保障分野において協力したが、チャはその理由として、ニクソン政権やカーター政権が発表した在韓米軍の撤退計画を危惧した日本と韓国が「見捨てられ」の恐怖を共有したと主張する。対して、米国の関与が確約された1980年代

25　ビクター・D・チャ『米日韓反目を超えた連携』船橋洋一監訳、倉田秀也訳、有斐閣、2003年、50頁。本章における疑似同盟に関する記述は全て本書を参考にしている。

26　同上、50頁。

のロナルド・レーガン政権に日韓協力が進展しなかった理由として、チャは日本と韓国は米国からの「見捨てられ」の恐怖を共有しなかったことを指摘している。

このようなチャの疑似同盟論は、冷戦期の日韓協力を有効に説明する理論的枠組みとして学界で受け止められてきた一方で、その汎用性をめぐっては議論がある。例えば、宇スンジは、冷戦期に北東アジア関与政策を展開したリンドン・ジョンソン政権とレーガン政権期においても日韓は協力関係を継続したと指摘し、疑似同盟論を用いてはこの現象を十分に説明できないと主張した[†27]。また、同盟のジレンマを応用しても今日の日韓安全保障協力を説明できないとする見解もある。例えば、筆者は冷戦後に展開してきた実質的な日韓安全保障協力はむしろ米国による積極的な介入を基盤としていると指摘した[†28]。このように疑似同盟論には疑問が提示されているものの、総じてチャの議論は日本と韓国そして米国間での同盟内政治から日韓協力の形成を説明したと言えよう。

(2)非対称同盟——非対称同盟をめぐる諸問題

①「対等でない同盟」?——非対称同盟とは

勢力均衡論や脅威均衡論は、同盟を締結することによって国家が軍事的援助を互いに享受することを想定しているが、この前提に則るならば一方の国家が軍事的援助を提供する能力を失ったり、もしくは一方の国家からの軍事的援助がもはや脅威に均衡するために必要ではなくなった場合に同盟は終結する。しかし、現実世界においては、同盟締結国の一方が十分な軍事的援助を提供できないにもかかわらず同盟が維持される事例がある。

その代表的な事例が非対称同盟である。同盟は軍事的援助

27 宇・スンジ「冷戦期韓国–日本協力のパズル——不介入仮説対加入連合政治仮説」『韓国政治学会報』37巻3号(2003年)、129–150頁。
28 冨樫あゆみ『日韓安全保障協力の検証』亜紀書房、2017年。

を提供することのみならず、同盟から「何を得るか」は国家が同盟を維持する過程において異なる。とりわけジェームズ・モローは同盟を維持する過程では安全保障(security)と自律性(autonomy)がトレードオフの関係になると考え、このような同盟形態を非対称同盟と定義した†29。非対称同盟において、追従国(より弱小な国家)は、軍用地や自国の内外政の調整権というような国家が国家行動に対して有する自律性を主導国(より強大な国家)へ差し出し、その対価として主導国から安全保障を供給される。対して主導国は、追従国へ安全保障を提供し、他方で追従国の内外政を制約することによって現状を維持したり、もしくは現状変更を追求することが可能となる。

この非対称同盟の代表的な例が日米同盟や米韓同盟である。日米同盟は日本が米国に対して基地を提供するのに対し、米国は日本の防衛義務を負うという安全保障と自律性のトレードオフの関係にあったと理解される†30。また、日米同盟は日本が米国の防衛義務を負わない片務的性格からも「非対称性」が指摘されている。「片務的」な日米同盟とは異なり、1953年朝鮮戦争の停戦協定と同時に締結された米韓同盟は正式には米韓相互防衛条約と言い、相互に防衛義務を負う双務的な同盟と理解される。いずれにおいても米国から安全保障を提供される非対称同盟に分類され、超大国である米国との同盟を

29 James D. Morrow, "Alliances and Asymmetry: An Alternative to the Capability Aggregation Model of Alliances," *American Journal of Political Science*, Vol. 35, No. 4 (1991), pp. 904–933.

30 日米同盟が非対称同盟か対称同盟かをめぐっては研究者によって意見が分かれる。たとえば、板山真弓は1951年から1978年までの日米同盟は「日米両国が軍隊を提供し合って共同防衛」を行ったと主張し、日米同盟を対称同盟であったと分析している。板山真弓『日米同盟における共同防衛体制の形成——条約締結から「日米防衛協力のための指針」策定まで』ミネルヴァ書房、2020年。また、何を持って非対称同盟と定義するかについては議論が別れている。モローはパワーの非対称性に着目している一方で、日米同盟においては「片務性」が非対称の基準として用いられる。「双務的」である米韓同盟においても、安全保障と自律性をめぐる問題が提起されていることに鑑みるとパワーの非対称性が非対称同盟において最も重要な要素であると言える。

維持する過程において追従国である日本や韓国は様々な課題に対峙してきた。

② 非対称同盟の問題——同盟の費用負担と「自律性」をめぐる諸問題

ここで「同盟の維持費」について考えてみたい。通常、同盟を維持するためには、同盟の一方に安全保障を提供できるような軍事力を保有するための費用が必要となる。この「同盟の維持費」をめぐる問題は、同盟の一方から安全保障の提供を受ける非対称同盟においては同盟そのものの維持と密接に関わっている。これは日米同盟においても例外ではない。

前述した日米同盟の片務性をめぐっては、1990年代初頭から日本の「フリーライダー（ただ乗り）」論が米国から提起されてきた。これは、米国が日本の防衛に対して提供する役務（日本の防衛）に対して、日本が米国に提供する役務（在日米軍基地の提供）が見合わず、結果として日本が米国の提供する安全保障にフリーライドしているという批判である。このような批判を背景として、米国は日本に対して日米同盟を維持するための費用をより負担することを求めた。日本は米国の要求に対して在日米軍駐留経費（同盟強靭化予算）をより負担することで、そして日米同盟を「人と人との協力」へと変容させることよって日米同盟を維持してきた。

モローが指摘したように非対称同盟においては本来であれば「安全保障と自律性はトレードオフ」の関係にあるため、日本の防衛力が向上すれば「自律性を差し出す」程度は低下するはずである。しかし、日本は日米同盟を維持するにあたり「防衛コストと自律性コストが共に増大」してきた[†31]。武田（2019）は、1980年代から日本は日米同盟において実際の任務負担が増加した一方で同時に米軍駐留にかかる費用（自律性を

31　武田康裕『日米同盟のコスト——自主防衛と自律の追求』亜紀書房、2019年、243頁。

差し出すコスト）も増加していることを指摘し、これは特にポスト冷戦期において日本が米国から「見捨てられる」ことを回避するためであったと指摘する[†32]。武田（2019）は、日本が日米同盟を維持する過程において「同盟のジレンマ」によって「防衛コストと自律性のコスト」を両方負担していると指摘しているが、韓国も米韓同盟をめぐって日本と同様の状況にある。米韓同盟は「双務的」であるにもかかわらず、韓国は米軍に対して基地を提供し駐留費用を負担しているのに加え、特に主導国に「差し出す」自律性のなかでも政策の対米譲歩をめぐる葛藤を抱えてきた。

米国のイラク戦争に伴う韓国軍イラク派兵問題は、まさに追従国が主導国に「自律性を差し出した」事例ともいえる。2003年、イラク戦争を開始した米国は韓国へ軍隊を派遣することを要請し、韓国は3000名以上の兵士を派遣した。この決定は「安全保障と自律性のトレードオフ」を象徴するものであった。

イラク派兵をめぐる世論は当初反対60.3％に対して賛成39.3％であり、国民の過半数超がイラク派兵に反対していた[†33]。米国の要求に応じて韓国がイラクへ派兵することは、米国との対等な関係構築を掲げていた盧武鉉政権の方針に反するものであり、何よりも韓国が米国に従属する「米国中心主義」に批判的な盧武鉉政権の支持者からの要求にも反するものであった。

盧武鉉大統領は熟慮の末にイラク派兵を決定したが、この決定は主に非対称同盟における「同盟のジレンマ」から説明される。米韓同盟を通じて米国から安全保障の提供を受けて

32　同上、52頁。

33　「世論調査派兵賛成56.1％」KBSニュース、https://news.kbs.co.kr/news/pc/view/view.do?ncd=496053（2023/10/6）。この数字は米国からの要請直後の世論調査結果であり、国連においてい「国連安保理決議1511」が採択された後には賛成が56.1%に急増した。

いる韓国は、イラク派兵によって米国が開始した対テロ戦争に韓国が「巻き込まれる」不安と、同時に派兵要請の拒否によって米国からの安全保障が毀損され「見捨てられる」恐怖も抱く。韓国はイラク派兵を決定することによって、つまり自律性を米国に差し出すことによって「見捨てられる」恐怖の解消を優先させたのであった。皮肉なことに、この決断によって盧武鉉政権は支持基盤を失い、2003年3月の政権発足時には72.1%であった支持率は12月には23%まで急落した。

5. おわりに

本章では同盟の締結と維持に関する議論を整理してきたが、これらは学界でこれまで蓄積されてきた議論の一部に過ぎない。同盟を国際社会における制度の1つと捉える「リベラル制度論」やイデオロギーが同盟締結の目的と考える構成主義(constructivism)からの検討も行われてきた†34。しかし、現実世界は複雑であり、残念ながらこれらどれか1つを用いて十分に同盟を説明することは難しい。同盟に関する問いの答えは様々である一方で、明確なのは国家が自らの生存のために同盟を締結し維持してきたということである。また、同時に、同盟に関する研究は実際に締結された事例を分析対象としながら展開してきた。同盟に関する研究はこれからも現実世界で繰り広げられる「国家の生存」をめぐる駆け引きに密接に関わりながら常に進化していくことが予想される。

34　リベラル制度論については、土山『安全保障の国際政治学――焦りと傲り』、301 頁を参照。

第3章

核兵器
——核武装の論理と限界をどのように理解できるのか

今野茂充

1. はじめに

2017年7月に国連で核兵器禁止条約が採択された。この条約では、核兵器の使用、威嚇、実験、開発、保有、共有、他国への配備など、核兵器にかかわるあらゆる行動が禁止されている。2023年末の時点で、核兵器保有国(以後、核保有国と表記)や日本を含む多くの先進国はこの条約に参加していないが、核兵器が非人道的で容認できない破壊兵器であるという認識と、核保有国による核兵器の使用や保有を禁止する規範を拡大しようとする動きは、国際的潮流の一部となっている[†1]。

1　ニーナ・タネンワルド「二一世紀における核のタブーの遺産」吉田文彦訳、マイケル・D・ゴードン、G・ジョン・アイケンベリー編『国際共同研究 ヒロシマの時代——原爆投下が変えた世界』藤原帰一、向和歌奈監訳、岩波書店、2022年、267–268, 278–289頁。

その一方で、2022年2月以降のロシア・ウクライナ戦争では、ロシアの核戦力が関係各国の行動の幅を大きく制約しており、国際安全保障の領域において、核兵器が無視できない存在であることを関係者に改めて実感させている。

アメリカのビル・クリントン元大統領は、2023年4月におこなわれたアイルランド放送協会(RTF)のインタビューのなかで、「もしウクライナに核抑止力があれば、ロシアがウクライナに侵攻することはなかっただろう」と振り返っている。また、「1994年に、旧ソ連の核兵器を放棄するようウクライナを説得した自らの役割を後悔している」という趣旨の発言もしている[†2]。こうしたクリントン元大統領のコメントには、核兵器をめぐる国際安全保障を考えるにあたり、重要な論点が含まれている。第1に、現在の国際的な核不拡散体制は「核保有国を増やさないことが平和につながること」を前提にしてきたが、核不拡散を強く推進した当事者によって、核が拡散した状態の方が平和だったかもしれないことが示唆されている。第2に、ロシアとウクライナの国力には大きな差があるが、核兵器があれば、こうした国力差を補って、ウクライナがロシアの侵略を抑止できたはずだという考えが示されている。世界最高水準の核戦力を有するアメリカの元大統領にとっては自明のことかもしれないが、核兵器の侵略抑止効果を肯定的に評価していることになる。

このように核兵器をめぐる評価は立場によって大きく異なっているが、そもそもわれわれは、核武装の論理と限界について、どのように理解すればよいのだろうか。本章では「核研究のルネサンス」とも呼ばれる近年の研究成果に依拠しながら、核兵器の基本的な特徴と役割について整理し、核兵器に関わ

2　Miriam O'Callaghan, "Clinton Regrets Persuading Ukraine to Give Up Nuclear Weapons," 4 April 2023. <https://www.rte.ie/news/primetime/2023/0404/1374162-clinton-ukraine/> 2023年8月21日アクセス。ウクライナの核放棄の経緯については、北野充『核拡散防止の比較政治――核保有に至った国、断念した国』ミネルヴァ書房、2016年、189–203頁を参照。

るさまざまな問いについて検討したい。核兵器にはどのような機能や役割があり、国際関係や対外政策にどのような影響を及ぼすのか。国家が核兵器を求めるのはなぜか。どのように核保有を目指すのか。核抑止力を確立するために、どの程度の核軍備が必要となるのか。広島と長崎で使用されて以来、実戦で一度も使用されていない理由は何か。核保有国の数があまり増えていないのはなぜか。核兵器は世界をより平和にしてきたのか。それとも、世界を危険にしてきたのか。核兵器を廃絶すれば世界は平和になるのだろうか。

いずれも、基本的な問題ではあるが、専門家の見解は一致していない。しかしながら、こうした核武装の論理や限界等に関する専門家の議論を追うことによって、核兵器を維持したり、求めたりする側の動機に関する理解を深めることは可能であると思われる。

2. 核兵器の特徴と役割

(1) 核兵器と核保有国

核兵器とは核反応のエネルギーを利用した兵器のことであり、実用化されているものとしては、核分裂の原理を応用した原子爆弾(原爆)と、核融合の原理を応用した水素爆弾(水爆)とが存在する。核兵器を運用するためには、核爆弾(核弾頭)と運搬手段が必要であり、核爆弾の製造には高度に濃縮された兵器級の核分裂性物質が必要となる。核爆弾の設計自体はそれほど難しくはないが、兵器級の核分裂性物質の生産には、高度な技術、大規模な設備、大量のエネルギーが必要とされ、核保有を目指す国家や集団にとって高いハードルとなっている。

世界では現在、9カ国が核兵器を保有している。核不拡散条約で「核兵器国」とされている5カ国(アメリカ、イギリス、フランス、ロシア、中国)に加えて、イスラエル、インド、パキスタン、北朝鮮が核兵器を保持している。これまでに、核保有を目指すか、将来核兵器を保有する可能性を確保しようとした国は、ヴィピン・ナランによれば、現保有国を含め29カ国である[†3]。核開発に成功したにもかかわらず、自主的に核兵器を手放した国は南アフリカのみである。ソ連崩壊後、旧ソ連軍の核兵器はロシア軍が管理・運用を引き継いでいたが、それらの一部はウクライナ、ベラルーシ、カザフスタンにも配備されていた。しかし、これらの国々は、協議の末、米英ロ三国が安全を保障することと引き換えに核兵器を放棄している(1994年のブダペスト覚書)。

「核兵器の保有」とは、具体的にどの段階を指すのかという点についても議論がある。核実験に成功することなのか。核爆弾の試作品の製作に成功した段階なのか。それとも、核爆弾を実際に製造し、運搬手段も確保した段階なのか。たとえばインドは、1974年に核実験に成功しているが、その後、兵器化には逡巡をみせた。兵器化を決定したのは1989年になってからであり、その翌年には実際に核兵器を配備したと考えられている[†4]。一般的にインドは1974年に核保有国になったとみなされることが多いが、実際に核兵器を配備するまでに約15年かかっている。これに関連して、核開発のどの段階から核抑止力が生じるか、という点についてもさまざまな見解がある。

(2) 核兵器の特徴

次に核兵器の特徴について検討する。ここでは4つの点について確認しておきたい。

第1に、破壊力の大きさと破壊のスピードである。核兵器の破壊力の大きさについては、非常によく知られている。核兵器登場以前の時代において、1発の大型通常爆弾で破壊することができたのは、建造物や橋などの構造物1つ程度であっ

3　Vipin Narang, *Seeking the Bomb: Strategies of Nuclear Proliferation*, Princeton University Press, 2022, p. 12.

4　北野『核拡散防止の比較政治』78–80頁。

たが、アメリカが広島に投下した最も基本的な原爆(TNT火薬16キロトン相当)でさえ、当時の通常爆弾の1000倍以上の破壊力を有していた。さらに破壊力の大きい水爆になると、文明を崩壊させかねない力を持つものもある。冷戦期のソ連が、出力を半分程度(TNT火薬50メガトン相当)に制限した上で核実験に使用した水爆「ツァーリ・ボンバ」は、史上最大の破壊力を持つ核兵器であり、その破壊力は広島型原爆の3000倍以上にもおよぶと推定されていた†5。

破壊力の大きさだけではなく、破壊のスピードも非常に重要な特徴である†6。破壊の規模だけでみれば、ヨーロッパ史上、最も破壊的な戦争は第一次世界大戦であった。第二次世界大戦中の日本やドイツの都市に対する米英両国による爆撃も、攻撃対象となった都市に甚大な被害を与え、原爆に匹敵するか、それ以上の破壊をもたらした例もある†7。ところが、破壊のスピードの面では、通常兵器と核兵器とでは大きく異なっている。そのため、一旦、核戦争がはじまってしまうと、交渉や駆け引きのための時間がほとんどなくなってしまう。

第2に、装置が小さく運搬が比較的容易であることである。核爆弾やミサイルの核弾頭は小さくまとまっており、その小ささゆえに核兵器の位置を特定したり、攻撃で無力化したりすることが困難である場合も多い†8。

第3に、戦争のコストを大幅に上昇させることである。核保有国を相手とする戦争では、一方的な勝利が不可能である。

---

5 Keir A. Lieber and Daryl G. Press, *The Myth of the Nuclear Revolution: Power Politics in the Atomic Age*, Cornell University Press, 2020, p. 11. マーチン・ファン・クレフェルト『戦争の変遷』石津朋之監訳、原書房、2011 年、20 頁。

6 Robert Jervis, *The Meaning of the Nuclear Revolution: Statecraft and the Prospect of Armageddon*, Cornell University Press, 1989, p. 6.

7 Lieber and Press, *The Myth of Nuclear Revolution*, pp. 12–13. 1945 年の米軍の空爆による日本の中小都市の被害状況については、赤木完爾「爆撃と封鎖——1945 年夏の軍事的現実」『昭和のくらし研究』第 14 号(2015 年 12 月)、7–9 頁を参照。

8 Lieber and Press, *The Myth of Nuclear Revolution*, p. 15.

他の戦争手段との大きな違いは、核兵器を保有していれば弱者や敗者であっても、強者や勝者に耐えがたい苦痛を与えることができることであろう。通常であれば、敗者側は、制空権・制海権や重要な地政学的拠点等を失っているため、勝者に懲罰的な報復攻撃をおこなうことは困難であるが、核弾道ミサイルであれば、制空権の有無とは無関係に目標に到達する確率が高い[†9]。

第4に、核兵器の保有により、自国の生存が実質的に保証されることである。十分な核兵器を保有する国に全面的に侵攻した国家はこれまで存在しない。打つ手がなくなると核兵器を使用する恐れがあるため、その核保有国の存続にかかわるような重要な領土を直接攻撃しようとする国家は想定しづらい。通常戦力のみの世界では、競争相手の攻撃を抑止するために、競争相手が使用する戦力を相殺できるような力を持つ必要があるが、核兵器の世界ではそうではない。そのため、核保有国からみると、隣国のパワーが著しく増大しても、それがすぐに自国の生存を脅かすことにはつながらない。つまり、十分な核戦力を有する核保有国は、たとえ通常戦力が無視できる水準であっても、事実上、国家としての生存を保証されていることになる[†10]。

以上のことから考えると、論理の上では、第二撃能力(先に先制核攻撃を受けても、相手に壊滅的な報復核攻撃をおこなうことができる能力)の獲得以上に、国家の生き残りを確実に保証する手段はないといえるのかもしれない。

(3)核兵器と国家間競争

このように独特な特徴を持つ核兵器は、国際関係の性質に

---

9 Jervis, *The Meaning of the Nuclear Revolution*, p. 1; Lieber and Press, *The Myth of the Nuclear Revolution*, pp. 1, 15.

10 Francis Gavin, *Nuclear Statecraft: History and Strategy in America's Atomic Age*, Cornell University Press, 2012, p. 165; Nuno P. Monteiro, "We Can Never Study Merely One Thing," *Critical Review*, Vol. 24, No. 3 (March 2012), p. 355.

どのような影響を及ぼしてきたのだろうか。ロバート・ジャーヴィスは、核兵器は国際関係に革命的な変化をもたらし、軍事力と国政術(statecraft)の関係を劇的に変化させたと主張している†11。特に、敵対する大国が相互に第二撃能力を持つ意味は大きく、軍事的勝利が望めないのであれば、武力とその脅威が、かつてのように大国の外交政策を支えることができなくなる。

核革命が国際関係に及ぼす帰結について、ジャーヴィスは以下のようにまとめている。第1に、一方的な勝利がありえないため、政治家が賢明である限り、核大国間の全面戦争は発生しない。第2に、核大国による現状維持が容易になることである。より多くの利害関係を持つ側が、より信頼性の高い脅しを実行できる傾向があるため、現状を守る側に交渉上の優位性が生じやすい。こうした効果は、核によって相互に脆弱であることで拡大する。第3に、核大国間の危機の頻度が低下することである。核戦争が自殺行為であるという知識と、現状維持側の交渉上の優位性とが相まって、現状変更を志向する大国であっても、核大国との全面衝突は避けるようになる。第4に、全面戦争の代償が高くつくため、国家は毅然とした態度を貫いて(リスクをとって)、交渉上の優位を追求することを回避するようになる。第5に、軍事バランスの状況と政治的結果との関連性が弱まることである。たとえ敵国より多くの核兵器や通常戦力を有していても、結局、核大国との戦争で決定的な勝利を収めることはできない。そのため、軍事的優位性を追求しても、平時に大きな利点とはならない†12。

以上のような核革命の議論が正しいとすれば、核兵器のみで安全を確保できる大国にとって、安全保障を目的とする同盟の役割は低下することになる。また、一旦、相互確証破壊が成立すれば、それ以上の軍事力増強の利点はなくなるため、

11 Jervis, *The Meaning of the Nuclear Revolution*, pp. 8, 23.
12 Ibid., pp. 23–45.

軍拡競争への圧力も緩和されるはずである。ところが、アメリカの指導者は、核革命の理論に反し、核の優越を追求し続けたため、ジャーヴィスやケネス・ウォルツらが、アメリカ政府の核戦略の批判を続けることになったことは興味深い。

核革命の理論に対する、キア・リーバーとダリル・プレスによる有力な反論も注目に値する。彼らは、核時代に入ってからも大国間関係の基本性質に変化はなく、大国は核兵器以前の時代と同じような激しい安全保障上の競争を継続していると論じている。核革命の提唱者は相互確証破壊による戦略的安定を固定的にとらえているが、リーバーとプレスの研究は、そもそも核兵器による膠着状態は簡単には生じないし、仮に膠着状態になったとしても、それを打破しようとする動きが生じやすく、安定が永続しないことを示している†13。

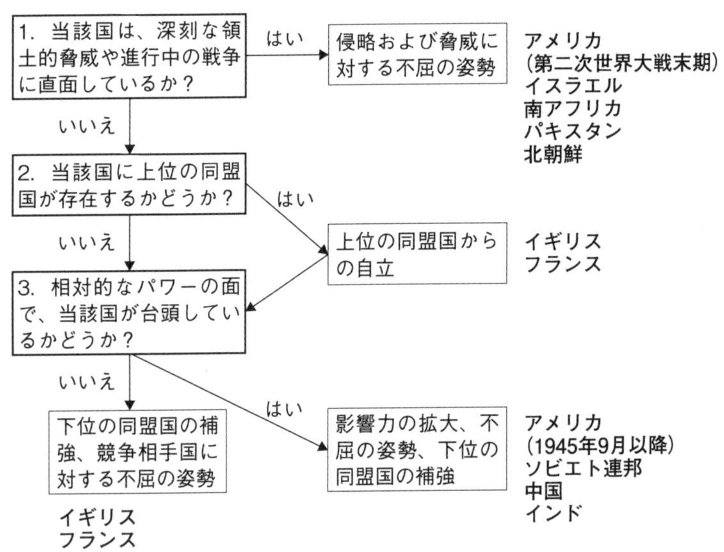

図 1　核の機会主義的理論と経験的な予測
出典：Mark S. Bell, *Nuclear Reactions: How Nuclear-Armed States Behave*, Cornell University Press, 2021, p. 21, 図 1.1 を一部修正。

13　Lieber and Press, *The Myth of Nuclear Revolution*, pp. 1–2, 4–5.

(4) 核兵器と国家の対外行動の変化

核兵器の開発に成功する前と後では、国家の対外行動に変化が生じるのだろうか。核革命の理論では、核兵器はすべての国家に同じような影響を及ぼすことが実質的に前提となっている。ところが、歴史を振り返ると、マーク・ベルも指摘しているように、核保有に成功した国家の対外行動の変化にはバラつきが存在する[†14]。ベルによれば、図1の3つの要因（変数）からなる意思決定ツリー（decision tree）が示すように、国際システムにおける国家の位置や状況と、政治的な優先順位から、核保有後の国家の対外政策の変化の方向性について推測することが可能である。

ベルが提示した意思決定ツリーの論理を、順を追ってみてみよう[†15]。第1に検討するべき要因は、深刻な領土的脅威や参戦している戦争の有無である。目の前に深刻な安全保障上の脅威を抱える国家には、策略をめぐらす余地がほとんどない。そのため、脅威の源となる勢力や交戦相手に対する力関係を改善することが最優先となり、核兵器もそのために活用されることになる。その結果、核兵器の力を背景に、侵略をはじめたり、不屈の姿勢を強めたりする傾向があるという。

一方、深刻な脅威に直面していない国家には、平時に自国の立場を向上させるために核兵器を活用する余裕がある。第2の要因は、当該国の安全を保障してくれる上位の同盟国の有無である。上位の同盟国を持つ国家が核兵器を取得すると、同盟国への依存度を下げ、自立を推進するために核兵器を活用する傾向がある。

第3は、相対的なパワーという観点で、当該国が台頭しているかどうか、という点である。安全に不安をもたない台頭国は、国際政治における影響力拡大のために核兵器を活用する傾向

14　Mark S. Bell, *Nuclear Reactions: How Nuclear-Armed States Behave*, Cornell University Press, 2021, p. 4.
15　Ibid., pp. 5–7, 9–35.

がある。そして多くの場合、不屈の姿勢で現状維持をはかろうとしたり、同盟国や友好国を補強したりするために核兵器を活用する。一方、安全に不安を感じていないが、相対的パワーが増大していない国家にとって、拡大は魅力的な選択肢ではない。衰退国にしてみれば、現状維持も決して簡単なことではないが、核開発に成功すれば、下位の同盟国を補強したり、困難に直面した際にも不屈の姿勢を示したりすることが容易になる。

(5)政治的道具としての核兵器

核保有国は核の破壊力をどのように活用できるのか。対外政策の道具として、核兵器はどのような目的に、どの程度活用できるのか。基本的な論点ではあるが、ここでも専門家の見解は大きく分かれている。

第1に、「威嚇」や「強制」の道具としての側面である。対外的な交渉に際して、核兵器は核保有国に特別な優位性をもたらすのだろうか。ロバート・ペイプは「核による強制は、通常兵器による強制より効果がある」と論じているが、核兵器の破壊力を想像すると直感的にもわかりやすい†16。一方、トッド・セクサーとマシュー・ファーマンの議論のように、政治目的のために核攻撃をおこなうという脅しは根本的に信頼性に欠けているので、核による恫喝は機能しないとする懐疑論も存在する†17。過去70年間の核兵器と国際政治の歴史について統計分析と事例研究をおこなったセクサーとファーマンの論考は、一方が核の脅しをかけているつもりでも、もう一方に認識されていなかったことが非常に多いことを示しており興味深い。たとえば、1958年に発生したベルリン危機においても、東ドイツに核ミサイルを配備したソ連のニキータ・フ

16　Robert A. Pape, *Bombing to Win: Air Power and Coercion in War*, Princeton University Press, 1996, p. 6. 核による脅迫については以下も参照。Richard K. Betts, *Nuclear Blackmail and Nuclear Balance*, Brookings Institution, 1987.

17　Todd S. Sechser and Matthew Fuhrmann, *Nuclear Weapons and Coercive Diplomacy*, Cambridge University Press, 2017, pp. 235–236.

ルシチョフ書記長の脅しの意図を、ドワイト・アイゼンハワー米大統領は認識していなかった。また、1969年のリチャード・ニクソン米大統領による核警戒態勢の発令の意図も、ソ連側には正確に伝わっていない。ニクソン大統領は、核の脅しをかけることで、ソ連が北ベトナムを交渉のテーブルにつかせることを期待していたが、ソ連側はアメリカ側の意図は、当時進展していた中ソ対立を牽制することにあると理解していたのである†18。

第2に、侵略の際の「盾」としての側面である。核保有国が他国を侵略した場合、侵略された国(あるいはその同盟国等)は全面的に報復することをためらうはずなので、核保有国はより大胆に攻撃的な行動をとることができるという論理である。もともと拡張主義的な傾向を持つ国が、核保有によって、周辺国に威圧的な脅しをかけるようになったり、領土的現状を武力で変更しようと試みるようになったり、進行中の領土紛争をエスカレートさせようとしたり、有利に解決しようとすることは容易に想像がつく。ところが、前述のセクサーとファーマンの研究によれば、核兵器の保有に成功した国がこのような行動をとることはまれであり、彼らは「核兵器が国際的な侵略を促進するとはいえないことは明らかだ」と結論づけている†19。

とはいえ、歴史上の実例は少なく、確率としては低いとしても、核兵器の存在が野心や不満を持つ国家を大胆にするという論理を軽視することはできないと思われる。反実仮想になってしまうが、仮にロシアに強力な核戦力がなかったとしたら、ウラジーミル・プーチン大統領は、史実と同じようにウクライナへの侵攻を決断していたのだろうか†20。

18 Ibid., p. 245.
19 Ibid., pp. 249–250.
20 歴史の「最小限の書き換え」ではこの状況は想定できないので、論理的に検討することになる。安全保障研究における反実仮想分析については、今野茂充「反実仮想と安全保障研究——1914年7月危機についての思考実験」『国

第3に、抑止の道具としての側面である。他国から先制（核）攻撃を受けても、許容できない打撃を与える報復攻撃をおこなう能力があると認識されている場合、自国に対する全面攻撃を抑止できる可能性が極めて高いことについて、専門家の見解はおおむね一致している。しかし、抑止の道具としての核兵器は万能ではなく、どの範囲までを抑止できるのかといった点について、現在でも専門家の論争が続いている。

たとえば、無人島に対する攻撃を防ぐために全面核戦争のリスクを冒す国は少ないと思われるが、こうした核戦争に見合わないと思われる低強度の攻撃を、核兵器で防ぐことができるのだろうか。抑止できるとする楽観論から、核戦争にエスカレートしないという安心感がむしろ低強度紛争を助長するという悲観論まで、さまざまな議論が存在する[†21]。核兵器のおかげで侵略が未然に防がれたことを明らかに実証できる事例が少ないため、どうしても思考実験的な議論になりがちではあるが、後述する核兵器と平和の関係について考える際にも、重要な論点である。

3. 国家が核兵器を追求する理由と方法

(1)国家が核兵器を求める理由

アメリカの反対をよそに、イギリスやフランスが独自の核兵器を追求したのは、ソ連の抑止やドイツの復活に備えるためだけではなく、大国の地位を回復し、安全保障面でのアメ

際安全保障』第51巻第3号（2023年12月）、69–89頁を参照。

21　こうした悲観論は「安定と不安定のパラドクス」としても知られている。Glenn Snyder, "The Balance of Power and the Balance of Terror," in Paul Seabury, ed., *The Balance of Power*, Chandler Books, 1965, pp. 198–199. 核抑止と低強度戦争の関係に関する近年の研究状況については以下を参照。Kyung Suk Lee, James D. Kim, Hwalmin Jin and Matthew Fuhrmann, "Nuclear Weapons and Low-Level Military Conflict: Research Note," *International Studies Quarterly*, Vol. 66 (2022), spac067, https://doi.org/10.1093/isq/sqac067.

リカへの依存度を下げるためでもあった。中国は、米ソ両超大国の脅威と日本復活のリスクに備えつつ、非同盟世界を主導する存在になるために核開発へと突き進んだ。イスラエル、インド、パキスタン、北朝鮮、そしてイランは、敵対的な国家に備えるために核兵器を追求したとされている†22。

アレクサンドル・デブスとヌーノ・モンテイロは、「国家が核武装に積極的になるのは、核抑止力が安全保障上の利益をもたらし、敵対国に対する安全保障上の見通しが改善すると考えることができる場合のみ」だとしている†23。たしかに、安全保障上の脅威が存在しない状況であれば、あえて核開発を進める理由は少ない。現代の世界において、核兵器の開発はリスクの高い選択であり、核開発が露見するだけで経済制裁の対象となったり、国際的に孤立したりする可能性もある。そして、アメリカのような強力な同盟国が反対しているにもかかわらず、核開発を強行すれば、同盟の存続が危うくなることも想定される。

威信の追求や国内政治といった要因も考えられるが、安全保障という動機が核開発の主要因になってきたことについては多くの専門家が同意している†24。フランシス・ギャビンが論じているように、核兵器の強力な抑止効果は、主権や独立を維持することや、他国の征服からの自由を確保することを、歴史上はじめて国家に保証したともいえ、それだけでも、安全保障を求める国家にとっては魅力的である†25。

22　Gavin, *Nuclear Statecraft*, p. 162.

23　Alexandre Debs and Nuno P. Monteiro, *Nuclear Politics: The Strategic Causes of Proliferation*, Cambridge University Press, 2017, p. 6.

24　Scott D. Sagan, "Why Do States Build Nuclear Weapons? Three Models in Search of a Bomb," *International Security*, Vol. 21, No. 3 (Winter 1996/1997), pp. 54–86.

25　Francis Gavin, *Nuclear Weapons and American Grand Strategy*, Brookings Institution, 2020, p. 12.

(2) 国家が核兵器を追求する方法

それでは、核保有を目指す国家はどのように核開発を進めるのか。実は比較的最近まで、核兵器を求める国は最短での取得を目指すことが暗黙の了解とされていて、分析者は、核開発を進める方法の違いをあまり意識していなかった。しかしながら、この問題に関して先駆的な研究をおこなっているナランが論じているように、すべての国家が最短で核兵器を保有しようとしてきたわけではない[†26]。核保有へのハードルは高く、人工衛星などを使用した監視の技術も進歩していることから、年々その難易度が上がる傾向にある。そのため、核保有を目指す国は慎重に戦略を構築する必要がある。開発を進める方法の違いによって、不拡散のための対策も異なるはずであり、核開発の方法の違いについて理解を深めることは、核不拡散の立場からも重要である[†27]。そこで少し長くなるが、ナランの議論を順を追って検討してみたい。

図2はナランが提唱する理論の意思決定ツリーである。彼は、核兵器を将来製造する選択肢を残すことのみを目指すヘッジの段階から、実際に核の兵器化を目指す段階までを分析対象として扱っており、ある国家が核兵器能力を追求しようする場合に、どのような方法があるのかを示している。ナランによれば、1945年から現在まで、29カ国の46の核拡散戦略のうち、40例をこの理論で正確に説明（予測）できているという[†28]。

ここでいうヘッジングとは、将来、核を兵器化するための基礎を構築することである。積極的な核開発は控えつつも、将来の開発のための準備を整え、必要となった場合にはスムーズに兵器化に移行できるようにすることであり、3段階に分

26　Narang, *Seeking the Bomb*, pp. 2, 6–7, 338.

27　Ibid., pp. 8–9. 開発スピードや最終的な核兵器保有の是非など、核開発に関する国家の指導者の決断について国際要因と国内要因から分析した論考として、以下も参照。Lisa Langdon Koch, *Nuclear Decisions: Changing the Course of Nuclear Weapons Programs*, Oxford University Press, 2023.

28　Narang, *Seeking the Bomb*, p. 345.

類されている†29。

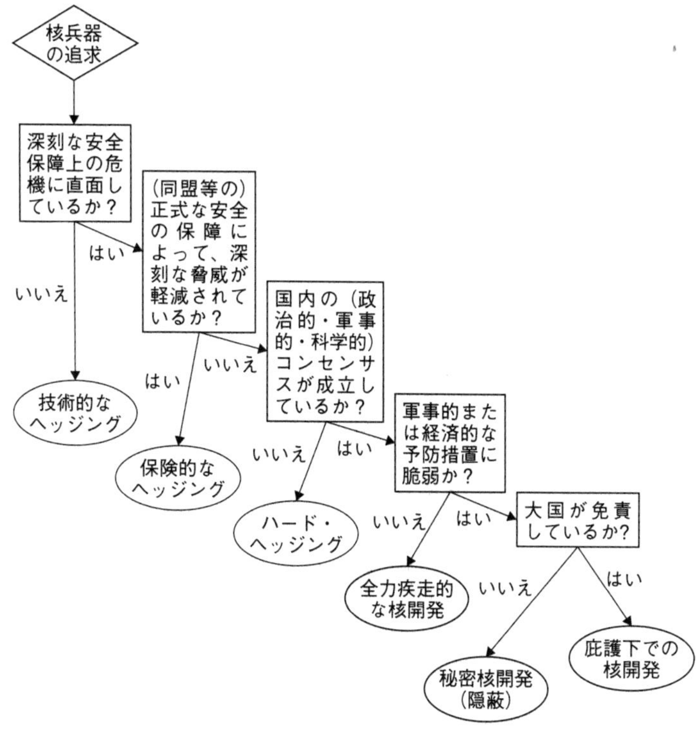

図2　核拡散の理論

出所：Vipin Narang, *Seeking the Bomb: Strategies of Nuclear Proliferation*, Princeton University Press, 2022, p. 28 の図 2–1 を一部修正。

第1は技術的なヘッジングであり、主として深刻な安全保障上の脅威に直面していない国家が採用する。この段階では、核兵器への関心が政治・軍事組織の周辺的な層に留まることが多い。将来の核兵器開発を可能にする技術を断片的に整備し、兵器級ではない核分裂性物質の生産もおこなうが、兵器

29　Ibid., p. 17.

化や核爆発、核の運搬システムなどの軍事的応用には手を出さない。第2に、保険的なヘッジングである。主として、深刻な安全保障上の脅威に直面しているが、上位の同盟国に安全を提供されている国家が採用する。安全保障上の脅威がさらに高まる場合や同盟国に見捨てられる場合に備えて、核保有までの時間を短縮するための措置である。保険的なヘッジングには、核爆発と兵器化に関する理論研究、自国で燃料サイクルを管理する動き、兵器級の核分裂性物質の生産能力の開発、デュアルユース(軍民両用)の運搬手段の研究などが含まれる。第3に、ハード・ヘッジングである。保険的なヘッジングに含まれる作業や核兵器製造のための組織的・理論的な兵器化作業を進め、核保有国になるためのすべての要素を備えた上で、国内のコンセンサスが得られないといった理由から、意識的に兵器化の段階に踏み出さないようにすることである†30。1974年に核実験に成功してから、兵器化に移行する1989年までのインドの戦略も、ハード・ヘッジングとして考えることができる。

ナランは、ヘッジ戦略の段階から、実際に核の兵器化に移行する際に、国内の政治的コンセンサスが果たす役割を強調している。国内のコンセンサスが固まった後は、外部の強制力の状況によって、核兵器追求の戦略が変化することになる。状況が許せば最短で公然と核開発を進めるし、大国の後ろ盾を得ることができる国は、その庇護の下で核兵器を追求する。どちらも難しければ極秘で核開発を進めることになる†31。

核の兵器化の段階についてもみてみよう。ナランが想定する兵器化のための第1の戦略は、全力疾走型の核開発(sprinting)である。これは、可能な限り早期に核兵器能力を獲得することを目指す戦略である。核兵器開発の意図や能力を隠そうとはせず、核兵器製造のためのウラン濃縮やプルトニウムの再

30 Ibid., pp. 17–20.

31 Ibid., pp. 15, 339–340.

処理も公然と実施し、核の運搬手段や管理のための組織的手順も自由に開発する。全力疾走型を選択できる状態であれば、ほぼ確実に核兵器を保有することができるとされているが、第1世代の核兵器国(米英仏中露)以外にこの戦略のみで核保有に成功した例はない。ナランは、オーストラリア、日本、ドイツの3国は、全力疾走型の核開発を選択できる潜在能力があるとしている[†32]。

第2の戦略は、大国の庇護下での核開発であり、大国の容認や保護の下で核開発を進めることである。大国が核開発国に庇護を与える理由は、地政学的な計算をはじめ、さまざまである。ただし、大国は同盟国の核武装を望まない傾向があり、同盟国に庇護が与えられることは少ない。庇護を与える大国は、核開発国に対する制裁措置の発動や予防攻撃等を防ぐことに努め、核開発国は庇護国に見捨てられる前に核保有を実現しようとする。アメリカはイスラエルの核開発のことをよく知りながら黙認していたし、中国も遠心分離機を搭載したパキスタン空軍のC130輸送機の領空通過を容認することによって、北朝鮮の核開発を庇護・促進した。ソ連のアフガニスタン侵攻(1979年)の後、パキスタン経由でアフガニスタンに武器と資金を流す必要に迫られたアメリカは、パキスタンへの経済制裁を中止し、パキスタンの核開発を黙認して、アフガニスタンでの冷戦を優先している[†33]。

第3の戦略は、秘密開発(隠蔽)である。核の兵器化を決断したものの、全力疾走型の核開発を推進する能力はなく、大国の庇護も得られない場合にこの戦略を採用する。この戦略を採用する核開発国は、核不拡散に積極的な強国に、自分たちの核保有に向けた活動や能力を発見された場合に実施されるかもしれない、経済制裁や軍事介入などの措置を恐れている。スピードよりも秘匿性を重視し、対外的に発覚する前に、敵

32 Ibid., pp. 21–22, 36.

33 Ibid., pp. 22–23, 343.

対国や世界に核保有の既成事実を示すことを目標にしている。ハイリスク・ハイリターンな戦略であり、実際に最後まで核開発の隠蔽に成功したのは南アフリカのみである†34。

(3)核抑止力の確保にはどの程度の核戦力が必要なのか

核開発に成功した国が、敵対国の攻撃的行動を未然に防ぐ核抑止力を確立するためには、どの程度の核戦力が必要になるのか。平時と有事、あるいはその時々の緊張の度合いによっても、抑止力の確立に必要となる水準は変化すると思われるが、核の膠着状態に関するリーバーとプレスの論考が参考になる。

第1は、実存的抑止(existential deterrence)の水準である。この考え方によれば、核兵器は存在するだけで相手国に恐怖を与えるため、核抑止力として機能する。核戦力が大規模である必要も、敵の攻撃後も残存可能である必要も、容易に運搬できる必要もない†35。

第2は、最小限の抑止(minimum deterrence)の水準である。この考え方によれば、核報復が可能であれば、いつでも強固な抑止力が機能する。確実に報復できる状態である必要はなく、壊滅的な報復攻撃がおこなわれる可能性があるだけで、理性的な潜在的攻撃国は抑止される。潜在的な攻撃国まで到達可能な作戦用兵器を配備することで、実存的抑止の段階から最小限の抑止の段階に強化されることになる†36。

第3は、確証報復(assured retaliation)の水準である。この考え方によれば、確実に報復攻撃を実施できる状態の時に強固な核抑止力が機能する。確実な報復能力を維持するためには、敵の先制攻撃を受けても核戦力の一部がほぼ確実に残存するようにする必要があるが、中規模以上の戦力規模、多様な運搬システム、残存可能な分散的な基地形態、冗長性をもった指

---

34 Ibid., pp. 23–25.

35 Lieber and Press, *The Myth of the Nuclear Revolution*, pp. 34–36.

36 Ibid., pp. 36–37.

揮統制システム、よく訓練された人員の配置などを組み合わせることでそれを実現する†37。一定水準以上の核戦力は不要であり、かつてジャーヴィスが端的に示したように、「感情的で、近視眼的で、鈍重な相手であっても、戦争をはじめることが最悪な選択肢だとわかる」ようにすればよい†38。

第4は、確証破壊(assured destruction)の水準である。この考え方によれば、報復は確実なものであり、かつ大規模でなくてはならない。強固な核抑止力を確立するためには、潜在的な攻撃国に、彼らの攻撃的行動が、彼らのいくつかの主要都市の消滅よりもはるかに悪い結果をもたらすことを納得させる必要がある。確証破壊の水準の核戦力を構築する方法は確証報復のそれと似たものとなるが、どのような奇襲攻撃に対しても、即応的に大規模な報復破壊攻撃をおこなうことができる態勢を整備することが肝要となる†39。相互に確証破壊能力を持つ状態は、相互確証破壊(MAD: Mutual Assured Destruction)として知られている。恐怖で均衡している状態であるが、核戦略論の文脈では、戦略的には安定した状態であると考えられることが多い。

4. 核兵器の使用と拡散の抑制

(1)なぜ、核兵器は実戦で使用されなくなったのか

1945年に広島と長崎に投下されて以来、実戦で核兵器が1回も使用されていない理由についても、さまざまな議論が存在する。核抑止力がうまく作用した結果だという見方もあれば、核戦争にエスカレートすることへの恐怖や、核兵器の軍事的有用性の欠如といった見方もある。破壊的な兵器の使用

37 Ibid., pp. 37–39.

38 Robert Jervis, "Deterrence Theory Revisited," *World Politics*, Vol. 31, No. 2 (January 1979), p. 299.

39 Lieber and Press, *The Myth of the Nuclear Revolution*, pp. 39–40.

に対する国民の否定的反応への配慮や道徳的な懸念の存在を指摘する論者もいる。ニーナ・タネンワルドは、「核兵器の先制使用に関する強力なタブーの台頭を考慮に入れずに、70年以上にわたる自制のパターンを完全に理解することはできない」と論じている†40。核戦争のコストに見合うような政治目的が存在しなかったことや、核兵器が使用されなかったことは単なる幸運・偶然だという解釈も成り立つ。

核兵器が実戦で全く使用されなくなったことは大きな謎であるが、起きなかった理由を論証することは「悪魔の証明」でもあり、社会科学の洗練された手法をもってしても決定的な結論を得ることは難しい。もっとも、簡単には使用できないことが事実だとしても、使用しやすい小型核兵器の開発は現在も継続されている。「必要があれば使用する」ことを前提に核保有国が核戦力を整備していることも、忘れるべきではない。

(2) なぜ核保有国があまり増えていないのか

1963年の時点で、ジョン・F・ケネディ米大統領が、1970年までに10カ国が核兵器を配備し、1975年までに15から20カ国がこれに続くと予想していたことはよく知られている†41。ところが、核保有国は現在でも9カ国にとどまっている。核不拡散条約の有効性を信じる人々にとって、この結果は自明のことなのかもしれない。しかし、核兵器の安全保障上の効用を考えると、核開発に必要な資金力や技術力を持つ国は少なくないのに、核保有国があまり増えていないことや、生き残りの危機に直面しても核兵器の追求を行わない国家が数多く存在することは、大きな謎であるといえる†42。それでは、何が核保有国の増加を抑えてきたのか。ここでは抑制要因の候補

40　タネンワルド「二一世紀における核のタブーの遺産」、265頁。

41　スコット・セーガン、ケネス・ウォルツ『核兵器の拡散——終わりなき論争』川上高司監訳、斎藤剛訳、勁草書房、2017年、216頁。

42　Debs and Monteiro, *Nuclear Politics*, p. 4.

となる3つの要因について確認したい。

第1の抑制要因の候補は、核不拡散条約などの国際制度である。核不拡散条約では、条約が成立した時点で核兵器を保有していた「核兵器国」と、その他の「非核兵器国」が厳密に区別されている。そして、原子力の平和利用で便宜をはかる代わりに、非核兵器国が核開発をおこなわないよう、国際原子力機関の査察をはじめ、さまざまな制約が定められている。

第2の抑制要因の候補は、「核のタブー」の存在である。タネンワルドは核の先制不使用に関する規範という意味でこの用語を使用しているが、かつて懸念されていたよりも核拡散が進まなかった理由について、「核のタブー」が核兵器の価値を大きく低下させたと考えれば説明がつくとしている†43。

第3の抑制要因として考えられるのが、核保有国による他国の核開発の妨害である。冷戦下で宿敵同士であった米ソ両国は、1962年10月のキューバ危機以降、西ドイツ、日本、中国などの核開発の阻害という面では協力的な姿勢をとった。ソ連は、南アフリカと中国に予防的な攻撃を検討したことがあるし、インドも1980年代にパキスタンのウラン濃縮施設の攻撃を検討したことがある†44。イスラエルは、1981年にはイラクの核施設を、2007年にはシリアの核施設を実際に空爆して両国の核開発を阻止している。また、イランの核開発を妨害するため、イスラエルは2010年以降に、開発関係者の暗殺、核関連施設の爆破、サイバー攻撃、無人機による攻撃など、少なくとも20件の作戦を遂行したとされている†45。

43　タネンワルド「二一世紀における核のタブーの遺産」、266、271 頁。核兵器の先制不使用以外にも、日本のような核保有に対する国民的アレルギー、核兵器保有に関する公式な立場を示さないイスラエルの方針、民生用原子力発電に対する反感などの意味で、「核のタブー」が使用されることもあるとタネンワルドは説明している。

44　Sechser and Fuhrmann, *Nuclear Weapons and Coercive Diplomacy*, p. 252; Naran, *Seeking the Bomb*, p. 10; Gavin , *Nuclear Statecraft*, p. 165.

45　United States Institute of Peace, "Timeline: Israeli Attacks on Iran," 30

核不拡散にもっとも積極的だったのは、おそらくアメリカである。ギャビンが論じているように、敵であれ味方であれ、他国に抑止されることを嫌うアメリカは、友好国や同盟国の核開発の阻害にも、敵対国に対するそれとほぼ同じ労力を費やしてきた†46。アメリカによる阻害戦略の範囲は、軍備管理条約や核不拡散規範の活用から、経済制裁・貿易管理・破壊活動・予防攻撃などの強制・予防的措置、同盟国への「核の傘」の提供や核共有を通じた同盟国への安心供与に至るまで非常に広範である†47。

5. 核兵器と平和

かつてウォルツは、「平和を愛するものは、核兵器を愛さねばならない」と述べ、「核なき世界を標榜する者は、核のある世界が享受してきた長き平和の源を除去すべきと論じているに等しい」と断言していた†48。核時代に入る前の100年間に、世界は少なくとも5回の大国間戦争を経験しているが、たしかに核時代に入ってから、核兵器を持つ大国同士の大規模な戦争は起きていない。朝鮮戦争の際の中国や第四次中東戦争の際のエジプトなど、核保有国を相手に攻撃を仕掛ける国の例はあるが、核兵器が第三次世界大戦を阻止してきたという議論もあながち的外れではない。

とはいえ、核兵器の存在が単純に平和を生み出しているかというと、もちろんそうではない。爆撃機の墜落や、誤って核爆弾が落ちてしまった事件(爆発はしていない)など、核兵器運

January 2023, https://iranprimer.usip.org/blog/2022/aug/11/timeline-israeli-attacks-iran.

46　Gavin, *Nuclear Weapons and American Grand Strategy*, pp. 10–11.

47　Francis J. Gavin, "Strategies of Inhibition: U.S. Grand Strategy, the Nuclear Revolution, and Nonproliferation," *International Security*, Vol. 40, No. 1 (Summer 2015), pp. 25–34.

48　ウォルツ、セーガン『核兵器の拡散』、212 頁。

用上の事故も存在するし、イギリスの王立国際問題研究所の2014年の報告書によれば、核兵器が実際に使用されかけた事例は過去に13件もあったという†49。核ミサイルの配備をめぐる問題から生じたキューバ危機は、米ソ核戦争の瀬戸際までいったことで有名であるが、そもそも核のない世界では起こりえなかった危機でもある。さらに、ここ10数年ほどでテロリストが核爆弾を使用するリスクも警戒されるようになっている。ただし、ギャビンが論じているように、核テロのリスクは世界大戦と比べれば、恐ろしいものでも、破壊的なものでもなく、その意味では核テロのリスクは誇張されているのかもしれない†50。

それでは、核兵器がなくなれば世界は平和になるのだろうか。2007年1月にヘンリー・キッシンジャーをはじめとするアメリカの著名な安全保障専門家たちが、『ウォール・ストリート・ジャーナル』紙上で「核兵器のない世界」を呼びかけ、その後、2009年4月5日にバラク・オバマ米大統領が、核兵器のない世界にアメリカもコミットすると宣言したことはよく知られている†51。以来、反核運動とは無関係の専門家も、核兵器廃絶という選択肢について議論するようになったが、これまでのところ、核兵器が廃絶された後の世界が、核時代よりも平和になる論理的な理由は示されていないように思われる。

実際、圧倒的な通常戦力を有するアメリカは、核兵器のない世界が実現すると、軍事面でさらに優位に立つ。アメリカと敵対する国々の不安や警戒感が高まることは容易に予想できる。これまでアメリカの核抑止力に依存してきた国も、核廃絶によって不安を強め、通常戦力を増強する方向に突き進

49 Patricia Lewis, Heather Williams, Benoît Pelopidas and Sasan Aghlani, "Too Close for Comfort: Cases of Near Nuclear Use and Options for Policy," *Chatham House Report*, April 2014, pp. 7–23.

50 Gavin, *Nuclear Statecraft*, pp. 167–168.

51 Ibid., p. 157.

むかもしれない。核を廃絶すれば平和になるという議論は、感情的には理解できるが、論理的には根拠がはっきりしていない。

6. おわりに

本章では核兵器に関するさまざまな基本的問題について検討してきた。「自国の生き残り」という目的に限定して考えると、核武装の効用は明らかに大きい。たとえ敗者や弱者の立場になったとしても、核保有国であれば、勝者や強者に受け入れがたいダメージを与えることができるため、核による被害を躊躇する国家は、核保有国に全面侵攻しようとは最初から考えないと思われる。一方で、核兵器があっても、強制外交や威嚇に成功した例はあまり多くないことも指摘されている。第二撃能力を有していても、低強度の攻撃を抑止できないこともあり、核兵器は万能兵器にはほど遠い存在である。

それでは、核兵器を求める国にとって、核開発はどの程度の難易度なのだろうか。核開発に必要となる資金や技術の水準は、現在の先進国にとって、それほど困難な障害ではないと思われる。しかしながら、まず国内のコンセンサスという課題がある。日本のように核兵器に対する国民の嫌悪感が強い国にとって、核開発の政治的ハードルは非常に高い。そして、核開発が発覚すると、経済制裁を受けたり、国際的に孤立したりするリスクもある。さらに、アメリカが、同盟国・友好国を含め、他国の核開発を率先して妨害してきたように、核保有国による妨害によって、政治的なハードルはさらに上がる。イスラエルの例が示すように、敵対国や潜在的敵国の核開発に敏感な国家が、予防的な攻撃を辞さないことがあることにも留意が必要である。したがって、深刻な安全保障上の脅威が顕在化したとしても、国家が安易に核武装を追求することは現実的ではない。

対外的な脅威に直面する国々にとって、論理の上で、核兵器が安全保障を高める有効な手段であることは明らかである。しかし、核抑止力を持つ国同士の膠着状態が安定的なものではない可能性もある。第二次世界大戦の終結後、核兵器が実戦で使用されていないからといって、今後もそれが永続する保証はない。何度か使用されることがあれば、核攻撃の心理的ハードルが下がる可能性も否定できない。苦難の末、核保有に至ったとしても、安全保障の追求が終わるわけではなさそうである。

核兵器をめぐる国際関係を考える際に、指導者個人の感情や精神状態といった要素も重要になるかもしれない。合理的な抑止モデルは、北朝鮮の金正恩のような指導者にも通用するのだろうか。誇大妄想やナルシシズム、パラノイアなどの症状をもつ独裁者は少なくないが、こうした独裁者の危機における行動は予測不可能になりやすい†52。

核兵器が脅しに使用されたり、実際に使用されたりする事例が増えることは望ましいことではないが、核兵器にかかわる先行研究を比較検討する際には、観察された事例の数が限られていることにも注意が必要である。現在、「第三の核時代(Third Nuclear Age)」に入りつつあるともいわれているが†53、今後の人工知能(AI)技術の進展や、非核兵器型の戦略兵器の発展などによって、核兵器をめぐる国際安全保障がさらに複雑なものになる可能性もある。核武装や核抑止の論理や歴史を学ぶことは重要であるが、過去の経験に頼ることができない状況にも備える必要がありそうである。

52　Vipin Narang and Scott D. Sagan, "The Dangerous Nuclear Future," in Narang and Sagan, eds., *The Fragile Balance of Terror: Deterrence in the New Nuclear Age*, Cornell University Press, 2022, p. 233.

53　Andrew Futter and Benjamin Zala, "Strategic Non-Nuclear Weapons and the Onset of the Third Nuclear Age," *European Journal of International Security*, Vol. 6 (2021), pp. 257–277,

第4章

大量破壊兵器の不拡散
——なぜ核兵器の拡散を防止することは難しいのか

田中極子

1. はじめに

大量破壊兵器とは一般的に核兵器、化学兵器、生物兵器を指し、これらに加えて大量破壊兵器を運搬する手段であるミサイル等を含めて議論されることが多い。大量破壊兵器の開発や製造、使用は、国際条約により規制または禁止されており、これらの条約をとおして、国際社会は大量破壊兵器の不拡散に取り組んでいる。核兵器は1968年に成立した核不拡散条約(NPT)により、核兵器を持たないことを約束して条約に加盟した国に対する核兵器の拡散防止の仕組みが制度化されている。そのような非核兵器国に対して、NPTは国際原子力機関(IAEA)と保障措置協定を結ぶことを義務付け、原子力発電所などで原子力を平和目的に限定して使用することを確認する仕組みが構築されている。生物兵器は1972年成立の生物兵器禁止条約(BWC)により、また化学兵器は1993年成立の化学兵器禁止条約(CWC)により、それぞれの締約国で開発、製造、保有、移譲、使用のすべてを禁止している。

大量破壊兵器が禁止または規制されているにもかかわらず、世界では大量破壊兵器の拡散をめぐる問題が依然として数多くある。日本のすぐ隣では、北朝鮮による核兵器やミサイル開発の動きが継続しており、中国では、2022年1月から2023年1月にかけて核弾頭数を60発増加するなど、核戦力を拡大している[†1]。2022年2月にロシアがウクライナに侵攻すると、ロシアは核兵器の使用を威嚇し、隣国ベラルーシに核兵器を配備した。化学兵器については、2013年にシリア内戦で使用されるなど、実在の脅威として存在する。また、2017年にマレーシアのクアラルンプール国際空港で金正男の暗殺に神経剤VXが用いられたほか、2020年にはロシア反体制派の政治活動家であるアレクセイ・ナワリヌイが新たな化学兵器とされるノビチョクによる暗殺未遂に遭っている。生物兵器は、国家による軍事使用の可能性は低いとされるものの、2001年に米国で起きた炭疽菌郵送事件によりバイオテロに対する脅威への認識が高まった。さらに、2020年に新型コロナウィルスのパンデミックでは、世界は感染症の封じ込めに失敗し、生物学的脅威に対する地球規模での社会・経済的な脆弱性を露呈した。

本章では、大量破壊兵器が条約上規制ないし禁止されているにもかかわらず、なぜ依然として大量破壊兵器の開発や保有、使用の問題が生じるのか、という問いに対して、政治的および技術的側面から考察する。初めに大量破壊兵器の不拡散のための国際的な枠組みを概説し、続いて、個別事例としてイラク、リビア、イランおよび北朝鮮を取り上げる。これらの事例をとおして、大量破壊兵器の不拡散の取組みにおける国

1　Stockholm International Peace Research Institute (SIPRI), *SPIRI Yearbook 2023 – Armaments, Disarmament and International Security*, Oxford University Press, 2023.

際政治上の課題と、新興技術発展に伴い大量破壊兵器の開発や製造過程の管理がこれまで以上に難しくなっているという技術的側面での課題を明らかにする。

2. 大量破壊兵器の不拡散のための国際的枠組み

(1) 核兵器の不拡散

核不拡散とは、核兵器を保有する国の増加を防ぐことである。そのための中心的な枠組みとして1968年に成立した核不拡散条約(NPT)がある。NPTは、1967年1月1日前に核実験を実施した5か国(米国、ソ連、英国、フランス、中国)を「核兵器国」として核兵器の保有を認め、それ以外の国々に対しては核兵器を持たない「非核兵器国」とすることを規定した。非核兵器国に対して核兵器の不拡散を義務付けるとともに、核兵器国に対しては、誠実な核軍縮交渉を義務付けた。同時に、すべてのNPT締約国に対して、原子力の平和利用の奪いえない権利が保障されることが約束された。NPTは、加盟国を核兵器国と非核兵器国に二分するという不平等性のため、条約の期限を有限にするか無期限にするかについて条約発効後25年目に検討することとされ、これに従い1995年に開催されたNPT再検討・延長会議で無期限延長が決定されている。

2023年末現在、国連軍縮部の条約データベースによるNPTの加盟国数は191か国であり、国連加盟国のうちの非加盟国はインド、イスラエル、パキスタンおよび南スーダンの4カ国となっている。インド、イスラエルおよびパキスタンはいずれも核兵器を保有している。また、北朝鮮は1985年にNPTに加盟したが、1993年3月にNPTからの脱退を宣言している。その後米国と北朝鮮による米朝高官協議が開始されることにより、北朝鮮はNPT脱退宣言を「一方的に留保」したが、2003年1月にこの「一方的留保」を解除し、「NPTからの脱退の自動的かつ即時発効」を通告した。日本を含む多くの国では、この北朝鮮による脱退宣告を無効としており、上記の加盟国数の中には北朝鮮も含まれている。

「不拡散義務」「軍縮交渉義務」そして「原子力の平和利用の権利」がNPTの三本柱であり、同時に、非核兵器国にとっては、原子力の平和利用の権利と、核兵器国による核軍縮義務は、核兵器の保有をあきらめる代償としての「グランド・バーゲン」と捉えられることが多い。不拡散を確保しながら、同時に原子力の平和利用を促進するために、NPTでは、すべての非核兵器国に対して、国際原子力機関(IAEA)との保障措置協定を結ぶことを義務づけている。保障措置とは、協定を結んだ国による申告が正確で完全であるかを検証し、非核兵器国内の核物質や原子力関連施設が軍事目的に転用されないことを検証する仕組みである。

また、東西冷戦が終焉し2000年代に入ると、核兵器がテロリスト等に用いられる懸念が高まり、核物質や放射性物質がテロリスト等の手に渡ることを防止するための「核セキュリティ」が、核不拡散における重要な要素の1つとなっている。「核セキュリティ」は、原子力施設に対する妨害破壊行為を予防するための一連の措置であり、各国の責任において実施されるものであるが、テロ行為が国境を越えて実行される可能性や、発生した際の影響が広範に及ぶことから、IAEAが「核セキュリティ」に関する一連の指針や技術手引きを作成している。

(2)生物・化学兵器の不拡散

1968年に核不拡散条約(NPT)が成立すると、その次の課題として同年から生物・化学兵器の軍縮交渉が開始された。その結果成立したのが1972年の生物兵器禁止条約(BWC)である。BWCは前文全10項と本文全15条のみで構成される短い条約であり、生物兵器の開発、生産、貯蔵、保有を全面的に禁止している。BWCは、生物兵器を「防疫の目的、身体防護の目的その他の平和的目的による正当化ができない種類及び量の微生物剤その他の生物剤またはこのような種類及び量の毒素(原料または製法のいかんを問わない)」と定義している(BWC第1条)。

生物兵器となりうる生物剤をリストにして規制するのではなく、上記のように使用目的を基準として定義することにより、条約発効時に存在した生物兵器だけでなく、病院や研究所で扱われる生物剤や自然発生的な感染性ウィルスに対しても兵器として使用することを禁じる効力が及ぶ†2。

生物兵器は感染をとおして作用するために、少量の培養で製造が可能であり、そのため容易に隠蔽することができ、また、自然発生か人為的な製造によるものかの特定や、その開発や製造の疑いを検証することが難しい。そのため、BWCは、締約国による義務の履行を確認するための検証体制を備えていない。このためBWCは「牙のない軍備管理条約」と呼ばれることもある†3。検証体制の必要性は断続的に議論されており、1995年から2001年にかけてBWCの締約国間で検証議定書の交渉が行われたが、合意されていない。その間、代替措置として各締約国が任意に国内での履行状況を報告する「信頼醸成措置」が取り入れられているが、報告内容の真偽を確認する仕組みはない。

生物兵器は、第二次世界大戦では日本に加え米国、英国、ソ連、フランス、ドイツ、カナダなどで研究開発が行われたが、第二次世界大戦後は、軍事利用よりもバイオテロとして使用される脅威が高まっている。特に、2020年に発生した新型コロナウィルスの世界的パンデミックは、感染症の流行が安全保障上の課題であることを改めて浮き彫りにし、バイオテロ行為が現実化する前に十分な対策を講じる必要性が強く認識されている。とりわけ昨今では、生命科学分野の発展が著しく、いかなる病原体も遺伝子情報さえあれば研究室の中で作り出すことができるようになっている。そのため、公衆衛生や医療福祉の増進を目的とした研究が、生物兵器として悪用され

2　田中極子「デュアルユース・ジレンマとバイオテロ対策」『国際安全保障』第44巻第2号(2016年9月)、32–49頁。

3　Nicholas A. Sims, "Verifying Biological Disarmament: Toward a Protocol and Organization," *Verification Yearbook 2000*, pp. 87–99.

る「デュアルユース・ジレンマ」への懸念が高まっている。

BWCが「牙のない条約」といわれるのに対して、冷戦後の1992年に成立した化学兵器禁止条約(CWC)は極めて詳細な検証制度を伴うものになっている。CWCは化学兵器を「毒性化学物質及びその前駆物質、ただし、この条約によって禁止されていない目的のためのものであり、かつ、種類および量が当該目的に適合する場合を除く」としている(CWC第2条1項)。このうち「毒性化学物質」とは「生命活動に対する化学作用により、人または動物に対し、死、一時的に機能を著しく害する状態または恒久的な害を引き起こし得る化学物質(原料及び製法のいかんを問わず、また、施設内、弾薬内その他いかなる場所において生産されるかを問わない)」(同2項)であり、「前駆物質」とは「毒性化学物質の生産(製法のいかんを問わない)のいずれかの段階で関与する化学反応体をいうものとし、二成分又は多成分の科学系の必須成分を含む」(同3項)としている。化学兵器の定義として前駆物質を含み幅広くとらえることにより、将来における化学の発展にも十分に対応できるように意図されている。

このように広範囲の化学物質が化学兵器の範疇に入るということは、反対から見れば平和目的での化学物質の利用を阻害することになる懸念が生じる。そこで、CWCは、条約によって禁止されない目的として以下の4点を明記している。①工業、農業、研究、医療又は製薬の目的その他の平和的目的、②防護目的、すなわち、毒性化学物質及び化学兵器に対する防護に直接関係する目的、③化学兵器の使用に関連せず、かつ、化学物質の毒性を戦争の方法として利用するものではない軍事的目的、④国内の暴動の鎮圧を含む法の執行のための目的(CWC第2条9項)。このようにして、CWCもBWCと同様に、化学兵器をその種類をリスト化して定義するのではなく、使用の目的に応じた定義となっている。

CWCがBWCと大きく異なることは、化学兵器の不拡散のための措置が厳密に規定されていることである。上記のように化学兵器はその使用の目的に応じて定義されるように、民間の化学産業施設において使用される化学物質が兵器目的に転用される可能性がある。したがって、化学兵器の開発や生産を企てる国家が、産業施設を隠れ蓑にして化学兵器を開発・生産する可能性がある。こうした行為を防ぐために、CWCは、締約国が自国内の化学産業が扱う化学物質を申告し、その申告内容の真偽を確かめるために現地査察を行うことによる検証措置を備えている。考え方としては核兵器に対するIAEAの保障措置と似ているが、化学物質を扱う産業の種類と数の多さにより、原子力産業以上に広範な企業や研究所が検証対象となっている。なお、2023年末現在193の国と地域がCWCの締約国となっており、CWCの非加盟国はイスラエル、エジプト、北朝鮮と南スーダンである。

(3) 大量破壊兵器の不拡散のための輸出管理

NPT、BWC、CWCにより大量破壊兵器の拡散が禁止されているにもかかわらず、大量破壊兵器の開発や入手の疑惑が消滅しない要因の1つとして、ここまでで述べてきたように、大量破壊兵器に関連する技術の多くが兵器としての使用と、平和目的での使用との両用性をもつデュアルユース技術であるためである。上述のいずれの条約も、兵器を目的とした技術や物質の使用を禁じているが、平和目的での使用は促進し、そのための国際協力を奨励している。つまり、いずれの条約の枠組みにおいても、平和目的の名の下で、大量破壊兵器が開発・製造・移譲されるリスクを内包しており、このことが不拡散体制の脆弱さとなっている。加えて、NPT、BWC、CWCを中心として形成された不拡散体制は、国家による大量破壊兵器の開発を防ぐことを念頭に作られており、テロリストを含む非国家主体による大量破壊兵器の開発や製造への関与についてはほとんど想定されてこなかった。

2004年に、パキスタンの核科学者A.Q.カーン(Abdul Khan)が中心となって構築した「核の闇市場」の存在が明らかになり、非国家主体による関与が深刻な懸念として浮上した。「核の闇市場」は、核関連技術、機材、部品を売買する取引ネットワークであり、このネットワークを通じて、イラン、リビア、北朝鮮などに核開発関連技術が供給されていたことが判明している。こうした非国家主体による不法取引は、従来の不拡散体制では適切に対処しきれなかった輸出管理を強化する動きへとつながった。

大量破壊兵器の開発が懸念される国家やテロリストに対して、その取得への障壁を設ける措置として輸出管理レジームがある。原子力関連資機材と技術、原子力関連汎用品と技術を輸出規制の対象とする原子力供給グループ(NSG)と、核兵器の運搬手段としてのミサイル技術を規制対象とするミサイル技術管理レジーム(MTCR)があり、生物・化学兵器についてはオーストラリア・グループ(AG)、その他これらの兵器の運搬手段を含めた通常兵器全般についてはワッセナー協約(WA)がある。いずれも関連する技術を保有し、利害関心を共有する国家間での調整ネットワークであり法的拘束力はない。

これに対して、「核の闇市場」の発覚を受けて、国連安全保障理事会は、2004年4月に非国家主体に対する大量破壊兵器の拡散防止を目的とした決議1540を採択した。安保理決議1540は、すべての国連加盟国に対する法的拘束力を持ち、国連加盟国に対して、非国家主体が特にテロ目的のために大量破壊兵器やその運搬手段の製造、取得、所持、開発、輸送、移転、使用を企てることを禁止する法整備を義務付け、さらに、大量破壊兵器と運搬手段の開発や製造に関連する物質及び技術の国内管理措置(防護措置、国境管理、輸出管理を含む)を採用し執行することを義務付けている。

決議1540により、大量破壊兵器の非国家主体への不拡散のための法的措置や国内管理措置の必要性に対する認識が高まった。その一方で、大量破壊兵器の関連物質に関する輸出管理や防護措置をどのように実施するかについて、ガイドラインがあるわけではなく多くの国が独自の解釈で国内履行をしているか、または履行能力が不足しており、決議採択後20

年近く経つ2023年現在もその履行状況は芳しくない[†4]。

3. 大量破壊兵器の拡散事例

1989年の冷戦終結により、米国およびソ連による核兵器開発競争が終わると、1990年代は米国及びロシアの関係改善により核戦争の脅威は低下した。核兵器の役割の低減や核兵器の削減に対する国際的な機運が高まり、核軍縮に関する様々な取組みが進められた。1992年1月には、国連創設後初めて安全保障理事会サミットが開催され、その議長声明において「あらゆる大量破壊兵器の拡散は国際の平和及び安全に対する脅威を構成する。[安全保障]理事会の構成員は、それらの兵器の研究や生産に関連する技術の拡散を防止し、およびその目的のために適当な行動をとるべく努力することを誓約する」ことを宣言した[†5]。同年に、フランスと中国がNPTに加入し、NPTにより核兵器の保有が認められた5カ国すべてがNPT締約国となった。1993年には化学兵器禁止条約(CWC)が成立、1994年からはジュネーブ軍縮会議において包括的核実験禁止条約(CTBT)の交渉が開始、1995年には、NPTの無期限延長が合意され、1996年にはCTBTが国連総会で圧倒的多数で採択された。さらに、いくつかの地域では、その地域において核兵器の保有や生産を禁止し、他国による核兵器の配備や使用を禁止する非核兵器地帯条約が結ばれた。冷戦終焉以前に締結されていたラテンアメリカと南太平洋における非核兵器地帯条約に加えて、1990年代以降には、東南アジアのバンコク条約、アフリカ地域のペリンダバ条約、中央アジア地域の中央アジア非核兵器地帯条約が結ばれている。

冷戦後はこのように軍縮に向けた進展があった一方で、大

4　田中極子「安保理による立法的行為の評価——安保理決議1540の国内履行からの考察」『国連研究』第24号(2023年6月)。

5　United Nations, S/23500, 31 January 1992, p. 4.

国間の核戦争のリスクに代わり、地域安全保障における核兵器の拡散が注目を浴びるようになった。南アジアでは、インドとパキスタンが1998年に相次いで核実験を実施し、イスラエルやイラン、北朝鮮の核開発による地域の不安定化への懸念が高まっていった。こうした懸念に対して、米国や欧州諸国に加え、日本も欧米諸国と歩調を合わせ、主として国連安全保障理事会や、NPT、CWCおよびBWCといった大量破壊兵器の軍縮･不拡散の枠組みをとおして、個別事案に対応するとともに、一般的な不拡散の規範形成の取組みをとおして、新たな大量破壊兵器の保有国が誕生することを防ぐことを追求してきた。ただし、この方法が必ずしも成功してきたわけではない。成功しなかった理由はなぜか。その理由を探るために、冷戦後の大量破壊兵器の拡散に対して、米国及び国際社会がどう取り組んできたのかについて、事案ごとに見ていくことが有効である。

(1) イラク

冷戦後最初の個別事案として、国際社会が取り組んだのがイラクの大量破壊兵器開発疑惑への対応である。1990年にイラクがクウェートに侵攻すると、国連安全保障理事会は国連憲章第7章のもとで決議687(1991年)を採択し、イラクの大量破壊兵器の廃棄を義務付けるとともに、核兵器に対するIAEAによる査察に加え、当時CWCが未成立であったことから、生物および化学兵器の検証を行うために国連イラク特別委員会(UNSCOM)を設置した。UNSCOMは査察を通して、いくつかの不明点を残しながらも1997年までにイラク政府による大量破壊兵器計画は放棄されたと結論づけている。

しかし、米国および英国はUNSCOMによる結論に納得せず、査察の継続を主張し、翌1999年に安全保障理事会は、決議1284を採択して、UNSCOMの活動を引き継ぐ国連監視検証査察委員会(UNMOVIC)の設置を採択した。一方で、ロシア、中国、フランスは決議1284に棄権票を投じており、安全保障理事会内の常任理事国の意見は一致していなかった。そのように大国間が一枚岩となっていない背景の下で、イラク政府による妨害を受けてUNMOVICの活動は実現できず、安全保障理事会は、2002年11月8日に新たに決議1441を採択し、安全保障理事会として初めて、大量破壊兵器の問題を明示的に国際の平和と安全に対する脅威と認定するとともに、イラク政府に対して最後通牒ともいえる厳しい要求を行った†6。この決議では、イラクに対して大量破壊兵器の査察の受入れを要求し、それに応じない場合には武力行使も辞さないことを暗示的に示している。この結果UNMOVICはイラクに入国し、査察活動を開始したが、UNMOVICがイラクでの活動を開始した4か月後の2003年3月20日に、米国を中心とした多国籍軍は、UNMOVICによる最終的な報告を待たずして、また、安全保障理事会による授権のない中で、イラクに対する軍事攻撃を開始した。開戦から3週間後の4月9日、イラクのフセイン政権は崩壊したが、イラクの大量破壊兵器は発見されなかった。

イラクのケースによって判明したことは、フセイン政権がUNMOVICの査察を妨害してまで隠しておきたかったことは、大量破壊兵器を保有していたことではなく、それらを廃棄していた事実であったことである†7。フセイン政権は、大量破壊兵器の保有の有無を曖昧にして、地域安全保障における軍事バランスを図る「戦略的曖昧性」を維持していた。それが結果的には米国による攻撃の名目として用いられることになった。核兵器を手に入れようとする国が、その意図と能力を明示することはほとんどなく、隠匿、拒否、欺瞞の方策をとることが多い。誰かが何かを隠しているように振る舞うときに、情報機関にとって本当は何も隠していないという結論を受け入れるのは難しい。大量破壊兵器の不拡散の実現を困難にする1

---

6 United Nations Security Council, S/RES/1441 (2002), 8 November 2002.

7 Report to the President of the United States, The Commission on the Intelligence Capabilities of the United States regarding Weapons of Mass Destruction, 31 March 2005.

つの要因といえるだろう。

(2)リビア

イラクで、大量破壊兵器開発疑惑が要因となり政権打倒につながったことが影響したと考えられるのがリビアにおける大量破壊兵器計画の放棄である。リビアでは、カダフィ(Muammar Gaddafi)が最高指導者に就任した1970年代から大量破壊兵器の取得に向けた疑惑があったが、2003年10月にリビア向けの貨物から核兵器製造に転用可能な遠心分離機が発見された。この発覚の直後、2003年12月に、リビアは核を含む大量破壊兵器計画を全面放棄する宣言を行い、NPT、CWCおよびBWCに加盟した。これによりリビアは条約に基づく廃棄を開始し、2004年にはIAEAなどの検証のもとで大量破壊兵器の開発関連機材や資材を全廃した。

リビアによる宣言に対して、米国及び英国はただちに声明を発表し、リビアのこの決断を歓迎し[†8]、国連安全保障理事会も、リビアによる廃棄を歓迎する議長声明を発出した[†9]。リビアが大量破壊兵器計画の全廃を決定した背景には、米国と英国が廃棄宣言の約9か月前からカダフィと水面下で交渉が行われており、廃棄の代償として米国と英国が約束した政治的・経済的利益が大きかったといわれている[†10]。また、直前にイラクのフセイン政権が崩壊したことも少なからず影響を及ぼしたものともみられている[†11]。ブッシュ大統領は、リビアの決断に際しておこなった演説の中で、フセイン政権が安全保障理事会決議を反故にしたために多国籍軍が大量破

---

8 "Bush, Blair: Libya to dismantle WMD programs," CNN.com International, https://edition.cnn.com/2003/WORLD/africa/12/19/bush.libya/index.html.

9 United Nations, S/PRST/2004/10, 22 April 2004.

10 Nuclear Threat Initiative, Fact Sheet- Libya Nuclear Overview," 29 January 2015, https://www.nti.org/analysis/articles/libya-nuclear/.

11 立山良司「中東における核拡散の現状と問題点」『アジア研究』第 53 巻第 3 号(2007 年 7 月)、57–71 頁。

壊兵器計画の放棄を執行したと述べ、それが大量破壊兵器を保有する政権に対する明確なメッセージであったと述べている†12。

その一方で、2011年にリビアで内戦が勃発すると、安全保障理事会は決議1973を採択して「保護する責任」の名目のもとで多国籍軍による軍事行動を承認した。その結果、NATO軍の援護を受けた反体制派によりカダフィは殺害され政権が崩壊した。安保理の承認を得た軍事行動によって国家の体制転覆が行われたことは、為政者に対して、大量破壊兵器計画を放棄しても自身の生命を脅かされうるとの印象を与えたとして批判も招いている†13。

(3)イラン

リビアによる大量破壊兵器計画の放棄が経済制裁などにより比較的容易に進められたのに対して、イランの大量破壊兵器、特に核兵器に対する野心は強固である。イランに対する核不拡散の取組みは何がうまくいって何が失敗なのだろうか。イランは、1970年にNPTに加入し、1974年にはIAEAとの間で包括的保障措置協定を締結した。その一方で、2002年以降にイランがIAEAに未申告で建設を進めたウラン濃縮関連施設の存在が発覚し、イランによる核兵器開発に対する懸念が高まった。とりわけ、2005年にイラン大統領選挙で保守派のアフマディネジャド(Mahmoud Ahmadinejad)が選出されると、イランは核兵器の開発を加速させた。2006年には、米ロ中と英仏独が濃縮活動停止と経済支援を含む包括提案を示したが、イランがこれを拒否したため、国連安全保障理事会は決議1696

12 The White House, “President Bush: Libya Pledges to Dismantle WMD Programs,” 19 December 2003, https://georgewbush-whitehouse.archives.gov/news/releases/2003/12/20031219-9.html.

13 Stacey Yuen, How the miserable death of Moammar Gadhafi factors into Kim Jong Un’s nuclear ambitions, *CBNC*, 30 July 2017.

を採択し、イランに対してすべての濃縮·再処理活動の完全かつ継続的な停止を求めた。これに対して、イランは、自国の計画はNPT上の権利である平和利用であると主張して濃縮活動を継続した。その結果、2006年12月に安全保障理事会は新たに決議1737を採択しイランに対する経済制裁を課した。経済制裁は、国連憲章に規定される措置の1つであり、武力の使用を伴わずに、経済関係や運輸通信手段の一部または全部を中断することにより、制裁対象国の政策や態度の変更を要請するものである。近年では、あらゆる経済関係を遮断する包括的制裁が被制裁国の一般国民に対する人道的危機をもたらした経験から、国家全体を対象とするのではなく、政策決定に責任ある個人を狙い撃ちにした「スマート·サンクション」が主流になっている。その後、2007年と2010年に2つの安全保障理事会決議が採択され、経済制裁が強化されている。

国連安全保障理事会による経済制裁に加えて、イランに対しては国家が独自に実施する単独制裁が同時並行で行われた。単独制裁の中でも、特に米国およびおEUによる制裁の効果が評価される[†14]。米国による制裁は、いわゆる「二次制裁」といわれるもので、米国外の企業が米国の対イラン単独制裁の対象企業と取引を行えば、当該企業は米国内での営業を停止され、ブラックリストに掲載される。米国が指定する対イラン制裁の対象企業との取引が明らかになれば、当該企業が米国市場から閉め出されるということであり、米国外の企業に対してイランか米国かの選択を意味するものである[†15]。国際ビジネスを行う多くの企業は二次制裁の影響を避けるために、必然的に経済制裁に真剣に取り組むこととなる。このほか、イラン産原油の主要輸出先であったEUが、イランからの原油輸入を禁止したこと、さらに外国との決済時に用いら

14　鈴木一人「国連イラン制裁の実効性」『国際安全保障学会』第48巻第2号(2020年9月)、68–87頁。

15　同上、75頁。

れる国際送金手段であるSWIFTサービスからイランの銀行を切り離したことも制裁の効果を高めることとなったと評価される[†16]。

国連制裁に加え、米国およびEUによる補完的な単独制裁の効果により、イランの経済は深刻な打撃をうけることとなった。その結果、2013年の大統領選挙では、制裁の解除に向けた欧米諸国との交渉を選挙公約に掲げたハッサン・ロウハニ(Hassan Rouhani)が圧倒的多数の支持を受けて選出されることとなった。こうして安保理常任理事国5か国とドイツから構成されるP5＋1(米ロ中英仏独)とイランによる交渉が開始され、2015年7月に包括的共同作業計画(JCPOA)が結ばれた。イランがウラン濃縮活動などの核開発を大幅に制限し、その代わりに米国などがイランに対する制裁を解除するというものである。これを受けて、国連安全保障理事会は、JCPOAに法的拘束力をもたせるために決議2231を採択し、同時に国連制裁も解除されることとなった。このように、イランでは、国連制裁と米国やEUによる単独制裁の相乗効果により経済打撃があり、それによりイラン国内における政権交代につながり、新政権と欧米諸国との核計画放棄に向けた共同作業計画が結ばれたことから、制裁の歴史における金字塔となりうる過程であったと高く評価された[†17]。制裁がこのような効果をもった背景の1つには、イランの政治体制が国民の声を政策に反映する仕組みであったことが考えられる。

こうしてイランの核開発問題は、JCPOAのもとで進められる予定であったが、結果的には米国の政権交代により頓挫することとなった。2017年に就任したトランプ大統領は、選挙公約としてイラン核合意の撤廃を掲げており、2018年5月に一方的な核合意からの離脱を宣言した[†18]。また、米国は核合

16　同上、75頁。

17　同上、79頁。

18　Remarks by President Trump on the Joint Comprehensive Plan of Action,

意以前に実施していた単独制裁および二次制裁を再開した。これに対して、イランも核合意から大幅に逸脱した行動をとっている。米国はバイデン政権に交代し、EUの仲介で核合意への立て直し協議が開始されているが、2021年にイランで反米強硬派のライシ大統領が就任しており、見通しは明るくない。

(4) 北朝鮮

イランと対比し、長らく継続している経済制裁が政策変更に効果をもたらしていない例が北朝鮮である。北朝鮮は、冷戦終結後の1992年に、韓国と「朝鮮半島の非核化に関する共同宣言」(「南北非核化共同宣言」)を締結し、IAEAとの包括的保障措置協定のもとで核兵器不拡散の取組みへの関心を示した。しかし、南北相互査察は一度も実現されず、2003年に北朝鮮はNPT脱退宣言[†19]をすると、2006年4月に一連のミサイル発射実験を行い、それ以降、北朝鮮は、核兵器およびミサイルの開発を継続・加速している。国連や米国、日本、韓国を含む国々による北朝鮮に対する大量破壊兵器の拡散防止の取組みは、なぜ功をなさないのであろうか。

2003年に北朝鮮がNPT脱退を表明すると、米国は、北朝鮮の核放棄を進める枠組みとして、北朝鮮、中国、日本、韓国、ロシアによる6者会合を築いた。しかし6者会合は空転し、安全保障理事会は決議1695を採択し、北朝鮮に対して、弾道ミサイル計画に関するすべての活動の停止を要求した。これを無視して北朝鮮は2006年10月9日に最初の核実験を実施したことから、安全保障理事会は全会一致で決議1718を採択し、北朝鮮に対して、いかなる核実験または弾道ミサイルの発射

May 8, 2018, https://trumpwhitehouse.archives.gov/briefings-statements/remarks-president-trump-joint-comprehensive-plan-action/.

19　北朝鮮は1993年2月にIAEA理事会による特別査察の実施が要請されると、同年3月12日にNPTからの脱退宣言を行っている。米朝高官協議の実現にともない北朝鮮はNPT脱退宣言への「一方的留保」をするが、2003年1月に「一方的留保」を解除して脱退を表明した。

も行わないこと、IAEA保障措置協定への復帰、核兵器および既存の核計画の完全廃棄を要求した。同時に、決議1718では、北朝鮮に対して、大量破壊兵器に必要な物資および技術や、主要武器の輸出入を禁止し、奢侈品(贅沢品)の輸出禁止、関連する個人や団体の資産凍結、個人の渡航禁止を含む経済制裁が規定された。しかし、北朝鮮はその後もミサイル発射実験や核実験を継続し、その都度安全保障理事会は決議を採択して制裁の強化をはかっている。

特に2011年末に金正恩が第3代最高指導者として権力を掌握すると、北朝鮮は、憲法改正により正式に自国を「核保有国」と位置づけ、核兵器開発を加速するとともに対外挑発的言動を繰りかえした。2013年4月には、法令「自衛的核保有国の地位を一層強固にすることについて(核保有法令)」を採択し、核保有の正当化を図るとともに、米国、韓国、日本に対して、核先制攻撃を含む軍事攻撃の対象であることを示唆する発言を行った†20。これら一連の行為に対して国連安全保障理事会は、経済制裁を強化し、2016年の決議2270以降は、北朝鮮の国際貿易をほぼ全面的に制限する内容となり「過去20年間で最強の制裁†21」といわれるまでになっている。北朝鮮国民に対する核やミサイル関連分野での教育や訓練を禁止し、金融分野では北朝鮮の銀行の支店の開設や運営の禁止、北朝鮮の銀行との取引の禁止などが加えられている。また、北朝鮮からの石炭、鉄及び鉄鉱石の供給や販売、移転が禁止され、主要な外貨収入源である天然資源の輸出も規制された。さらに、国連制裁を補強するかたちで、米国や欧州、日本や韓国は追加的な独自国家による制裁を導入している。

一連の経済・金融制裁の結果、北朝鮮の貿易規模や国内総

20　防衛省防衛研究所「第2章朝鮮半島――北朝鮮の経済・核「並進路線」と韓国の信頼外交の始動」『東アジア戦略概観2014』2014年。

21　Carol Morello and Steven Mufson, "U.N. adopts sweeping new sanctions on North Korea," *The Washington Post*, 2 March 2016.

生産は大幅に縮小されたと推計されるが†22、その一方で北朝鮮の核兵器開発計画は継続しており、経済制裁の効果は疑問視されている。輸出が禁止されていない品目の中には、輸出量が大幅に増加したものもあり、それらが主要輸出品となっていることが報告されている†23。中でも時計に使用されるウォッチムーブメントの輸出額が増加しており、中国からの時計用部品の輸入額も増加していることから、部品を輸入してムーブメントに加工し再輸出する新たな形態で経済活動を行っているとみられる†24。このように、再輸出という方法や、各国の規制対象品目に応じて輸出品目の分類を変更することにより、北朝鮮は経済制裁の抜け道を見つけ経済制裁を回避しており、長引く経済制裁により制裁に対する耐性が高まっていること指摘される†25。

このことが示唆するのは、北朝鮮の大量破壊兵器計画を阻止するには経済制裁では限界があるということである。国連による経済制裁は、それがたとえ国連憲章におけるもっとも強制力の強い、憲章7章に基づく†26安全保障理事会による決議であったとしても、決議を国内でどのように履行するかは選択的であり、また履行義務違反に対する罰則はない。国連による経済制裁は象徴的にすぎないと言われる所以である。さらに北朝鮮が制裁に対する耐性を高める手段として、サイバー攻撃キャンペーンをとおした違法な資金調達や情報収集

22　ジェトロ「北朝鮮の対外貿易推移」(https://www.jetro.go.jp/view_interface.php?blockId=34087581)

23　竹内舞子「国連による北調整制裁の有効性――その効果と課題」『国際安全保障』第48巻第2号(2020年9月)、24–45頁。

24　竹内、同上。

25　古川勝久「北朝鮮による制裁強化への適応と国際社会の課題」『国際安全保障』第46巻第2号(2018年9月)、43–65頁。

26　国連憲章第7章は、安全保障理事会に対して、国際の平和と安全の維持または回復のために強制措置を執る権限を付与しており、その1つが第41条に基づく経済制裁である。また、国連憲章第25条は、すべての国連加盟国は、安全保障理事会による決定を受諾し履行することを義務付けている。

活動がある[27]。国連安全保障理事会の補助機関である北朝鮮制裁委員会の報告によれば、2019年頃から北朝鮮による暗号通貨取引所へのサイバー攻撃や、各国の銀行を狙った金銭窃取目的での攻撃活動が増加している[28]。また、同じく制裁委員会の2021年3月の報告書では、北朝鮮がイスラエルの防衛産業に対してサイバー攻撃をおこなったり、SWIFTシステムの不正操作、暗号通貨取引所を狙う攻撃などを継続していることが指摘されている[29]。

4. おわりに――不拡散のための取組みの限界と発展

本章で概説してきたように、大量破壊兵器の不拡散には異なる位相がある。大量破壊兵器の開発や製造を予防するためには、開発や製造につながる技術や物質を適切に管理することが必要である。これらの技術や物質のほとんどは、兵器の開発に使用されるだけでなく平和目的での民間利用がある。したがって、大量破壊兵器の不拡散を確保するためには、平和目的での民間利用の技術や物質をどのように管理するかが肝となる。そのために効果的な措置が関連物質のセキュリティを確保することと輸出管理である。

セキュリティ確保とは、関連物質及び技術に関する活動を対象とした犯罪行為や故意の違反行為を探知し防止することである。核兵器については、NPTで核兵器を保有しないことを約束した国は、IAEAと保障措置協定を締結し、原子力が平和的利用から核兵器製造等の軍事目的に転用されないことを国際的な監視のもとで管理している。2016年には核物質の防護に関する条約の改正(改正核物質防護条約)が発効し、輸送中の核物質の防護、核物質及び原子力施設について防護の制度を確立すること、核物質の窃取などを防ぐことが規定さ

27 United Nations Security Council, S/2021/211, 4 March 2021.
28 United Nations Security Council, S/2020/840, 28 August 2020.
29 United Nations Security Council, S/2021/211, 4 March 2021.

れた。改正核物質防護条約は、2023年現在128か国が締約国となっている。これに対して、化学物質に関するケミカルセキュリティと生物剤に関するバイオセキュリティは国際的に管理する法的枠組みはない。化学物質については、国際化学工業協会協議会が、加盟国内の化学物質を扱う企業に対して化学物質の開発から製造、物流、使用、最終消費を経て廃棄にいたる全ての過程において、自主的に「環境・安全・健康」を確保し、活動の成果を公表し社会との対話・コミュニケーションを行う活動を行うことを奨励する「レスポンシブル・ケア」を促進しており、その一部としてケミカルセキュリティに関連する部分もあるが、これは企業が自主的に行う活動にすぎない。

セキュリティ措置に加えて、大量破壊兵器の不拡散の措置として有効なのが輸出管理である。特定の国家を対象とした輸出管理を厳格に行うことが、上記に述べてきたイランや北朝鮮に対する経済制裁の履行に資する。2014年には安全保障理事会決議1540が採択され、すべての国連加盟国は輸出管理制度を構築することが義務付けられている。しかし、国内でどのような輸出管理体制を構築するかは各国の裁量に任されており、輸出管理制度に関する普遍的な合意があるわけではない。そのほか、冷戦期間中に確立した輸出管理レジームと呼ばれる体制があり、核兵器、生物・化学兵器、運搬手段に対して、それぞれに関連する技術を有する国家が任意に輸出管理を調整する枠組みがあるが、参加国が限定的であり、それにより非参加国からは技術移転に対する恣意的な規制であるとの批判もある。また、人工知能(AI)や3Dプリンターなどの積層造形技術、バイオテクノロジー、サイバー領域の技術発展など、新興技術の著しい発展にともないこれらの技術が大量破壊兵器の開発や製造に及ぼす影響の分析や、これらの技術をどのように管理するかについて規制が追い付いていない現状がある。特に、技術開発が国境や国籍を超えた研究機関や研究者間で行われる中で、新興技術の構想段階で移転を管理するための非物理的技術移転(Intangible Technology Transfer: ITT)

が昨今の課題となっている。

セキュリティ及び輸出管理をいかに効果的に実現していくかという課題に加えて、本章にて概観してきたとおり、違法行為の疑惑の発覚に際して一貫した対応がとれていないことも問題である。国連憲章は、安全保障理事会に対して、平和に対する脅威、平和の破壊、侵略行為の発生を認定し、非軍事的また軍事的強制措置を決定する権限を付与している。その一方で、大量破壊兵器の開発疑惑について、どのような脅威と認定し(または認定せず)、どのような強制措置をとるかについて、ケースごとの対応が異なる。本稿で取り上げたイラク、リビア、イラン及び北朝鮮の大量破壊兵器の開発疑惑に対し、国連安全保障理事会における対応は異なっている。この結果、大量破壊兵器の開発を企てるものにとって、大量破壊兵器に関する計画を自主的に放棄した場合に自らの身に及ぶ処遇が大国政治の意図により決定されるということが、計画の放棄へとつながりにくくしているともいえる。

第5章

イスラム教とテロリズム
——宗教と暴力の関係をどのように理解できるのか

河野毅

1. はじめに

本章では、宗教とテロリズムの理論的な研究について紹介しながら、その関係について議論する。まず、テロリズムという行為の定義の難しさを紹介し、テロリズムという行為を捉える見方が、2001年のアメリカにおける同時多発テロ事件以降、国家に対する脅威の1つがテロであるという国家安全保障政策の中で理解することが主流になっていったと論じる。次に、イスラム教の教義を掲げたテロリズムが頻発する点について、宗教とテロリズムの関係について論じる。宗教だけがテロリズムの要因ではなく、それを解釈して行動するテロリストがいることが問題であるが、イスラム教の教義に沿った解釈をすることでテロ行為に至るという現実もある。一方で、イスラム教に限らず宗教が発するメッセージには平和へのメッセージがあることも事実である。そこで、本論では、宗教が戦争を含め暴力につながる理由についての考察をしていく。さらに、時代を追うにつれて、イスラム教の教義の解釈からイスラム教と政治の関係が変化していった過程を説明しつつ、実際にテロ行為に至る世界観はイスラム教だけに限ったものではないという議論を紹介する。テロリストの世界観についての研究の成果を見ると、イスラム過激主義者と白人至上主義者などの極右過激派の世界観が類似しており、極左過激派の世界観とは合致しないことが指摘されている。その意味では、イスラム教の教義の極端な解釈がテロ行為の背景にあるように、特にユダヤ教やキリスト教など一神教の極端な解釈をする極右過激派の行動も重要なテロ研究の対象になり得ることを示唆している。

2. テロリズムの定義問題

テロリズム関連の書籍[†1]はほぼ必ずと言っていいほどテロリズムの定義を整理することから始まっている。たとえば、チャールズ・タウンゼンドは「テロリズムを理解しようとする政治的試みも学問的作業も、テロの定義で何度も躓いてきた」[†2]と、その混乱状況を説明する。

タウンゼンドは、テロリズムという行為が、やる側とやられる側の間は常に権力関係にあり、その関係の中でテロリズムという「悪事」が発生するため、テロという悪事を相手に「ラベリング」[†3]することで、テロで被害を受けた側が正義の行動に出やすくなるという。いわば、やる側とやられる側の間で、どちらに大義（正当性）があるかという争いである。たとえ

1　例えば、最近のテロリズムの入門書は Diego Muro and Tim Wilson eds., *Contemporary Terrorism Studies*. Oxford University Press, 2022.

2　チャールズ・タウンゼンド『テロリズム』宮坂直史訳・解説、岩波書店、2003 年、3 頁。

3　同上。

ば2023年10月7日に起こったパレスチナ武装集団ハマスによるイスラエル村落(キブツ)の攻撃について、アントニオ・グテーレス国連事務総長が安全保障理事会のステートメントで、ハマスによるテロ攻撃は「空白には起きなかった」(did not happen in a vacuum)[†4]と、それまでのイスラエル政府によるパレスチナ住民への強制移住政策と差別的扱いが背景にあると発言し、この発言が、まるでテロ攻撃自体を擁護するかのように受け取られイスラエル政府の激しい非難を浴びた。イスラエル政府は、ハマスは徹底的に非難されるべきテロリストであり、ハマスには大義はなく、テロ行為をした悪者である、という立場である。イスラエルにとっては、ハマスは非合法かつ非人道的な犯罪者グループであるため圧倒的な軍事力で「殲滅(eliminate)」させる大義がある、となる。イスラエルにとってハマスはテロリストであるが、同時にパレスチナ人にとっては解放の英雄なのだ。この大義(正当性)をめぐる争いは、以下の国際連合におけるテロリズムの定義をめぐる論争にも現れている。

このテロリストは悪者か、解放の英雄かという議論は、長く国家の集合体である国際連合でも争点となっている。国連総会によるテロリズムの定義は、テロ行為を「犯罪」として扱う点で、国家に対する非国家主体による暴力であるという点で一致しているのが現実である。例えば、1994年に国連総会で決議された「国際テロリズム廃絶措置宣言(Declaration on Measures to Eliminate International Terrorism)」は、それ以前までテロ行為そのものを防止する関連諸条約[†5]で意図的に避けられて

4　グテーレス国連事務総長による安保理スピーチ。2023年10月24日。https://www.un.org/sg/en/content/sg/speeches/2023-10-24/secretary-generals-remarks-the-security-council-the-middle-east%C2%A0

5　航空機内の犯罪防止条約(東京条約)、航空機不法奪取防止条約(ヘーグ条約)、民間航空不法行為防止条約(モントリオール条約)、国家代表等犯罪防止処罰条約、人質行為防止条約、核物質防護条約、空港不法行為防止議定書、海洋航行不法行為防止条約、大陸棚プラットフォーム不法行為防止議定書、プラスチック爆薬探知条約、爆弾テロ防止条約、テロリズム資金供与防止条約、核テロリズム防止条約。

きたテロリズムの定義をある程度明確にした宣言(条約ではない)として注目に値する。その宣言[6]によるとテロリズムは「政治的な目的を持って一般大衆、グループ、または特定の個人が意図的にまたは計画的に恐怖状態を引き起こす犯罪行為はいかなる状況であっても正当化できない」とする。

一方、テロリズムという行動をある程度定義することを通じてその原因や帰結を探ろうとする探究は、テロリズムを防ぐための政策立案に資する意味で有用である。例えば、宮坂直史は、戦争、反乱と弾圧、統治内暴力と並びテロリズムを「4つの政治的暴力」の1つとして理解することで、暴力行為の一例であるテロリズムが他の3つの政治的暴力と重なる部分があると主張する。実際の暴力行為を見ると、これら4つが重なる部分もあり、テロリズムが他の3つと個別に重なる部分もあるとする[7]。さらに、宮坂は、テロリズムの主体が誰かという議論において、国家主体と非国家主体を分けることは簡単ではないとする。テロ支援国家による実際のテロ行為は時に非国家主体により実行されることもあるばかりか、実態がわからない例もあるという。その上で、宮坂はテロリズムを「政治的な動機または政治的な目的を有したものが、それに関連した暴力行為を、面識のない者に対して不意打ちで行い、適宜宣伝をし、敵を混乱させ味方を増やそうとすること」[8]と定義している。宮坂の意図は、テロの主体、手段、対象、効果を端的に示した定義を提案することであった。

戦略的にはテロリズムは単に戦争の手段のうちの1つであり、テロリストは戦争を行う兵士と考えるべきであり、それは通常の戦争と比べて非正規で非対称的(irregular and asymmetrical)な戦いであると主張する意見もある。コリン・グレイは、アル・

6　The 49th United Nations General Assembly, *Measures to Eliminate International Terrorism*. A/RES/49/60.

7　宮坂直史「テロリズムの定義を再考する」宮坂直史編『テロリズム研究の最前線』法律文化社、2023年、3–8頁。

8　同上、21頁。

カーイダを例にして、アメリカをはじめとする国家群を標的にテロ攻撃をグローバルに仕掛けるグループに対しては、国家は通常軍の編成部隊や、警察などの国内治安維持機関による取り締まりだけでは自らを守れないため、非対称な戦闘に投入できるように編成され訓練された特殊部隊と諜報機関による共同作戦を通じてのみ勝利が可能であるとする[†9]。グレイの視点は、2001年の米国における同時多発テロ事件を頂点にイスラム過激主義グループによる国家に対するテロ事件が頻発する中で示されたものであった。

21世紀に入ってからイスラム過激主義グループによる国家に対するテロ事件が頻発したことを反映して、ロバート・ハンターもテロリズムを非国家主体が国家を攻撃する非対称戦争と捉えている。ハンターは、非対称戦争には武装器具など物理的な要素(material factor)と、政治的道徳的な要素(moral and political factor)があるとし、テロリズムは後者の要素を使った非対称戦争であると説明している[†10]。政治的道徳的な要素は8つあり、それらは⑴社会の反政府感情を利用した抵抗、⑵外国の占領軍に対する抵抗、⑶反乱軍とその反対勢力による正当性獲得のための競争、⑷反乱が正当であると外国から支援を得る行動、⑸外国の占領軍の政治的基盤を崩すためのアピール、⑹宗教や民族など社会グループへの忠誠心を利用した大衆動員、⑺他国や他地域の社会を内部から弱体化すること、⑻宗教的なイデオロギーを使った暴力の動機付けを狙った活動、である。ハンターによれば、最後の⑻が、西欧を敵とみなす「イスラム主義テロリズム(Islamist terrorism)」の際立った特徴であり、このようなテロリズムの効果としては攻撃された国家の過剰反応(overreaction)を引き出すことを通じその国家

9 Colin S. Gray, *Another Bloody Century: Future Warfare*. Phoenix, 2005, pp. 248–254.

10 Robert E. Hunter, "Terrorism and War" in Julian Lindley-French and Yves Boyer eds., *The Oxford Handbook of War*. Oxford University Press, Paperback edition, 2014, pp. 204–207.

の経済活動を停滞させ、さらには自由社会を自ら摩耗させることであると説明する。

以上のように、テロリズムの定義については国家によるものと非国家主体によるものがあり、学術的には宮坂の言うようにそれらを含んだ定義が適切であるが、アメリカにおける同時多発テロ事件以降は、テロ対策が全面に押し出された結果、テロリズムは国家に対する非国家主体によるものを指す定義へ大きくシフトしてきたと言える。

3. 宗教と暴力

テロリズムを含め宗教を背景にした暴力が起こる理由を説明するのは難しい。それはまず、宗教が多数の人々を惹きつける力を持つと同時にその惹きつける力は排他的な力となるという両面があることで、その集合力から排他力へシフトするタイミングを見つけることが難しい点に起因する。さらにもっと分析を難しくしているのは、宗教は社会的な秩序を形作るものであると同時に、一般に個々人の私的道徳の基礎を形作る要素であることが多いので、宗教教義そのものに暴力のようにネガティブな側面があると言うことは個人の倫理観に水を差すことになり、それは言いにくいという理由もある。以上のように、宗教テロリズム発生の原因を、その宗教教義にあると主張することは一般的に難しい。

ただ、宗教が発するエネルギー(それが排他的であろうとも)がテロなど国家の安全保障に脅威であるという見方はできそうだ。例えば、戦争における宗教の役割を説明する見方である。マクミランは、戦争の起因要素の1つとして、宗教が与える「死に値する価値と永遠の生命」が国家主義と統合(merge)することが重要だと述べる†11。マクミランは、国家主義と宗教の統

11 Margaret MacMillan, *War: How Conflict Shaped Us*, Profile Books, 2020, pp. 51–52.

合が頻繁に起こった中世西欧を想定しているが、宗教教義を基礎とした国家はその存在意義を宗教がもたらす秩序に依っている限りにおいて宗教が国家と統合した排他的な要素になるという。したがって、国家に対する脅威は、その宗教教義に対する脅威となる。この脅威に対して、宗教教義が与える戦争の正当性は、フリードマンが言うところの「二重性(duality)」†12でもある。というのは、戦争は宗教の大義上名誉ある国家による行動として理解されるが、同時に個人の死を含む最悪の状況に国民を陥れるという二重性があるからである。

宗教が戦争を推し進める可能性については、ドミニク・ジョンソンとゾーイ・リーヴが興味深い議論を展開している。宗教が紛争(conflict)の原因となるかという設問ではなく、もし人類が生存のためには紛争を惜しまないのであるとすると、宗教は紛争を効果的に進めるための要素になりうるかという設問を展開する†13。生存のための行いとしての紛争というジョンソンとリーヴの考え方は進化論からヒントを得たものである。なお著者達は、戦争とテロも紛争というカテゴリーに括って議論していることをまず付言しておく。さてこの研究では、効果的な紛争遂行のための宗教の役割として以下の8つの可能性が提示される†14:

1. 宗教は兵士同士の協力を助ける。
2. 宗教は兵士の自信をつける。
3. 宗教は兵士の同志意識を高める。

12 Lawrence Freedman, "Defining War" in Julian Lindley-French and Yves Boyer eds., *The Oxford Handbook of War*. Oxford University Press, Paperback edition, 2014, p. 20.

13 Dominic Johnson and Zoey Reeve. "The Virtues of Intolerance: Is Religion an Adaptation for War?" in Steve Clarke Russel Powell, and Julian Savulescu eds., *Religion, Intolerance, and Conflict: A Scientific and Conceptual Investigation*. Oxford University Press, 2013, pp. 68–69.

14 Ibid., p. 72.

4. 宗教は兵士に大義を与える。
5. 宗教は兵士に戦う理由を与える。
6. 宗教は兵士に敵を人間と思わせない。
7. 宗教は兵士に自らを英雄と思わせ自己犠牲をさせる。
8. 宗教は兵士に死含め物理的損失を埋めるために超自然的な応報を与える。

ジョンソンとリーヴは、これら8つの可能性について、具体例を提示しながら是としていき、さらなる探究として、この宗教が与える生存のための効果は、各個人が生存するために与えるもの(個人レヴェル)、各グループが生存するために与えるもの(グループレヴェル)、または個人とグループを超えた文化(社会)が生存するために与えるものであるか、を議論している。この3つは相互に排他的ではないことを前提にして、ジョンソンとリーヴは2つ目のグループレヴェルが生存するための紛争に宗教が効果的に役割を演じるという結論を提示している[†15]。ジョンソンとリーヴはその結論として、グループ内においては協力を促すが、グループ外の敵に対しては紛争を仕掛ける状況が起こることを示している。さらに、この結論が示唆する点は、グループレヴェルと比べると、個人レヴェルにおいては宗教が強い排他性を促し紛争への可能性を高くするとは言えないことでもある。ということは、テロリズムに関しても、個人レヴェルではなく、グループとして理解される宗教のための暴力行為に至ると考えられる。では、テロリズムが発生する時の宗教の役割についての研究ではどのような議論があるだろうか。

15 Ibid., p. 78.

4. 宗教とテロリズム

テロリズムそのものについて、宗教の役割を考察した研究はいくつかある。武田幸男は、デービッド・ラパポートの2004年論文†16を引用して1980年代後半から宗教テロの「波」がやってきたと紹介している。ラパポートによると、1880年代から1920年代までは無政府主義テロの波が押し寄せ(第1の波)、その後1960年代までは反植民地主義テロの波があり(第2の波)、1960年代から1990年代までは新左翼主義テロの波(第3の波)が起こったとする。この第3の波の次にやってきたのが第4の波である宗教テロという考え方だ。ラパポートは、この第4の波の例として、1979年のソ連によるアフガニスタン侵攻とイラン革命以降に起こったイスラム国樹立を目指す数々の事件、日本のオウム真理教による地下鉄テロ事件(1995年)、ラビン・イスラエル首相暗殺事件(1995年)、オクラホマ・シティー連邦ビル爆破事件(1995年)、アメリカにおける同時多発テロ事件(2001年)につながるアル・カーイダによるテロ事件の数々、などである。ラパポートは、この第4の宗教テロの波は情報技術の発達と資金網のグローバル化により助けられた国際テロであり、さらに宗教が要求する反民主的なメッセージは特に自由主義陣営にとり脅威であるという†17。武田は、このラパポートの「テロの波」という概念に対する他の研究者の批判的研究も引用しつつ、第4の宗教テロの終わり方については前3つの波と比べるとそれほど明確ではないという。その理由は、「すでに宗教は、人や社会と強く固く結びついており、宗教というエネルギーは、常に人や社会とともにあり、なくなること

16 David C. Rapoport, "The Four Waves of Modern Terrorism," Reprinted in Hogan, John and Kurt Braddock. *Terrorism Studies: A Reader.* Routledge, 2012, pp. 41–60. (Originally published in Audrey Kurth Cronin and James M. Ludes eds., *Attacking Terrorism: Elements of a Grand Strategy*. Washington, D.C.: Georgetown University Press, pp. 46–73.)

17 Ibid, p. 54.

はない」からとする†18。

ユルゲンスマイヤーは、テロリズムを含む暴力を起こす「宗教戦争(religious warfare)」という視点から、宗教テロの「終わり方(end)」を論じている。ここで明記しないといけないのは、ユルゲンスマイヤーにとって宗教テロは宗教戦争の数々の戦法の1つであり、宗教戦争は教義に規定された政治的な目標に向かって進む社会運動のうちの暴力であると捉えていることだ。言葉を換えれば、ある宗教の教義のもとで起こる社会運動の中に宗教戦争があり、その宗教戦争の戦法の1つが宗教テロであるという。さて、ユルゲンスマイヤーの分析対象となっているのは、イスラム国(ISIS)、フィリピン・ミンダナオ島のイスラム武装集団による分離独立運動、インド・パンジャブ州のカリスタン独立運動である。ユルゲンスマイヤーは、それぞれの宗教戦争を「仮想戦争(cosmic war)」†19と呼び、通常の世界観を乗り越えた宗教の教義だけが提供する世界観をもとに、その世界観と対立する別の世界観に対して行われる暴力であるとする。その結果、「妥協できない絶対性」である神のもとでテロ行為を敵である国家に対して仕掛けることになり、よって各国政府のそれへの対応は世界観との戦いになり、終わりの見えない非常に難しいものとなる。

では、この対策困難な仮想戦争の終わり方には何かあるのか。ユルゲンスマイヤーは、宗教教義をもとに作られた世界観の実現を目指す社会運動が内部から消散(dissipate)するパターンと、外部から消散するパターンがあると指摘する。まず、内部から運動が消散するパターンであるが、それには(1)運動の

18　武田幸男「テロリズムはいつ流行し、終息するのか?」宮坂直史編『テロリズム研究の最前線』法律文化社、2023年、192頁。

19　Mark Juergensmeyer, *When God Stops Fighting: How Religious Violence Ends.* University of California Press, 2022, pp. 11–14.　日本語訳では「仮想戦争」と訳されるCosmic Warであるが、これはReza Aslan著の*How to Win a Cosmic War: God, Globalization, and the End of the War on Terror,* Random House, 2009の邦訳『仮想戦争——イスラーム・イスラエル・アメリカの原理主義』藤原書店、2010年からの訳である。

基軸となる教義に信憑性がなくなる、(2)運動組織の分裂、(3)運動とは別のもっと希望のある選択肢が現れる、という3パターンがあるとする。外部から消散するパターンとしては、(1)政府などからの厳しい制限、(2)一般社会からの運動の受け入れ、(3)政府などが運動を尊重する対応をすることで醸し出される期待、の3つがある。これらの6つのパターンは実態に沿った具体的な事象であることは確かである。しかし、ユルゲンスマイヤーが著書で消散という言葉を頻繁に使うようになったように、テロなどの暴力を伴う宗教運動というのは、消散することはあっても終わる(end)ことはない。ユルゲンスマイヤーによると、その終わりの無い理由は、教義がうたう理想郷は現実には存在しないと同時にその教義のイメージがシンボルとして語り継がれるからである†20。

よって、宗教が政治を変えるエネルギーを持つ要素であることは、異論はないようである。例えば、政治の世界では宗教はアイデンティティーの1つとして集約でき、アイデンティティーは政治力を結集する力がある要因と理解される。そのアイデンティティーには、民族という曖昧な概念も含まれるため、さらに宗教だけを切り出して議論することは難しくなる。フランシス・フクヤマは、その著書で、ナショナリズムと宗教をアイデンティティーの例として同時に議論し、その理由は社会の近代化(modernization)の過程で伝統的な社会基盤が急速に変化することで、人間自身がこれまで意識しなかったアイデンティティーを意識するようになり社会を変える大きなうねりになるからだ、と言う†21。この主張は、ダニエル・ラーナーやカール・ドイチュなど近代化論者が主張した点と合致しているが、近代化論との違いは、フクヤマの主眼が、ある社会の近代化の過程ではなくグローバリゼーションを独立変数と

20　Ibid., pp. 147–148.

21　Francis Fukuyama, *Identity: Contemporary Identity Politics and the Struggle for Recognition*. Profile Books, 2018, pp. 67–68.

しており、例えば移民の移動を伴うグローバリゼーションが進展すればするほど移民受け入れ社会のアイデンティティーを強化するという現象に当てられていることである。フクヤマによると、アイデンティティーの強化は、社会の不寛容が激しくなり共存できない悪循環に陥る原因となる。例えば、移民を受け入れる社会では違うアイデンティティーに不寛容になり、同時に移民側もその不寛容な社会で差別されることになる。さらに、その不寛容は受け入れ側の社会一般からの支持獲得のために挑発的なメッセージを使うエリートによりさらに大きくなる傾向がある、ということである。フクヤマは、その一例として、フランスにおけるムスリム移民の第2世代を取り上げている。

フランスで2014年以降頻発したイスラム国(ISIS)メンバーによるテロ事件について、そのテロの首謀者達が、イスラム化した過激主義者か過激化したイスラム主義者か、というフランスの著名学者2名の議論を引用しつつフクヤマはこう分析している。2015年のパリ市バタクラン劇場に突入し数百人の観客を射殺したテロリストたちは、イスラム教義を掲げ自らを聖戦の戦士(ジハード)たちと呼んだアルジェリア系フランス人の若者たちだった。このテロ事件を、フランスの中東研究者オリヴィエ・ロワは、イスラム化した過激派によるテロ事件と呼び、その根拠として、この移民の若者たちは敬虔なイスラム教徒として育っていないばかりか、フランスの若者たちと同様に飲酒し、デートし、遊んで育ったが、自分たちアルジェリア系若者がフランス社会の主流に入れなかったことが原因で疎外感を感じ、そこにイスラム過激主義が入り込んだとする†22。一方、これとは反対の主張をするのは同じくフランスの研究者ジル・ケペルである。ケペルは、アルジェリア系移民のテロリスト達は過激化したイスラム主義者であるという立場から、イスラムには過激主義という土台がすでにあり、その土台の上にテロという暴力があると理解するべき

22 Ibid, pp. 70–71.

だと主張する。よって、テロへの転換はイスラム教の暴力的な教えと切り離せないのである。このケペルの主張によると聖戦(ジハード)という聖典コーランに記される行動はイスラム教議の重要な一部として歴史上脈々と語り継がれており、その宗教としての正当性があるからこそ、アルジェリア系移民2世たちは聖戦に乗り出しテロ行為に至るという。この相対立するロワとケペルの議論について、フクヤマは、21世紀に見られるイスラム過激主義は「アイデンティティーの問題と理解するべきか、それとも根本的には宗教的な現象なのか」と問い、結論としては両方の要素が含まれた結果のテロリズムであるとする。フクヤマの考え方は、政治運動の根本にはアイデンティティーが渦巻いており、あらゆるグループは自らのアイデンティティーを承認されるべきであると感じその承認欲のために競争しており、その承認されるべきというエネルギーが追突することで社会は不安定になり、時には暴力に至るというものだ。その暴力の1つの例が、テロリズムということになる。

このケペル対ロワの主張に対して、フクヤマと同じくテロリストの背景と動機が分かる限り、両者の主張に理があるという意見もある。ロバート・ザレツキーは、フランスのテロ研究者ヘッカーを引用して、多くのテロリストのプロフィールを分析するとロワの主張するイスラム化した過激派も、さらにケペルが主張する過激化したイスラム教徒もいるという†23。ただ、テロ対策を立案するにあたっては、ケペル対ロワの主張では違った対策が必要になってくることも重要である。例えば、ケペルの主張(過激化したイスラム主義)を受け入れるとすると、イスラム主義そのものに対する理解とその解釈の過程に介入する必要が出てくる。それには、イスラム教義の専門家(通常はイスラム導師達)の助けを得て、教義が穏健となるよ

23 Robert Zaretsky, "Radicalized Islam, or Islamicized Radicalism?" *The Chronicle Review*, (May 20, 2016).

うに社会に広めるという政策が必要となる。一方、ロワの主張（イスラム化した過激主義）を受け入れた政策立案では、社会が過激化する構造的な課題（格差や差別など社会的不正義など）や制度的な問題（貧困対策や言論統制など）、さらには過激な主張を繰り返すリーダーの取り締まりなどに焦点を当てた政策立案が必要となる。これまでの各国のイスラム過激派によるテロへの対策を見るとまさにケペルとロワの主張双方を受け入れた対策の数々が行われているようである。

5. イスラム過激主義テロの発生理由

イスラム過激主義は、聖典コーランが示す箇所に忠実に従って暴力行動をする運動であるが、実際には聖典の都合の良い文言だけを取り出してそれに忠実に従って行動する。本論では、その都合の良い文言の説明はすでに多くの研究が出版されているのでここでは紙面の都合で説明はしない[†24]。ただ、決めた行動に都合の良いコーランの場所は、常に、白黒のはっきりした確実性が高い箇所、獰猛で暴力を容認する箇所のようだ。このような過激主義イコール原理主義の心理的な側面は、イスラムに限らず、マルクス主義の教条にしがみつく共産主義過激派、トーラや聖書の都合の良い箇所を引き抜いて行動するユダヤ教原理主義、キリスト教原理主義も同様の心理的な側面を持つ[†25]。

24　イスラム国（ISIS）の戦闘員とその同情者に詳細にインタビューをした成果は Graeme Wood, *The Way of the Strangers: Encounters with the Islamic State.* NY: Random House, 2017. に詳しい。この中で、日本のイスラム学者中田孝が登場する（同書 197–209 頁参照）。加えて、アメリカ国籍でアル・カーイダの主要メンバーとなりアメリカ政府のドローンで家族と共に殺害された Anwar al-Awlaki の生い立ちを詳細に記した Scott Shane, *Objective Troy: A Terrorist, A President, and the Rise of the Drone.* NY: Penguin Random House, 2015. も教義の一部を利用してテロ行為にいたる解釈の側面に詳しい研究である。

25　Andrew Doyle, *The New Puritans: How the Religion of Social Justice Captured the Western World.* UK: Constable, 2022.

ここで説明を要するのは、テロリズムは「政治的な動機または政治的な目的を有したもの」(前出、宮坂)であるため、イスラム教義の政治性については解明する必要がある。ジョン・ヴォルは、アラビア語の「ディン(din)」(宗教)と「ダウラ(dawla)」(国家)の2つをキーワードにしてイスラムの政治性について議論している。ヴォルの意図は、エジプトのイスラム過激派として1966年に処刑されたサイイド・クトゥブがいうところの、イスラムは「生活のあらゆる局面で聖法に服従させるため、人間の支配、人造の法律、価値体系、伝統の軛から人間を解放する」†26という教義が人間生活を「支配」するという強い包摂性へ言説が変化していった過程を説明する。まず、ヴォルは、イスラムと政治の関係の理解を4つの発展段階に時系列に分類して説明する†27。第1は、第二次世界大戦直後であり、それは西欧植民地主義から自国を解放するために教義を「現代化(modernize)」する努力である。この段階では、「ディン(宗教)」は「ダウラ(国家)」と同列に重要である言説の時代である。この時代では、宗教が新国家建設のための戦いの支柱となり、それは西欧植民地主義からの独立の戦いのための民衆を統合するアイデンティティーを提供した。第2は、社会の現代化の潮流に抵抗する保守化である。この段階では国家建設に邁進する結果が世俗化(イコール西欧化)に近づくことでイスラム道徳が軽視された危機感から保守的な言説が出現した。第3は、イラン革命に象徴されたイスラム教義の政治との統合である。この段階では、宗教そのものが国家であると理解する言説が増え、その結果宗教指導者の政治的役割が非常に重要になった時代である。最後は、イスラム教義を掲げるにもかかわらず経済発展で西欧諸国を凌駕しない「政治化されたイスラム

26　サイイド・クトゥブ『イスラーム原理主義の「道しるべ」——発禁"アルカイダの教本"全訳+解説』岡島稔・座喜純 訳および解説、第三書館、2008年、56頁。

27　John O.Voll, "Political Islam and the State," in John L. Esposito and Emad El-Din Shahin eds., *The Oxford Handbook of Islam and Politics*. Oxford University Press, 2013, pp. 56–57.

の失敗」についての反省と、そこから派生した社会生活(国家ではなく)でのイスラム化の可能性を求める努力があり、それと同時にイスラム教徒自身がグローバルなイスラムネットワークの一部であるという意識を持つようになった段階である、という。

本論の中心課題はイスラム教義とテロリズムという過激行動の解明であるので、第2、3と4段階について紹介することとする。ヴォルによると、前出のクトゥブの『道しるべ』が出版された1964年以降、イスラム社会では「ディン(din 宗教)」の重要性を認識しつつも「ダウラ(dawla 国家)」についてもその制度や形態が模索されたのであるが、第2の段階のように宗教を軽視してはいけないという危機感から「ディン(宗教)」イコール「ダウラ(国家)」という言説に変貌していったという。それはクトゥブの主張する、イスラム教義は社会の隅々まで行動の方針を示すという強い「完全な包摂的な生活(a complete comprehensive way of life)」†28を実現するために国家という政治共同体に宗教を一体化させる実験であった。それを現実社会で体現したのがイラン革命であり、その革命の成功は世界各地のイスラム社会の新たなイスラムと政治のあり方の模範としてイスラム教徒達を鼓舞した。しかし、イラン革命後に国家をイスラム化した政権は、ハック陸軍将軍下のパキスタン、ヌマイリ大佐下のスーダンという軍事政権であり、それらは激しい弾圧と言論統制という、クトゥブの理想とした「人間の解放」とは違う国家であった†29。第4段階では、軍事クーデターやスルタン支配下の「ディン(宗教)」イコール「ダウラ(国家)」が経済発展で西欧諸国に出遅れた現実を直視して、この「政治化されたイスラムの失敗」から学ぶ言説が出てきたという。例えば、多民族国家であるマレーシアでは、2003年に当時のアブドラ・バダウィ首相のもと「文明化されたイスラ

28 Ibid., p. 56.

29 Ibid., pp. 61–63.

ム(Islam Hadhari)」というコンセプトが謳われ、「ディン(宗教)」イコール「ダウラ(国家)」ではなく、イスラムは共同体「ウンマ(ummah)」であると言説が変わって行った。同じような傾向はトルコの公正開発党(Adalet ve Kalkinma Partisi)でも起こったという[†30]。ヴォルが主張するとおり、この時代にはインターネットの助けもあり、イスラム教徒自身がグローバルなイスラムネットワークの一部であるという意識を持つようになり、それはイスラムという宗教は国家「ダウラ」との関係から、グローバルなイスラム共同体である「ウンマ」へその関係を乗り換えたとも言える。ただし忘れてはいけないのは、この時代は2001年9月に発生した米国における同時多発テロ事件以降であり、イスラム教徒である国民の多い諸国にとっては、西欧からの猜疑心に満ちた対応に迫られた時代でもあることだ。1980年代から「ディン(宗教)」イコール「ダウラ(国家)」の実験を続けてきた各国は、クトゥブが理想としたイスラム支配下で人々を「解放する」ことはできなかった。クトゥブを信奉する一部のグループは、その理想に近づくために本来のイスラム社会を復権する過激な行動に出たのである。

その復権の行動にテロ行為が含まれる。ワッツはイスラム過激派によるテロを「革命的イスラム」[†31]の運動と名付け、その特徴を説明している。革命的イスラムは、その理想である「イスラムこそが解決法である(al-Islam huwa al-hall)」というスローガンのもと自らを革命の「前衛」であると自負している、とする。その前衛は、イスラムというグローバルなネットワークを使って敵である反植民地主義(イスラエルによるパレスチナ占領が代表的な植民地主義)、反資本主義(共同体の倫理と道徳を侵食する考え)、反代議制民主主義(神の意思ではない選挙という制度で政治を行うこと)を掲げて戦闘を続け、時にはテロ暴力も躊躇し

30　Ibid., pp. 64–65.

31　Michael Watts, "Revolutionary Islam: A Geography of Modern Terror," in Derek Gregory and Allan Pred eds., *Violent Geographies: Fear, Terror, and Political Violence*. Routledge, 2007, pp. 178–179.

ない†32。この革命的イスラムを最初に理論化した人物として、ここでもワッツは前出のクトゥブを引用して説明している。ワッツによれば、クトゥブは「イスラム社会のレーニン」であり、その理論は、暴力的でユートピア的であり、出身のエジプトを批判対象にするのではなく、世界を「ジャヒリア(jahiliyah)」(イスラム教社会成立前の不信仰者の世界、イスラム教を信仰しない社会を指す)と「ハキミヤ(hakimiyah)」(神の主権が成立している社会)に2分して、ジャヒリアはイスラムによって暴力を含め征服されるべきであると主張する。クトゥブの革命的な特徴は、国家による弾圧に抵抗し、神の下で完全な平等を実現し、イスラム法が唯一の主権であるとし、物理学を賞賛し哲学を否定し、啓蒙主義を拒否し、政教分離と西欧文明を精神的崩壊をもたらすものとして自由主義文明そのものに対する否定を主張する†33。この革命論がテロを是認する過激派の広範な支持を得ているとして、ワッツはその過激派達の特徴を次のように説明する。「(過激派の)共通点として言えるのは、イスラムのインテリゲンチアは、伝統的な宗教学校の卒業生ではなく、マルクス主義や第3世界論や植民地からの独立運動を大学で学んだ卒業生であることだ」†34。ワッツはこの革命的イスラムの文明批判は、現代化を成し遂げた社会の「歓迎しない真実」である格差や倫理観の荒廃などの社会問題を指摘しているとして、イスラム過激派による「テロの前衛(The Vanguard of Terror)」は継続すると警鐘を鳴らしている†35。

ワッツが指摘しているテロリストの特徴として、宗教学校で教育を受けたグループではなく世俗的な教育を受けたグループであるという点があるが、この問題をさらに経験的に検証した研究がある。ギャンベッタとヘルトグは、テロ事件

32 Ibid., pp. 179–180.
33 Ibid., p. 185.
34 Ibid., p. 187.
35 Ibid., p. 198.

を起こしたイスラム過激派リーダーのうち教育歴を確認できた207名についてその教育程度と学習した専門分野を比較検討している。大学卒業程度の総数のうち工学が97名(47%)と突出して多く、第2位のイスラム法などは38名(18%)と少ない。第3位は医学で21名(10%)であった[†36]。ギャンベッタとヘルトグは、社会運動論の相対的価値剥奪論(relative deprivation theory)の仮説(社会の構造的変化が心理的不満につながり行動する)をまず検証しており、1970年代から1980年代前半の工学部卒業生の就職機会不足から過激派に身を投じた例があるとしている。しかし、それ以降の経済回復の時代においても工学部卒業生が継続して過激派になる傾向は相対的価値剥奪論だけでは説明できないため、イスラム過激派を20世紀以降の右翼過激派、左翼過激派の思想的特徴に照らし合わせて分析を進めている。それによると、ナチズムや白人至上主義を掲げる右翼過激派に工学部卒業生が多い一方、マルクス主義や環境保護を掲げる左翼過激派には人文科学や社会科学の卒業生が多く、イスラム過激派は右翼過激派と学歴が一致することが分かったという。次に、イデオロギーの傾向から見るとイスラム過激派と右翼過激派の共通点として(1)自らの思想以外に対して激しい嫌悪を持つ傾向がある、(2)強いグループ内優遇の傾向がある、(3)秩序を好み変化を嫌う傾向がある、を共有しており、それらは現代化を批判し、文化的退廃を嫌い、純粋さを追求し、過去の栄誉を取り戻そうとする行動に現れているとする[†37]。このような傾向は、イスラム過激派と右翼過激派が「曖昧さに対する不寛容(intolerance of ambiguity)」を追求する運動でもあるとして、ギャンベッタとヘルトグはテロリズムを発生する過激主義的な傾向を結果としてもたらす社会運動の分析には、これまであまり分析の対象とされていなかった宗教という側

36 Diego Gambetta and Steffen Hertog, *Engineers of Jihad: The Curious Connection between Violent Extremis and Education.* Princeton University Press, 2016, pp. 10–11.
37 Ibid., pp. 163–165.

面が厳と存在していると指摘する[†38]。

もう1つイスラム過激主義者によるテロリズムを支える際立った特徴は、最終的な世界の終わりが教義で裏付けられている点である。それは、実はイスラム教に限ったものではなく、池内が指摘するセム的一神教(ユダヤ教、キリスト教、イスラム教)に共通した「終末」の観念である[†39]。その終末論によると、人類は必ず「破局」を経験し、神の審判を受け、最後に応報に辿り着くというものである。イスラム教では、終末に近づく兆候があり、それは自然災害や人間社会の崩壊(倫理観の衰退や、圧政、戦乱)などである。この混乱の時期には偽救世主である「ダッジャール」が登場するが、最終的には真の救世主「マフディ」の登場で審判と応報に辿り着く。イスラム過激派は、この終末が近づいているとして偽救世主である「ダッジャール」と戦うことになる。池内は、この終末論が、現代事象をつまみ食い(例えばアメリカによる中東での介入をダッジャールとするなど)した陰謀論に繋がりやすい傾向があるとする[†40]。イスラム過激派の中には、この終末が近づいているとして偽救世主である「ダッジャール」との戦いがテロ行為であると考えた事例もある。この終末論は、東南アジアの主要国マレーシアでも幅広く読まれており、マレーシアの全国主要書店「Popular」での2023年9月のベストセラーリストに終末論を説明する書籍が載っているのである[†41]。

38　Ibid., p. 166. この宗教性と白人至上主義についての分析は、アメリカのキリスト教右派運動を分析した成果として Philip S. Gorski and Samuel L. Perry, *The Flag + the Cross: White Christian Nationalism and the Threat to American Democracy,* Oxford University Press, 2022 が詳しい。

39　池内恵『現代アラブ社会思想――終末論とイスラーム主義』講談社現代新書、2002 年、162–166 頁。

40　同上、225–233 頁。

41　Siti Sujinah Sarnap, *Bilakah Munculnya Dajjal.* (ダッジャールの出現はいつか), Selangor, Malaysia: Hijjaz Records Publishing, 2023.

6. おわりに

本論では、まず、テロリズムの定義は、国家によるものと非国家主体によるものの2種類があり、学術的にはそれらを含んだ定義が適切であるが、アメリカにおける同時多発テロ事件以降は政策面では国家に対する非国家主体によるものへ大きくシフトしてきたことを説明した。次に、イスラム過激派によるテロ事件の頻発を受けて宗教とテロリズムの関係についての解明努力がされている点について議論した。イスラム過激派によるテロリズムの分析では、明らかにイスラム教の政治的な特徴が重要な要素となっているが、テロリスト達のイデオロギーの傾向を解明していくと、その傾向はイスラム教とは全く別のナチズムや白人至上主義という、特に一神教の解釈をもとにした右派過激運動に似通っているようである。その意味では、テロリズム研究にとっては宗教的な世界観の分析が必要であるばかりか、ロワやワッツが示唆するように、過激主義の発生のメカニズムについての研究も必要になっていると言える。

最後に、テロリズムの効果のうち、その政治的な目標を達成できるのか、という議論について付言しておく。その結論は、時と場合による、というのが一番的確のようである。イングリッシュは、歴史的なテロリズムの系譜を追い、その達成度について詳細に議論しているが、政治的な目標の達成度については政治状況、リーダーの判断などテロリズムが起こる社会状況によって変化するため、テロリズム共通の政治目標達成度について回答を導く出すことは難しいとする。ただ、「ほぼ確実に、テロリズムキャンペーンの歴史的な実際の証拠から明確に言えるのは、テロリズムの暴力により深刻な苦痛を人々に与えること」だとイングリッシュは続ける†42。

その意味では、テロリズムというのは、戦争に使われる武

---

42 Richard English, *Does Terrorism Work? A History.* Oxford University Press,

器とその武器を使う戦略とを合わせたものであり、テロリズムを活用するかしないかは計画立案者の判断により変化するものと言えるだろう。とすると、テロリズム対策という政策のレヴェルにおいては、テロリズムという現象そのものを定義することよりも、テロリズムの「中身」、例えば組織的な意思決定関係、資金源、爆弾など武器に使われる資源調達などを詳細に調べ対策を立てることが重要になる。さらに、前述のように、テロリズムを過激主義という枠内で分析するとなると、過激主義が発生する社会背景の考察も必要になる。第一次世界大戦と第二次世界大戦の間に当時のグローバリゼーションに抵抗した左翼と右翼運動の分析をしたタラ・ザハラは、当時急速に拡大したグローバル経済の流れに立ち遅れた大衆が普通選挙に参加するようになり、自国中心主義に流れ、時には過激派が登場したとする†43。ザハラのように研究の焦点をグローバル・ヒストリーまで拡大するとテロリズムの研究から離れる危険性は十分に理解しているが、ラパポートが主張するテロリズムの「波」という考え方のように、テロリズムの社会背景を理解することは有用である。フクヤマが主張するように、グローバリズムの時代にアイデンティティーが先鋭化する現象も現代の過激化に寄与しているかもしれない。

2016, p. 265.

43　Tara Zahra, *Against the World: Anti-Globalism and Mass Politics Between the World Wars*, Norton, 2023, pp. XXVII–XXIX.

第6章

武装集団
——なぜ現代世界にとって脅威なのか

望月克哉

1. はじめに

本章の目的は、現代世界における安全保障、とりわけ国家のそれを脅かす存在の1つである武装集団について考察することである。歴史的にみれば、国家の存在とそれら相互間の関係が堅固なものとなるまでは、軍事力を行使する存在としての武装集団の影響力は極めて大きかった。たとえば近代の中国大陸において脆弱な中央政府を脅かした軍閥とその組織は、大陸進出を図っていた列強にとっても脅威であった。しかしながら、欧州における西欧国家体系のように、主権国家中心の仕組みが立ち上がると、正規軍以外の武装集団は非合法化され、治安・警察機関による掃討の対象ともなった。その一例は英国の北アイルランドにおける少数派カソリックによる多数派プロテスタントへの組織的な抵抗である。抵抗運動の過程で、いわゆるアイルランド共和国軍(IRA)などの武装集団が生まれてきたが、それらは「テロ組織」、すなわち人びとを恐怖させ、社会秩序を撹乱する存在というレッテルを貼られることになった。国家と肩を並べ、ときには凌駕する存在であった時代からすると、現代世界における武装集団は大きく様相を変えたと見るべきであろう。

以下の考察で起点となるのは、現代世界における武装集団とはいかなる存在か、という問いである。それは本章のサブタイトルにも掲げた、なぜ現代世界にとって脅威なのか、という疑問にも連なるものになる。この用語で表現される集団や組織の様相はきわめて多様であり、1つのカテゴリーとして捉えることは難しい。そこで武装集団の原動力となるリソース(ヒト、モノ、カネ)に注目し、それぞれをめぐる事例を提示することにより、現代世界における武装集団の理解を試みる。活動を例示しながら考察を進めるが、取り上げる事例は中東・アフリカを中心に選ぶことにする。筆者のフィールドである西アフリカ、とくにナイジェリア連邦共和国の石油産出地域(通称「ナイジャー・デルタ」†1)で勃興した武装集団とその活動を紹介することにしたい。

2. 武装集団の様相

(1)捉えがたい存在

武装集団を考察する上で厄介なのは、それが「見えづらい」存在であるということであろう。この見えづらさは、とりわけ民主主義国家やその社会で、暴力を手段とする集団に対する認識や態度がきわめて否定的であることに加えて、当該集

1　ナイジェリアの石油産出地域(通称ナイジャー・デルタ)で頻発してきた事案は、その典型とも言える。地域の名称が示すとおり、西アフリカの代表的な国際河川であるニジェール河(ナイジェリアでは公用語でもある英語の発音から「ナイジャー」と称されている)の河口デルタとその周辺地域を指す名称である。地味が悪く、農業に適さないことから、人口大国として知られる同国の中では人口密度も高くない。

団がその正体を偽ったり隠したりすることに起因している。ひとたび国家権力によって非合法化されると、武器や装備品の調達や構成員のリクルートはもちろん、言論活動や資金集めすら表立っては行えず、社会の眼を憚り、潜伏せざるを得なくなる。他方で武装集団がその存在をアピールし、活動し続けるためには、しばしば実力を誇張し、実体を大きく見せることも必要になる。いずれにしても、その様相を捉えるのが困難なこと自体が、武装集団の1つの特徴なのである。

このように「見えづらい」存在である武装集団の活動を把握するには、当然のことながら少なからぬ困難が伴う。公権力の下にある治安機関であれば、武装集団に対する内偵や通信傍受といった手段をとることも可能であろうし、構成員を拘束・拘禁して言質をとることができるかもしれない。しかし、武装集団をウォッチしようとする者にできるのは、断片的な二次情報を収集し、それらを解釈することに尽きる。多くは公開情報や報道記事からピースを拾い集めて、それらを組み上げる作業をするのだが、そこから描き出される武装集団の姿はウォッチャー次第ということになる。そのため武装集団の存在やその活動が、過大に描かれることもあれば、不当に過小なものとして片付けられてしまうおそれもある。

以上の点に加えて、武装集団とメディアの関係にも注意しておかなければならない。銃撃や爆破といった武力行使や破壊活動、いわゆる「テロ」が遂行された後、新聞などのマス・メディアに「犯行声明」が寄せられるケースは少なくない。もとより活動の成果の誇示が目的であり、同時にそれは武装集団の存在のアピール、情報宣伝活動ともなり、ひいては活動資金の調達にも結びついている。通信手段としてのインターネットの発達が、それらに迅速性と拡散性を与えたことは疑いない。それゆえにメディアの利用に長けた集団ほど、自らの存在や成果を大きくアピールできることになる。

その裏返しとして、「見えやすい」側面を伝えざるを得ないという報道機関側の問題もある。武力行使や破壊活動といった事案について、とくに速報性を売りにしているメディアほど報道を急ぎ、武装集団自体により発信された情報であっても伝えてしまいかねない。それはまたメディアの報道やインターネット情報に依存するウォッチャーが囚われやすい陥穽でもある。武装集団が「見えづらい」存在であり、そこから発信される情報には歪曲や誇張もあり、当該集団にとって都合の悪い事実がしばしば隠蔽されることもふまえておく必要がある。

(2) 不明確な意図

人間社会で、なんらかの意図をもって結集した社会集団や、特定の主義･主張をもつ社会組織が、自らの利害を実現しようとする時、いかなる手段が採られるのであろうか。民主主義社会において、こうした集団や組織は、まず言論により人びとの関心を喚起し、自らの存在を宣伝し、その主張や運動への支持を得ようとする。こうした社会集団は利益集団と称することもでき、メディアも活用することはよく知られている。なんらかの政治的意図を実現しようとすれば、党派や政党を結成して公論に訴えることになる。さらに自派･自党の綱領やマニフェストを公表することにより、その主義･主張を明らかにして公衆に働きかけるであろう。もちろん具体的な政策実現のために、公職を得るべく選挙に参加することもある。いずれにしても規範とルールに則って、社会に暮らす人びとの支持を獲得することが目的である。

上述したように平和的手段に依拠して活動する社会集団が大多数であるのに対し、少数ながらも過激な手段に訴えるものはある。特定の思想や信条を掲げて活動している集団が過激化、カルト化[†2]するというケースはよく知られている。日

2　ブリタニカ国際大百科事典によれば、カルトとは「祭儀、儀式、崇拝を意味することばが転じて、特定の人物・事物を熱狂的に崇拝、礼賛すること。また、そうした行動をとる集団や教団をさす」とされている。

本でも第二次世界大戦後の社会変動の過程で生まれた左派集団の中に、極端な路線をとる「極左」が現れ、国家権力に対する武装闘争を標榜して破壊活動に奔った。一例が「赤軍派」とも称された集団であり、政府転覆を掲げて武装路線をとっただけではなく、国外逃亡のために航空機の乗っ取り(「よど号事件」)を遂行し、さらに中東諸国を中心に「日本赤軍」を名乗って数々のテロ事件を起こしている。

宗教団体やその信者というのは平和的な存在と考えられがちだが、反目·対立する存在があらわれるや豹変するものもある。日本社会を震撼させた首都東京でのテロ(「地下鉄サリン事件」)を引き起こしたオウム真理教は、宗教団体として登録され、布教活動を行っていた。しかし、「教祖」とこれに追随した指導部により極端な路線を歩むようになり、公安の監視下に置かれる存在となった。当該集団の指導者や構成員は、何らかの意図や組織目標をもって活動していると考えるべきである。同列に考えることはできないが、武装闘争を遂行するイスラーム組織、いわゆる「イスラーム過激派」の活動の方向性には類似点も見出せる。やや単純に解釈するならば、世俗的な主義·主張を超えた、絶対的な教義に基づいて、これに背く態度や行動をとる存在に対抗しようとする姿勢である。それが異なる宗教や宗派を信奉する集団、あるいは欧米諸国のような国家となれば、「聖戦」といったものまでが標榜されることになる。

上述した集団の中には、その存在を誇示するために極端な路線を標榜し、過激な活動を遂行したものも少なくない。武装化もその一手段であり、国家をはじめとする権力への対抗はレトリックとも受け取ることができる。とはいえ、武力行使やテロといった活動を遂行した集団といえども、その意図を顕示するものは多くない。実力行使がなされた後、とくに成功裏に遂行された場合、事後的に声明されるのがほとんどだからである。世界各地で多様な活動を展開している武装集団について、その活動の意図や目的を検証することは、きわめて難しいと言わざるを得ない。

(3)緩やかな集合体

本章で注目している武装集団について、あえて「武装組織」という表現を用いていないのは、組織化の度合いが低く、凝集力を欠くからである。武力を行使する集団として、前方展開に不可欠な指揮・命令系統こそ有しているものの、後方支援を含めて機能的に分化しているわけではない。そもそも師団、大隊から部隊、小隊に至る垂直的な組織系統は、歴史的に生み出された軍事組織において整備される仕組みであり、それゆえ継続的に戦闘を継続することも可能になる。これに対して、人員規模が大きい武装集団であっても、その多くは強い指揮官の下にフラットな形態で兵員が従軍しているため、短期的な作戦には向いているが、長期にわたり戦闘を遂行することは困難である。強力なリーダーシップの存在を前提に、緩やかな関係で成り立っている武装集団は、継続的な活動には不向きであるものが多い。活動として「テロ」が中心になるゆえんである。

組織としての緩やかさの一因として、構成員の間に凝集力が欠如していることがある。さまざまな原因が考えられるものの、とくに兵員の信念や、動員にあたっての経緯が作用している。典型的なのが、自発的に戦闘に参加する「義勇兵」であり、必ずしも武装集団に忠誠心を抱いているわけではない。たとえば1979年のソ連によるアフガニスタン侵攻に際して、ムスリム同胞を“無神論者”の共産主義政権から救うために集結した「アフガン戦士」あるいはムジャーヒド(聖戦士)たちは、いわば「アラブの大義」のために戦ったとされ、ソ連の撤退後は次々に同国を離れていった。

ひとたび戦闘が終結して和平に向かうとしても、その指導者たちが引退するわけでもなければ、武装集団を離れて一般社会に戻ってゆく兵員が多いわけでもない。それどころか武装集団の構成員たちは新たな活動の場を求めて、別の土地へと散ってゆく。既存の集団に加わる者もあれば、新たに集団を組織する者もある。「戦士」としての意識がそうさせるのかもしれないが、後述するように、一般社会に戻ることができない者が少なくない。アフガニスタンでムジャーヒドとして闘ったオサマ・ビンラディンは、その後、中東・アフリカの国々を渡り歩き、さまざまな「テロ」に関与したことはよく知られている。出身国であるサウディアラビアに戻ることもあったようだが、その目的は活動資金の調達や同国駐留のアメリカ軍に関する情報収集であり、あまたいる兄弟はじめ一族と表立って接触することもなかった[†3]。

上述してきたヒトの動きは、なぜ生じるのだろうか。関与した戦闘や武力行使の性格にもよるものながら、たとえばオサマ・ビンラディンのようなムジャーヒドたち(ムジャーヒディーン)が招請されるとすれば、それは戦闘員を求めている組織や集団があるからと理解するのが自然であろう。受け皿があることでヒトの移動が生じているわけだが、そこには何か別の要素も作用している。「アラブの大義」といった信念以外に、武装集団を連帯させる要因を考えてみる必要がある。

3. 武装集団の人的リソース

(1)リーダーシップとネットワーキング

武装集団を象徴しているのは、しばしばその指導者たちである。組織として見えづらく、しかも緩やかな集合体とイメージされているだけに、なおさらリーダーシップが際立ってくる。カリスマ的な指導者の存在に注目が集まるのも、その1つのあらわれであろう。とはいえ、武装闘争に関わる活動家や武装集団の構成員が、リーダーシップに応じて組織を移ってゆくわけではあるまい。むしろ活動や闘争に要する資金や武器

3　保坂修司『正体――オサマ・ビンラディンの半生と聖戦』朝日新聞社、2001年、とくに第2章「聖戦士誕生」および第3章「聖地のアメリカ軍」を参照。

といったリソースを集めることに長けたリーダーの下に、ヒトも集まってゆくと考えるべきである。武装集団のような運動体の常として、指導者や構成員には入れ替わりが生じ、人員次第で運動の路線も変わる。強力なリーダーシップの下に多くの人員が集結して、強硬路線が主流になるときもあるが、それが継続するとは限らない。

集団や組織どうしの連帯に、指導者間のつながりが作用するとして、こうした関係性を生むものは何であろうか。一例として、20世紀の前半に現在のエジプトで発祥したムスリム同胞団がある。広く中東地域で宗教運動、社会運動を展開してきたが、とくにシリアでは政権党と対立して武装闘争を行ったことでも知られている。イスラーム教スンナ派のつながりを基盤とし、イスラーム国家の建設という理念を共有してはいるものの、活動路線としては穏健なものもあれば、過激なものもある。パレスチナで活動するハマスもまたムスリム同胞団につらなる組織と言えるが、その活動にもまた過激と穏健の両面があり、対イスラエルの姿勢については前者の傾向が強い。戦闘と民政いずれのリーダーシップが優越するかが、そのカギとなる。

上述した指導者どうしの関係性をネットワークと呼べるのかと言えば、これには留保が必要であろう。たしかに共通の理念を基盤とした人的なつながりは有しているものの、それが恒常的なものとは限らないからである。武装集団のリーダーやパトロンたちの間でネットワーキング(ネットワーク化のいとなみ)が行われている可能性はあるものの、これがネットワークとして機能しているとは限らない。むしろネットワーキングが集団どうしの系統化を促し、さらに系統的に新集団を組織するためのメカニズムとして働いていると見ることもできる。

こうした観点からアフリカ諸国で活動する武装集団が語られるとき、系統性という面が強調される傾向がある。メディアで報じられることが多いアフリカの「テロ組織」あるいはテロリスト集団として、サヘル地帯とも称されているサハラ砂漠南縁部の国々で「アル・カーイダ系」を自称する武装集団がある。マリやニジェール、さらにブルキナファソでも活動しており、外国人が集まる都市部や、警備が手薄な国境地帯などで襲撃事件や誘拐事件を遂行しては「犯行声明」を発信してきた。同様の事件は「イスラム国(ISIS)系」を自称する武装集団によっても引き起こされており、これら両系統の集団間には反目・対立も生じている。

武装集団の系統化は、出自集団を基盤として形成される集団や組織においても目立つ。たとえば西アフリカの沿海部に位置するナイジェリアでは、同国南東部の石油産出地域(「ナイジャー・デルタ」)であまたの武装集団が跋扈してきた。これらの集団の中には、部族や民族などの出自集団を基盤に組織されたものも少なくない。とくに出身グループによる指導者どうしの人的なつながりが語られているものの、それによって集団相互の連帯が強くなっているわけではない。むしろ資金や人員といったリソースの争奪が生じており、それを契機とした集団や組織の分化・分裂も見られる[†4]。

(2)若年層の取り込み

発展途上国や紛争下の社会で、武装集団との関係という観点から注目すべきなのは、社会的に脆弱な立場にある人びとである。女性や子ども、あるいは老人といった脆弱層には、成人男性に比べて大きなしわ寄せが及んでいる。民兵組織をはじめとする武装集団が支配地域で住民の動員を始めると、脆弱層も例外扱いされないばかりでなく、深刻なハラスメントの対象ともなる。国際社会では子ども兵士の存在が問題視されてきたが、同様の影響を被っている点では女性たちも例外ではない。とりわけ中央政府が弱体化している国家では、そ

4 室井義雄『石油資源の呪い――ナイジェリア政治経済史』東京図書出版、2023年。同書はナイジャー・デルタにおける武装集団の系譜について論じており、とくに第I部のIIで詳細に説明されている。

の庇護が及ばぬばかりか、人びとの権利に対する侵害が深刻化している[†5]。

ナイジェリア南東部の石油産出地域(「ナイジャー・デルタ」)はその典型とも言える。地域の名称が示すとおり、西アフリカの代表的な国際河川であるニジェール河(ナイジェリアでは公用語でもある英語の発音から「ナイジャー」と称されている)の河口デルタとその周辺地域を指す名称である。地味が悪く、農業に適さないことから、人口大国として知られる同国の中では人口密度も高くない。そうした地域に所在するエネルギー関連施設は、いわば「租界」であり、市街地から離れているだけではなく、地域住民のコミュニティからも隔絶されている。

石油産出地域では、油井やその周辺はもちろん、いわゆるパイプラインなどの油送施設を含めて、原油の漏出による土壌汚染や水質汚濁、石油随伴ガスの焼却に伴う大気汚染など環境問題を引き起こしてきた。こうした環境汚染により地域住民は農耕や漁撈にダメージを被ってきたものの、長く声を上げられなかった。ようやく地球環境への関心の高まりの中で、問題の深刻さが認識されるようになり、石油企業に対して生存環境の回復と補償を求める動きも拡がった。

いわゆる権利要求運動の拡大とその過激化の背景には、この運動の影響を被る住民の構成とともに、その意識の変化があった。石油産出地域のコミュニティは、石油企業が操業を開始する段階で、一定の「補償」を受け取っている。当該の土地に対する伝統的な権利・権益を有するコミュニティに対して支払われた金銭や便益は、そこに居住する人びとに提供されたはずである。しかし、住民の世代交代が進む中、若年層がそうした「恩恵」に与ることは稀であり、コミュニティの若い世代ほど不満を募らせてゆくことになった。

石油をはじめとするエネルギー生産は、いわゆる装置産業

5　落合雄彦編著『アフリカの紛争解決と平和構築——シエラレオネの経験』昭和堂、2011年、とくに若者と暴力については第10章で興味深い報告がなされている。

であり、事業規模に対する要員の数は限られている。生産現場で働くのは一定の経験と知識を有する従業員であり、プラント建設時の土木作業員などを除けば、未熟練な労働者が長期にわたって雇用されることは少ない。地元コミュニティには雇用に対する期待が大きいものの、それが満たされることは稀であった。これに不満を抱く若年層が、石油企業に対する批判を強めてゆくことになる。

ナイジャー・デルタの権利要求運動の組織と担い手には、「青年組織」ないし「若者集団」としての一面がある。上述した不満を抱く若年層が運動に参加し、組織のメンバーとして吸収されていることが、その一因である。ただし、ここで言う「青年」や「若者」には、その本来の意味とは異なる様相がある。辞書的には十代半ばから二十代ぐらいの男女なのだが、「青年組織」や「若者集団」を構成する者の中には三十代、さらには四十代の年嵩のメンバーが少なくない。また男性主体で、女性の数がきわめて少ないことも特筆に値する。こうした構成員の特徴もまた、活動やその集団の性格を左右している。

初期における石油企業に対する行動は、コミュニティの指導者たちによる交渉を前提として、要求が満たされない場合に生産施設に対するデモンストレーションを行うといったものであった。なかには女性主体で、母親を中心とするグループが子息の雇用を求めてアピールを行うというものすらあった。これに対して、男性の「青年」や「若者」主体の運動は示威的かつ攻撃的になる傾向があり、石油関連施設の破壊、要員の誘拐・拉致といった行動も増えていった。こうしたエスカレーションの中で、運動が暴力化し、組織も武装集団化したのである。

(3) DDRの難しさ

紛争後社会の平和構築、とくに国連の平和維持活動(PKO)のプロセスで培われてきたDDR(武装解除、動員解除、社会再統合)は、民兵組織や武装集団をめぐる取り組みにおいても不可欠な方策となっている。世紀転換期を経て、DDRは単に紛争解決のツールではなく、長期的な平和構築のフレームワークに組み込まれるプロセスと認識されるようになった。ナイジェリアでも石油産出地域(ナイジャー・デルタ)で活動する武装集団への対処策として、このプロセスが導入された。2009年、同国連邦政府が「アムネスティ計画」と銘打って、憲法に謳われた大統領権限である特別恩赦を援用して、この地域で活動する武装集団に対するDDRを実施したのである。

武装解除の目的は、小型武器をはじめとする兵器や装備品を回収することで、紛争や武力行使の再発を防止することである。民兵組織や武装集団の場合、それらの戦闘能力を奪う上で効果的な取り組みではあるが、構成員の人数と武器の数量に不均衡があることも少なくない。放棄される武器の質の問題に加えて、これを持参しない「幽霊」兵士が投降するケースもあり、戦闘員の見きわめはきわめて難しい。動員解除も並行して行われることが多いものの、金銭的見返りや身分保証がなければ、これに応じない戦闘員は少なくない。ナイジェリアの「アムネスティ計画」では、この点で手厚い補償が用意され、職業訓練を行う者には日当はもちろん住居費も支払われた。その結果、動員解除は女性戦闘員を含めて3万人の規模に達した。

これに対して社会再統合の方は、この言葉が与える印象よりもはるかに困難である。アフリカの農村社会の保守性は改めて論じるまでもないが、都市社会においてすら武装集団の構成員への許容度が高いとは言えない。ポスト・アパルトヘイトの南アフリカや内戦後のルワンダで、「虐殺」に加担した人びとが現地社会から受けたペナルティはよく知られている。仮に真実和解のプロセスを経たとしても、人びとの心に怨恨は残り、「虐殺者」の烙印は容易に消えない。雇用はもとより、コミュニケーションすら拒まれ、事実上、社会的に排除されて、提供されたシェルターで過ごさざるを得ない者たちは多い。社会的制裁に耐えられず、自らに残された唯一の生存手段である暴力に再び依拠する武装集団のメンバーは少なくない。

たとえてみれば、現地社会の側からの「プッシュ」要因があることに加えて、当該武装集団やその後継集団が存続している場合、それらからの「プル」要因が働くこともある。ナイジェリアのコミュニティ・レベルの紛争では、小型武器が使用され、ときに深刻な事案も発生した。政府や民間組織による紛争解決の取り組みの中で、武装集団を脱退したメンバーの社会への再統合が図られてきた。しかし、民間組織のスタッフとなった元メンバーに対して、これを引き戻そうとする武装集団の誘いは執拗に繰り返された。結果的に、誘いを断った元メンバーが殺害されるという事案に発展し、それは民間組織そのもののダメージともなった。

4. リソースの源泉と調達

(1)武力行使のターゲット

石油や天然ガスなどエネルギー関連施設に対する武装集団の「襲撃」は枚挙にいとまがない。エネルギー資源の産出・加工・積出の拠点が、内陸であれ洋上であれ、所在国の警察・治安組織の管轄から離れた地域にあることが多く、その警備は概ね民間に委ねられている。もちろん警備員が武装していることもあり、民間軍事会社に委託されているケースもあるが、破壊活動を目的とする武装集団のターゲットにされることが少なくない。

日本人社会との関わりで記憶に新しいところでは、2013年にアルジェリア南部の天然ガス関連施設の建設現場を武装集団が襲撃し、プラント建設に従事していた日本人17名を含む多数の要員を人質にとって立てこもった事案がある。隣国モーリタニアの通信社にアル・カーイダ系の武装組織から犯行声明が届き、やはり隣国であるマリの紛争に介入したフランス軍に便宜を供与したアルジェリア政府への「報復」とされた[†6]。

6　時事ドットコムニュース、日本人、海外受難簿 3「アルジェリア人質事件」

上述の事案における武力行使の構図は、サハラ砂漠周辺の、いわゆるサヘル地域を中心に活動してきた武装集団による、関係国政府に対する示威行動でもあった。活動地域を管轄する政府との緊張関係が生じる中、武装集団が実力を行使するのには幾つかの事情が考えられる。まずは組織としての存在を誇示することに他ならず、同時にパトロンや支援者に対するアピールにもなる。次に、武装集団として訓練キャンプで培った実力を試す機会として、実践の場を求めることである。そのプロセスで、「犯行声明」という形でメディアが利用されたことにも注目しておきたい。

ナイジャー・デルタでも、上述した世界のトレンドに共鳴する動きが生じていた。この地域に所在するエネルギー関連施設は、いわば「租界」であり、市街地から離れているだけではなく、地域住民のコミュニティからも隔絶されている。とくに目立ったのは、環境問題で世界的に批判を浴びてきたロイヤル・ダッチ・シェル社により石油の探鉱・開発・生産が行われてきた地域であった。そこにコミュニティの声を代弁するリーダーがあらわれて、権利要求運動を組織するようになっていたからである。なかでも注目されたのがオゴニ民族生存運動（Movement for the Survival of the Ogoni People: MOSOP）と称される組織と、そのリーダーであったケヌレ・B・サロ=ウィワ（Kenule B. Saro-Wiwa）で、非暴力の抵抗運動を標榜し、地域住民の権利と要求をメディアも活用して国内外へアピールした。

サロ=ウィワとMOSOPが展開した権利要求運動が注目されたことで、これに追随する動きがナイジャー・デルタで活発化した。運動が拡がるにしたがい要求内容がエスカレートしたのみならず、運動そのものが過激化していった。そのターゲットも、当初はもっぱら汚染・汚濁の元凶とされた石油企業であったが、しだいに環境破壊を放置した地方政府、さら

---

https://www.jiji.com/jc/v2?id=sufferings_03 （2023年12月8日閲覧）

には中央政府にも批判が向けられてゆく。その結果、警察や治安組織、さらには国軍も介入することになり、運動を遂行する組織も武装化していった。

(2)資金調達

武装集団の活動資金源の特定は、きわめて困難である。想定されるもので最も単純な説明は、当該集団にパトロンがおり、何らかの意図をもって活動資金を提供するというケースであろう。活動目的に共感する個人や団体の場合もあれば、また国家の指導者や政府が資金提供を行うことも考えられよう。後者について米国政府は、「テロリスト」と認定した個人や集団について、これを「テロ支援国家」と称している。個人としては、資産家の家系に生まれたオサマ・ビンラディンが、たとえばアフガニスタンの反政府勢力であったタリバーンに対して資金提供を行っていたことがよく知られている。

1999年に民政移管を行ったナイジェリアでは、複数政党制の下で選挙戦を争うことになった政治家の存在が際立っていた。とくに地方政府の中でも財政規模が大きく、行政権限も大きい州(state)のトップに立つ知事の中に、私設の警備集団を組織する者が現れた。こうした政治家が、本来とは異なる「治安維持」や「警察」活動を名目とした警備集団に資金を援助するとともに、これを武装化していたことも知られている。とはいえ、実際の活動は政敵の排除といったものであり、政治暴力の主体であったことは間違いない。

武装集団が何らかの意図から誘拐、拉致といった行為にはしることは少なくない。そうして拘束した人物を解放する条件として、高額の身代金を要求するという事案もしばしば報じられてきた。日本人社会との関わりでよく知られたものでは、フィリピンの首都近郊でビジネスマンが正体不明の武装集団によって誘拐されたケース、「三井物産マニラ支店長誘拐事件」があった。拘束は長期にわたり、解放のため相当額の身代金(一説には1,000万米ドル)を支払ったことが報道された。犯行は同国で活動する極左ゲリラ組織によるものとされ、日本赤軍の関与も取り沙汰されていた[†7]。

ナイジェリアの石油産出地域(ナイジャー・デルタ)では、従来から石油開発企業の従業員や、関連企業の労働者が拉致されるケースが頻発していた。当初は同地域での石油開発に不満を抱く住民たちによる偶発的な事案も少なくなかったが、しだいに組織的な誘拐、拉致が目立つようになり、そこに武装集団も関与するようになっていった。言うまでもなく目的は身代金であるが、企業を脅迫するにとどまらず、地域の警察活動に責任を有する地方政府も牽制した。ナイジェリア連邦政府は国軍部隊を動員して制圧に乗り出したものの、成果は上げられなかった。

(3)武器流入

冷戦の終焉後、アフリカ各地で地域紛争が勃発すると、それ以前に比べて大陸内での武器や関連装備の流通量が増大した。紛争当事国の正規軍が武装を強化したことが一因ながら、紛争に関与する民兵組織や武装集団もまた盛んに武器の調達を行ったからである。いわゆる武器商人やブローカーの存在は噂されてきたものの、そうした取引の実態は定かではない。むしろ第三国からの軍事顧問や傭兵、さらに請け負いの民間軍事会社が仲介したと考えるのが自然であろう。こうした状況がもたらしたのは、とくに小銃やライフルなど小型武器の都市社会への流入であった。まず武装化したのは犯罪者とその集団で、アフリカの国や地域を問わず武装強盗という存在が珍しいものではなくなった。しだいに武器の性能も向上し、洗練された装備品も手にするようになった犯罪集団は、警察をも凌駕するようになった。たとえばナイジェリアでも首都

7　時事ドットコムニュース、日本人、海外受難簿 19「三井物産マニラ支店長誘拐事件」https://www.jiji.com/jc/v2?id=sufferings_19 （2023 年 12 月 8 日閲覧）

をはじめ主要都市に重装備の警察部隊を配置して、犯罪集団に対抗せざるを得なくなっていた。

同国では民政移管後、地方政府の首長の中に私兵組織を抱える者もあらわれた。潤沢な資金により、高性能の武器に加え、装甲車両や高速艇なども備えた武装集団が登場し、平時であれば国軍部隊にも対抗できる装備と実力を示すようになっていた。その後、石油産出地域(ナイジャー・デルタ)に勃興した武装集団の中には、こうした私兵組織の流れを汲むものもある。ナイジェリア国内で流通する武器類について、連邦政府を含めて公開されている情報は得られていない。新聞報道や、研究者のまとめた論考により、小型武器の種類や生産国は窺い知ることができる。なかでもジュネーヴに所在する国際・開発研究大学院(Graduate Institute of International and Development Studies)のプロジェクト(Small Arms Survey)が発信する情報や資料によれば、ナイジェリアにおいて民間人が保有する小型武器の数は600万丁をはるかに超えており、世界でも高い水準にある[†8]。機種としては、途上国を含めて圧倒的に流通しているソ連(ロシア)製を筆頭に、ヨーロッパ諸国の製造品が多数を占めている。

上述のプロジェクトを含めて、武器の保有や賦存の議論においては、犯罪集団から押収されたものや、DDRに伴う武装解除で放棄された武器類のデータが淵源となっている。そのほとんどは小型武器であり、型式や製造記録などから流出先を類推せざるを得ない。武装集団による武器調達はもちろんのこと、紛争地域への武器流入をチェックする仕組みが整備されているわけでもない。武器入手の経路や方法を解明することが、上述した資金調達とあわせて、「見えづらい」武装集団を把握するためのカギの1つとなり、その脅威のほどを図ることにもつながる。

---

8 Small Arms Survey Website. https://www.smallarmssurvey.org/ (2023年12月10日閲覧)

5. おわりに

国際関係がまさに主権国家中心であった時代、さらに二度の世界大戦を前後する時期までは、国家安全保障の観点から、脅威の認識はもっぱら敵対する国家に向けられていた。続く米ソ間の冷戦の時期には、武力行使や紛争は東西対立の文脈で対処されることになり、競合する両超大国もさまざまな形で紛争に介入し、両極対立の構図に組み替える行動をとっていた。その結果、本章で論じてきた武装集団のように、潜在していた脅威を見えづらくしていたのである。

冷戦後の国際関係のゆらぎは、地域紛争のような武力行使を誘発したようにも映ったが、見方をかえれば国際関係に脅威をもたらし続けてきた武装集団のような存在が顕在化したに過ぎない。安全保障面で国家権力による抑止が効きづらくなったことに加えて、多極化し、複雑化してきた国際関係において非国家主体が活動するスペースが拡がったことも作用している。そこに脅威をもたらす武装集団のような存在が入り込む余地が生まれ、その活動領域も拡がったと考えるべきであろう。

本章では、メディアを通じてわれわれの目に付きやすく、自分たちが暮らす社会の文脈で容易に解釈できる、国家レベルで活動する武装集団に注目してきた。そこから見えてきたのは、国家中心の安全保障がグリップを弱めつつある中、その間隙を縫って活動のためのリソースを獲得しようとする武装集団の様相である。ヒト、モノ、カネが容易に国境を越えて動く現代世界において武装集団の活動スペースはいよいよ拡大していると見てよいだろう。

国際安全保障における文脈が変化しているとすれば、それは領域保全をはじめとする主権国家の支配がゆらぎ、統治能力が緩んでいることとも無関係ではない。いまや先進国といえども深刻な社会的亀裂を国内に抱えており、さまざまな社会集団の間に反目·対立の契機が生じている。そこに利害が対立する国家はもちろん、国境を越えて武装集団が介入する恐れすら生じてきている。国家間の紛争に見通しが立たない状況が続く中、国際の平和と安全を担うべき国連安全保障理事会の機能不全を目の当たりにして、安全保障の担い手にとって内憂外患の時代が続く予感がしている。

第二部

事例研究

第7章

中国による台湾「統一」はなぜ実現していないのか
——1980年代以降の中国および台湾の動向を中心に

望月敏弘

1.はじめに

中華人民共和国の成立から現在に至るまで、中国共産党は一貫して台湾の「解放」、後にその「統一」を重要な国家目標として提示し追求してきた。しかしながら、中国による台湾「統一」は実現することなく今日に至っている。その背景には、米国の覇権や価値に基づいた対台湾政策があることは自明であろう。台湾はアジア太平洋地域の要衝に位置しており、米国は台湾防衛への関与を継続させてきた。ただし、この大きな外部要因以外に、当事者である中国および台湾の固有の内部事情が深く影響してきたことも考慮の余地があるのではないだろうか。近年、ロシアによるウクライナ軍事侵攻の発生により、「台湾有事」に関する発言が国内外の軍事専門家を中心に活発化している。この議論自体はもちろん必要不可欠なものであるが、一方で、中国や台湾の国内動向への冷静な分析も並行して進められるべきものと思われる。例えば、中国の共産党政権は複雑な国内事情を恒常的に抱えてきた過去の経緯がある。政権党である共産党自身にとって、多くの難題に直面する中で、台湾問題の解決が常に最優先事項となってきたかどうかについては一考を要するからである。

本稿では、主に1980年代から現在に至る時期、すなわち中国の政権が「改革開放」という経済発展を主眼とする近代化方針に舵を切り、台湾の政権が国民党による一党独裁から民主化に転換を始めてから今日までの時期を対象とする。筆者の専門領域は安全保障ではなく地域研究にあり、とくにその視点から中国および台湾の国内動向に着目して、なぜ中国による台湾「統一」が実現していないのかという難問にアプローチする。以下、まず中台関係の歩みを概観したうえで、中国による台湾「統一」を困難にさせてきたと思われる3つの要因——中国共産党による一党支配体制維持の優先度、統治の正統性を支える経済発展の重要性、民主化する台湾に向けた統一戦線工作†1の継続性——について考察を進めてみたい。

2.第二次世界大戦後(1945年)から現在(2024年)までの中台関係

(1)1945年から1970年代までの両岸関係

1945年、日本の敗戦により8年に及んだ日中戦争は終結し、同時に日本による約50年間の台湾への植民地統治は終わった。

1　統一戦線工作とは、中国共産党の統治の強化を目指して、敵対勢力の排除・撲滅や友好的な勢力の拡大を企図した協力工作であり、台湾問題など「国家統合」に直結する分野は最も重要かつ敏感な工作対象になる。諏訪一幸「習近平の統一戦線工作」日本国際フォーラム（JFIR）コメンタリー（2021年10月27日）、2頁。

続く1946年から49年にかけて、蒋介石率いる中国国民党と毛沢東率いる中国共産党という大陸における2つの政治勢力の間で「国共内戦」が起きた。その結果、1949年10月に中国大陸には中華人民共和国が成立し、同年12月に敗北した中華民国政府（以下、国府）は台湾へ遷った。誕生したばかりの共産党政権にとり、台湾「解放」は喫緊の重要課題であった。「建国の父」・毛沢東を始め中国の指導層は台湾の「武力解放」を目指したが、その後、米国が介入する展開となり実現は阻まれた。すなわち、1950年から53年まで続いた朝鮮戦争により、米国は台湾に対する防衛姿勢を明確にしたのである。共産党政権の悲願である「解放」は実質上、棚上げとなった†2。

1954年9月、中国の人民解放軍は国府の実効支配下にある金門島に対して砲撃を行った。翌55年にかけて続いたこの事態が第一次台湾海峡危機である。この後、中国は台湾の「平和解放」を主張し、米国との交渉を進める方針に改めたが、1958年8月、中国軍は金門島への砲撃を開始し、台湾海峡に再び軍事的緊張が高まった。これが第二次台湾海峡危機である。この二度にわたる中台間の危機的状況をへて、中国と台湾の分断線は現在と同様の状態でほぼ固定化することとなった。要するに、米国は中国政府の「台湾解放」および国府の「大陸反攻」をどちらも封じ込めるという二重の抑制を図る対応を選択したのである。こうして、東アジアの冷戦下、中国側の悲願であった「台湾解放」および台湾側が企図していた「大陸反攻」のどちらも行われない状況で事態は推移していった。

一方、国際社会に目を転じると、合法政府の座をめぐる中国政府と国府との間の外交競争における情勢に変化が生じた。

2　本節（1）・（2）については、主に以下の文献４点が非常に有益であった。松田康博「中台における政治・軍事関係」和田春樹ほか編『東アジア近現代通史』第10巻、岩波書店、2011年。福田円「中国と台湾の関係はどうなるのか」加茂具樹編『「大国」としての中国』一藝社、2017年。中村元哉、森川裕貴、関智英、家永真幸『概説　中華圏の戦後史』東京大学出版会、2022年。川上桃子「中台経済リンケージの変容と2024年総統選挙」『東亜』第680号（2024年2月）。

1950年代は国際連合の常任理事国でもあり中華民国が優勢にあったが、1960年代に動向は変化し、1970年代には逆に中華人民共和国が優勢となった。1971年、国連の「中国」代表は国府から中国政府へと交代した。1972年、ニクソン訪中が実現して、「米中上海コミュニケ」が発表されると、日本を含め西側諸国は中華人民共和国を承認して外交関係を樹立していった。同時に、国府はそれらの国々と次々に断交した。

1970年代初頭、国府は国際社会での孤立を深めたが、1975年の蔣介石死去に前後して、その権力を継承した蔣経国は大胆な若返りと現地化(「本土化」)を柱とする斬新な改革を始めた。蔣経国は国民党に批判的な党外勢力への抑圧を堅持しながら、インフラ建設や重化学工業化を重視した経済政策を推進した。1970年代に入り、大陸の中国政府も米中・日中関係の改善など対外的には局面の劇的な転換を図ったが、国内においては文化大革命による混迷が続き、経済は停滞し、近代化政策を軌道に乗せられない苦境に直面していた。しかし、1976年の毛沢東死去により文革派が一掃されたことで、10年に及ぶ文革の混乱状況に終止符が打たれた。

(2)1980年代から現在にいたる両岸関係

1978年12月、党11期3中全会という共産党の重要会議において、鄧小平は政治の主導権を掌握し、ここから数年かけてその指導体制を確立していった。毛沢東時代に決別し、鄧小平は「改革開放」をスローガンに、経済発展を極めて重視する路線に大きく舵を切った。これと軌を一にして、中国政府は台湾に対して従来の「武力解放」から「平和統一」に重きを置く新たな方針を提起した。ただし、武力統一を否定する言及もしなかった。1979年元旦、全国人民代表大会常務委員会は「台湾同胞に告げる書」を発出し、海峡両岸の交流拡大を呼びかけた。1981年には、統一が実現した場合に、台湾が特別行政区として高度の自治権をもつ内容の提案もなされた。また、1979年1月、米中国交樹立が実現すると、台湾は米国と断交した。同年3月、米国議会においては「台湾関係法」が成立した。武器売却など米国による台湾への関与は継続することになった。

1980年代に入ると、大陸中国と台湾との経済的･人的な交流が深まる新たな展開が始まった。「改革開放」政策に邁進する中国は貿易や投資の相手を必要としており、すでに経済成長を達成していた台湾は海外への生産拠点の移転を検討していたため、両者の利害は一致し、経済的な相互依存状態が生まれた。当初、蔣経国は相互交流の拡大を禁止していたものの、次第に大陸中国への経済的依存は高まりをみせ、1987年になると、国府は台湾住民による大陸の親族訪問を解禁して、人的な交流も拡大することになった。

1980年代以降、こうして中国の「改革開放」政策を主因として、中国と台湾は経済関係が緊密化していった。一方、政治面では注目すべき新たな胎動が台湾内部で始まっていた。晩年の蔣経国による政権の下、台湾では民主化･政治的自由化が急速に進展したのである。具体的には、1986年に民主進歩党が結成され、1987年には戒厳令が解除された。翌1988年、新聞の発行制限も解除され、台湾の言論･政治活動空間は一気に拡張したのである。1988年に蔣経国が死去すると、「本省人」（1945年以前から台湾に定着していた漢人住民）である李登輝が総統に昇格し、民主化および台湾化がさらに加速することとなった。民主化の進展とともに、台湾の独自性や主体性を強調する本省人の価値観である「台湾アイデンティティ」が政治や社会に色濃く反映されるようになった。

ほぼ同時期の1989年、大陸中国では、学生や市民を中心とした民主化要求運動が軍隊により武力で鎮圧されるという「天安門事件」が発生した。この事件から台湾民衆が受けた衝撃は大きく、中国指導部による台湾への「平和統一」の呼びかけはその効力を減じていった。事件後、中国は西側諸国による経済制裁を受け一時的に国際的な孤立状態に陥ったが、1992年1月から2月にかけて、鄧小平は「南巡講話」を発表して「改革開放」の加速を唱えた。同年10月には「社会主義市場経済」の名のもとに本格的な市場化に乗り出した。要するに、政治は旧態依然のまま、経済を発展させ、国民の生活水準の向上を図ることで、それを統治の正統性の有力な根拠にする方針を固めたのである。

さて、李登輝は台湾総統に就任した後、1991年に両岸関係の最高原則として「国家統一綱領」を定め、中国との統合に向かう政治姿勢をみせた。一方で、経済発展や民主化によって高まった台湾社会内部からの国際的地位向上を求める声に応えて、並行して現実外交を積極的に展開するようになった。1995年、李登輝は訪米して母校のコーネル大学で講演を行ったが、共産党政権はそれを独立の動きとして警戒し、同年7月から翌年3月にかけて、中国軍は台湾海峡で大規模な威嚇的軍事演習を実施した。米国が二個空母打撃群を派遣したことから軍事的緊張は高まった。これが第三次台湾海峡危機である。ただし、この軍事威嚇は逆効果となり、1996年3月、台湾初の総統直接選挙において国民党の李登輝が当選した。

2000年に発足した民進党の陳水扁政権は、成立当初には比較的穏健な対中政策を展開したが、次第に独立志向の主張が顕著となった。それに対応して、2005年、中国の胡錦濤政権は「反国家分裂法」を制定して、「平和統一」に重きを置いたまま、対台湾政策を統一の促進から独立の阻止へと調整したのであった。陳水扁政権の下、両岸交流が停滞する中で、胡錦濤政権は台湾野党の国民党との連携を強め、台湾世論に訴える統一戦線工作を積極的に進めた。

この対台湾工作はプラスの効果を生み、2008年、対中関係改善による台湾経済の活性化を主張した国民党の馬英九が総統選挙に勝利した。馬政権の成立により、中国と台湾は対話を回復して経済関係も緊密の度合いを高めた。例えば、大陸からの団体旅行が全面開放され、続く個人旅行の受け入れにより、台湾の観光業には莫大な利益がもたらされた。同時に直行便の定期化もなされ、2010年には、中台間の自由貿易協定にあたる「両岸経済協力枠組協議」(ECFA)が締結された。こうして中国は経済面からの台湾への囲い込みを進めた。しかし、台湾経済の対中依存が急速に進んだことは、台湾社会に警戒感も生じさせた。再選後の馬政権が、2013年に「海峡両岸サービス貿易協定」に調印すると、翌14年3月、台湾の学生は協定の承認を阻むために立法院の議場を一か月近く占拠する行動に出たのであった。これは、過度の対中融和への懸念、対中経済依存への危惧を多くの台湾住民が共有したことを意味した。この後、共産党政権は、台湾の若い世代に注目して、大陸での就学や就労を進める取り組みを始めた。

2016年、民進党の蔡英文政権が誕生した。自由と民主主義の価値を重視する蔡英文総統は中国大陸との関係について「現状維持」の姿勢をとり、2020年には再選を果たした。任期中、蔡英文は中国を刺激する発言を控えて慎重姿勢を保ったが、中国との公式対話は頓挫し実現しなかった。2022年8月、ペロシ米下院議長の訪台への報復として、中国軍が大規模な「特別軍事演習」を実施した。この後、共産党政権は台湾周辺における海空域で軍の活動を活発化させ、習近平自身も「武力行使の不放棄」を強調する姿勢を示している。

2024年1月、総統選挙の結果、中国から「台湾独立派」として強く警戒されてきた民進党の頼清徳が選出された。ここまでの中台関係の歩みを概観すると、その基調は安定したものとは言いがたく、不透明さや流動性に特徴づけられる。「改革開放」以降、中国は台頭し、グローバル大国化した。台湾は「繁栄と自立のディレンマ」、すなわち、中国との関係改善による経済的繁栄と中国からの自立性を両立させるという難題に向き合い続けている†3。

3　松田康博・清水麗編『現代台湾の政治経済と中台関係』晃洋書房、2018年、3頁。

3.中国による台湾「統一」を困難にさせた諸要因について

(1)共産党一党支配体制維持と中国独自の安全保障観の形成

中国共産党は、長期にわたる過酷な革命と戦争を通じて政権を獲得した歴史的経緯があり、常に強い危機感から自身の政権維持に全力を傾けてきた。とりわけ1980年代に本格化した「改革開放」以降の時期になると、この中国共産党自身の政権維持という課題こそが台湾「統一」という重要課題に優先する最重要事項にもなりえたのではないかと考える。とくに現在の習近平政権は新しい独自の安全保障観を過去10年ほど提唱し続けており、国内の安定·治安を極めて重視する傾向が顕著な政権ではないかと思われる。では、中国における共産党の一党支配体制および習近平が提起した独自の安全保障観が相互に関連しつつどのように形成されてきたかについて、その経緯を整理してみたい。

中華人民共和国は建国当初こそ、政治面では民主諸党派を含んだ多元主義的な体制をもっていたが、共産党政権は1957年の反右派闘争によってこれら民主諸党派や知識人を政治の舞台から排除した。ここから共産党による一元的支配、一党支配体制は強化された。なお、ここでは共産党による一党支配について、社会主義·共産主義を唯一の正統イデオロギーとする政治集団による排他的な権力とそのシステムと一応定義してみたい。

反右派闘争に続いて、毛沢東の主導のもとに2つの急進的な政治運動が進められた。毛沢東は「建国の父」であり、社会主義志向の「平等」という価値を重視した政策を行った。1つは1958年から61年にかけて推進された大躍進運動、もう1つは1966年から76年まで実施された文化大革命である。両政治運動ともに膨大な犠牲者を生み、国内は混乱の極みに達したものの、一党支配体制自体は崩壊することなく存続した。

1980年代に入ると、鄧小平により「改革開放」政策が本格的に推進された。これは「豊かさ」という価値に力点をおいた近代化政策であり、毛沢東時代とは異なり、経済に大胆に市場原理が取り入れられていった。経済成長の実績を重ねる一方で、共産党政権は新たに経済発展と一党支配維持のディレンマにも直面するようになった。1989年に発生した「天安門事件」が示すように、対外開放により流入する欧米や日本の文化・思想は党の政治的求心力にマイナスの作用も及ぼした。さらに1990年代から改革開放が加速化すると、高度経済成長の実現と同時に社会の多元化が急速に進み、社会矛盾も先鋭化するようになった。共産党政権は社会矛盾を調整するメカニズムに脆弱さを抱えており、発展とともに増大する国内の脅威に直面する中で危機感を強め、あらゆる領域を安全保障の対象と考えるようになっていった。

また中国を取り巻く国際情勢も、こうした共産党政権の安全保障観に少なからず影響を与えたと思われる。例えば、「天安門事件」以降に発生した、ソ連邦の崩壊、「カラー革命」、「アラブの春」といった一連の歴史的事象から、共産党政権は「和平演変」を警戒するようになった。「和平演変」とは、欧米や日本などの先進国が経済や文化などの非軍事的な力で中国の体制転覆を謀るといった考え方である。この時期、中国共産党は、旧ソ連のゴルバチョフ書記長が推進した「ペレストロイカ」に始まり、ベルリンの壁の崩壊、旧ソ連の解体に至るプロセスを詳細に研究したといわれる。ソ連・東欧の社会主義崩壊に関する分析は体制維持の死活問題であった。次に、欧州を襲った新たな民主化の波である「カラー革命」も共産党は綿密に研究した。それは2003年のジョージアの「バラ革命」、2004年のウクライナの「オレンジ革命」など旧ソ連圏で親米政権を生んだ事象である。さらに、2011年にエジプトなど中東諸国で発生した「アラブの春」で独裁政権が打倒される動きがあった。これは宗派や民族の対立により政治的混迷に帰結したが、中国の共産党政権は国境を越えて政権を揺るがしかねないと警戒感を強めたのであった[†4]。

4 林望『習近平の中国――百年の夢と現実』岩波新書、2017年、131–145頁。

こうした共産党政権の中で共有された危機的な状況認識を前提に、また強いリーダーが待望される政治環境において、習近平政権は発足した。一党支配体制の動揺を防ぐ要請が党内で強まる状況下、習近平政権は独自の新たな安全保障観を形成していった。2014年に習近平総書記が提唱した「総体的国家安全保障観」は国家の安全や国家の核心的利益についての考え方である。これは軍事安全保障を意味する「軍事安全」よりも、主権や領土の保全を意味する「国土安全」よりも、共産党一党支配の堅持を意味する「政治安全」を重視する考え方でもある。換言すれば、現在の習政権は、国家の安全保障について、対外的な脅威から主権・領土・国民を守ること以上に、国内の安全保障をより重要視するようになっている。一党支配体制の中核である共産党にとり、いま政権維持こそが安全保障の中心課題となっているのである。

2014年4月、中国国家安全委員会の第1回会議の席上で、習国家主席は次のような断定的な表現を用いて重要演説を行っている。「憂患意識を強め、治にいて乱を忘れないことがわれわれの党と国家を治める上で常に堅持すべき1つの重大原則である」、「国家の安全は最重要事である」、「総体的国家安全保障観を貫き、実行に移すには外部の安全を重視するだけでなく、内部の安全も重視」しなければならない、といった明確な文言である[†5]。習政権は、中国の主権や領土の保全に優先して共産党の統治を守ろうとしていると考えられる。

2022年10月の第20回党大会報告においても、習総書記は「安全保障」という単語を全体で91回も用いており、かつ、初めて国防と分けて、単独の章で国家安全保障と社会安定を議論している[†6]。報告の第11章において、冒頭部分では、「総体的国

---

5 「堅持総体国家安全観走中国特色国家安全道路」『人民日報』2014年4月16日、第1面。

6 益尾知佐子「中国の国内統治と安全保障戦略」『国際問題』第715号(2023年10月)、42頁。

家安全保障観を揺らぐことなく貫徹」すべきこと、「国家の安全と社会の安定を確保しなければならない」こと、「政治の安全を根本」とすることを明言している。発言の背景には、習指導部の警戒感や強い不安全感の高まりが窺われる†7。続いて、国家安全保障体系の整備を強化する領域として、経済、重要インフラ、金融、サイバー、資源、核、宇宙、海洋などを取り上げ、さらに、安全保障を確保する領域として、食糧、エネルギー、資源、サプライチェーン等を挙げている†8。ここからは、国内外の広範なあらゆるイシューが安全保障戦略の構成要素となっていることが理解できるのである。

習政権下では、「総体的国家安全保障観」に基づく法的整備も並行して進められた。2015年7月には、「国家安全法」が公布され、即日発効となり、2023年7月には、スパイ行動の対象を拡大した「改正反スパイ法」が施行された。同月、陳一新国家安全相は法律雑誌への寄稿の中で、国家安全保障の最優先事項は政治の安全保障であり、その核心は政治体制の安全保障であると指摘し、中国共産党の指導および支配的な地位を守る重要性を強調した†9。

要するに、2014年から現在にかけて、共産党による統治が揺らぐことへの深い警戒感から、習近平政権の下で独自の安全保障観が形成され、共産党政権にとっての最優先事項が何よりも一党支配体制を盤石なものとする点に置かれるようになった事実を確認できると思われる。

(2)経済発展と生活水準向上が支える共産党統治の正統性

共産党政権は、前述したとおり、一党支配体制の維持にトップ・プライオリティを置く明確な政治姿勢を堅持してい

7　加茂具樹「集権を選択する中国政治」『中国年鑑 2023』、2023 年、39 頁。
8　「在中国共産党第二十次全国代表大会上的報告」『人民日報』2022 年 10 月 26 日、第 4 面。
9　『ロイター（Reuters）』2023 年 8 月 1 日。

る。これと同等に、本項において注目すべきと思われるのは、1980年代から「改革開放」政策が推進されて以降、経済建設、経済発展に重点を置く基本方針が貫徹されてきた点である。2020年に新型コロナウィルスが蔓延してから、中国は経済の深刻な低迷状況に直面している。高度経済成長を経験し、生活水準の飛躍的向上により豊かさの価値を享受した国民の多くは経済問題にとりわけ強い関心をもつ。端的に言えば、現在の習近平政権にとり台湾への武力行使という選択肢は、経済的困難をさらに悪化させることで国民の不満を高め、一党支配体制自体を直接的に動揺させる蓋然性が高いのである。

経済発展という課題が中国においてどれほど重要かを再確認する上で、中国共産党のもつ権力の正統性について言及する必要がある。共産党政権には過去の実績による2つの正統性、権力の源泉があると考える。1つは、新中国の建国、すなわち統一と独立の達成という成果である。中国共産党は清末以降、半植民地化、分裂の危機にあった国家を新しい中華人民共和国として再生させた功績を有する。ただし、現在では時代が進む中で共産党の歴史観への相対化も進んでいる。もう1つは、「改革開放」による経済発展、国民の生活水準向上という、現状においてより影響力の大きい実績である。著しい経済発展は中国の国際的地位の向上も達成した。人々の経済水準を引き上げ、民族的な自尊心を高めたことは、共産党に対する国民の信頼感に繋がっている。要するに、共産党の統治の正統性という観点からみると、経済発展は至上命題でもあり、共産党政権は「改革開放」路線自体を容易に放棄することは難しい。したがって、経済発展という課題の重みからも台湾への軍事侵攻については慎重に考慮する必要があると考える。

2012年に習近平政権が発足してから今日まで、反腐敗キャンペーンを始めとして独自の政策が次々と展開され、習個人にも権力が集中してゆく過程で、とりわけ鄧小平の「改革開放」路線からの連続性・非連続性をめぐり議論がなされてきた。以下、1980年代以降から「改革開放」の展開や経済発展の過程を振り返り、この点について簡単な検証を試みたい。

1949年の建国以後、大躍進運動や文化大革命に代表される毛沢東の失政を主因として、毛沢東時代は経済が停滞する状況にあった。1978年12月の共産党11期3中全会を契機に、鄧小平により活動の重点が経済建設に移行して、1980年代から「改革開放」政策が本格的に推進された。「改革」とは、主に経済体制の改革であり、市場メカニズムの導入を意味し、「開放」とは、対外開放による先進諸国の高度技術や豊富な資金の導入を意味していた。当初は思想・文化の開放も進展し、海外の書籍の翻訳や外国映画の上映等、自由化が進められた。農業面での生産責任制の導入、工業面での企業自主権の拡大、経済特区の設置など、経済改革は急速に進展した。一方、経済改革の進展とともに政治改革の要請が浮上する中で生じた権力葛藤の延長線上で、1989年に「天安門事件」が発生した。

「天安門事件」後に発足した江沢民政権から次の胡錦濤政権の時期、主な国家目標は「(経済)発展」に置かれていた。「発展」を至上命題とする国家目標の下で、先進国との関係も良好に保ち、2001年にはWTOに正式加盟している。2000年代から2010年代にかけて、労働集約型の産業から高付加価値の産業へと構造転換することにより、中国は「世界の工場」という地位から経済・軍事面で大国と呼ばれる地位に変化を遂げていった。経済の高度成長を続け、2010年にはGDP世界第二位の経済大国になり、2013年には世界第一位の貿易大国の地位に登りつめるに至った。

ただし、2010年代半ばから、中国経済は安定的な成長段階に入り、ニューノーマル(「新常態」)と呼ばれるようになった。経済成長率には低下傾向がみられ、生産労働人口は減少し、所得格差の拡大も縮小せず、拝金主義、若者の無気力や環境破壊等の現象も注目されるようになってきた。近年では、不動産不況が深刻化し、党による締め付けによりIT企業も活力を減じている。米国による対中半導体輸出規制の動きも加わり、厳しい国内・国外情勢から経済には停滞感が生じている。

その中でも、若者世代の失業問題は深刻さを増し、若年層の失業率は20%を超えている。国家統計局によると、2023年6月の若年層の失業率は21.3%であり、統計がある18年以降の過去最高を更新した。また、2023年8月15日、国家統計局は、都市部の16歳から24歳の失業率について、当面統計の公表を停止すると明らかにした[†10]。コロナ禍の3年間には貿易額も減少しており、当面、中国にとり国内経済の回復は最優先事項の1つと言っても過言ではない。

2022年10月、第20回共産党大会が開催され、習近平総書記が報告を行った。その演説では、「社会主義市場経済改革の堅持」、「ハイレベルの対外開放の堅持」、民営企業の発展支援、民営企業家の権益保護、外資企業の権益保護など、これまでの「改革開放」政策の堅持が強調されており、民間資本を厳しく批判する表現や「共同富裕(共に豊かになる)」を一気に押し進める表現は抑制され盛り込まれていなかった[†11]。

前述した連続性･非連続性の観点に戻ると、ここにきて共産党政権が過去40年余に及ぶ「改革開放」の時代から転換したのか否かについては、筆者にはまだ速断すべき段階ではないと思われる。習指導部は前述したように、国家安全を徹底して求める動きを強めつつ、一方で、従来からの経済発展を重要な政策課題として堅持し続けざるをえないからである。

要するに、現状および近い将来において、共産党政権は、おそらく軍事的コストと同等かそれ以上に経済的コストを考慮して、台湾への軍事侵攻には踏み切りにくいものと思われる。中国は開発主義、開発独裁の道を今後も歩み続けるであろう。2023年12月31日に発表された、習近平の新年に向けた演説では、一部の企業や国民の経済的苦況にも言及しつつ、「改革開放政策の確実な実施」を明言し、経済重視の姿勢を改めて鮮

10 『朝日新聞』2023年8月16日、第5面。
11 田中修「改革開放を当面維持――3期目の経済政策」『中国年鑑2023』、2023年、60頁。

明にしている。†12

(3)民主化に邁進する台湾と共産党の統一戦線工作推進

1980年代、中国国民党による一党支配下の蔣経国政権は従来の政治方針を転換させ、中国との交流の窓口を開放しつつ、台湾における政治的自由化に着手した。蔣経国死去後、総統に就任した本省人エリート・李登輝が民主化の流れを加速し、それは民主進歩党の結党および戒厳令解除に結実した。台湾本土の人々の声が次第に政治に反映される状況が新たに生まれる中、大陸の中国では台湾の世論に大きな衝撃を与えた「天安門事件」等の事象が継続的に発生した。この40年ほどの期間で、台湾は自由で多元主義を基盤とする民主主義社会へと変貌を遂げたが、大陸の中国は対照的に権威主義体制を維持、強化している。大多数の台湾人にとり、「統一」自体への魅力は大きく減退していったが、それに対して、共産党政権は台湾に向け統一戦線工作を継続的に展開して今日に至っている。以下、台湾における民主化の現状を踏まえた上で、中国による統一戦線工作の動向を軸に検討を進めていく。

台湾で初の女性総統となった蔡英文は、2016年から8年間、民主化の進展に大きく貢献した。蔡は台湾に住む多くの人々が共有できる歴史像や台湾人像を提示した。ネイサン・F・バトーは、蔡の「台湾人像は、過去400年ではなく、70年の共通体験を基盤とし、国共内戦後に本土から移住してきた人々を、台湾を植民地化したアウトサイダーではなく、台湾に不可分の存在として位置づけていた。さらに彼女は自身を軍の擁護者と規定した。かつての権威主義体制の基礎をなし、『台湾ナショナリズム』の最大の敵だった軍を台湾の安全と主権の保証人として再定義した」とその功績を高く評価し、蔡の提示したこうした立場がほとんどの台湾民衆の希望と一致してい

12　『人民日報』2024年1月1日、第一面。

ると的確な指摘をしている[†13]。

では、中国の政権側の台湾に対する対応に目を向けてみたい。毛沢東ら第一世代の指導層が台湾の「武力解放」を目指したのに対して、鄧小平は「平和統一、一国二制度」へと大きく舵を切った点が注目される。それは平和方式での台湾問題の解決を前面に掲げつつ、台湾側との交渉を継続させるために武力行使の看板も下ろさない内実があった。1970年代末から、「改革開放」へ移行する中で、中国による「平和統一」方針に基づいた台湾政策がスタートした。同時に統一戦線工作も積極的に展開されることになった。中国は台湾や香港からの投資を求め、台湾は中国本土への生産拠点の移転を望んでおり、主に経済交流を通じて統一戦線工作は進められた。

ただし、共産党政権が1989年の「天安門事件」で学生や市民に武力鎮圧を行ったこと、1996年の第三次台湾海峡危機で台湾に向け軍事的圧力・威嚇で臨んだことは中台間の溝を深める結果となった。とくに後者において、米国は空母戦闘群を台湾海峡に出動させ、中国の武力行使を牽制した。これを境に、台湾の政治大学選挙研究センターの世論調査が明確に示すように、台湾の人々の「台湾アイデンティティ」は急速な高まりをみせ、「統一」を支持する民意は減少していった[†14]。

鄧小平以降の指導者たち、すなわち江沢民、胡錦濤も「平和統一」方針を基本的に堅持し、統一戦線工作を推進した。とりわけ胡錦濤は国民党を中心とする台湾野党に的を絞って交流を進め、経済的な利益誘導による台湾の民意への働きかけを強めた。この効果もあり、2008年の台湾総統選挙では馬英九が勝利して国民党政権が発足した。中台間の経済交流は活性化し、胡錦濤政権は国民党を通じた経済交流を梃にして広範

13　ネイサン・F・バトー「現状維持を望む台湾市民」『フォーリン・アフェアーズ・リポート』2023年2月号、74–75頁。

14　国立政治大学選挙研究中心「台湾民衆台湾人／中国人認同趨勢分布（1992～2023.06）」2023年7月12日発表。なお、台湾民衆のアイデンティティについては、次の文献が示唆に富む。若林正丈「『台湾のあり方』を見つめ続け

な台湾住民を取り込み、台湾を中国との「統一」に向かわせる積極的な対台湾政策を推進した。例えば、台湾マスメディアにおいて、とくに2008年頃より中国の影響力は急速に強まったと言われる。具体的には、台湾の大手食品事業企業で、売り上げの大半を中国市場に依存する旺旺グループが2008年に経営が悪化していた中国時報グループ(『中国時報』・中天テレビ・中国テレビ等)を買収している†15。

胡錦濤後継の党総書記に2012年に就任したのが習近平であり、習近平政権の対台湾政策も前政権から引き継がれたものであった。しかし、2017年の19回党大会前後に、習政権は台湾政策を転換させたようである。2016年の台湾の総統選挙で国民党が敗北し、共産党は国民党との協力によるそれまでの統一政策を放棄している。ここから台湾社会、企業への浸透工作によって統一政策を推進する新たな政策に転じている。

ただし、2019年1月、習近平の武力行使容認発言により台湾社会の対中認識が大きく変化した。2020年の「香港国家安全法」施行に象徴される中国の過酷な香港政策も影響し、民進党の蔡英文政権への支持率が急上昇し、「台湾人意識」の高まりとともに台湾社会の対中認識はさらに悪化した。中国の台湾への統一戦線工作は行き詰まり状況といえるが、習政権は経済交流を通じた台湾社会への浸透を重視し、新たに「融合発展」をキーワードに直接的な働きかけを継続している。具体的には、中国で就学、就業、創業する台湾市民、中国に進出する台湾企業への優遇に加えて、福建省厦門と台湾が統治する金門島といった特定の地域間の「融合発展」である†16。現状では、台湾の野党、社会団体、基層代表、経済団体など、訪中する団体を手厚く迎えている。

てきた世論調査」『交流』第953号(2020年8月)。

15　川上桃子「台湾マスメディアにおける中国の影響力の浸透メカニズム」『日本台湾学会報』第17号(2015年9月)、99頁。

16　福田円「習近平は台湾を『統一』できるのか」川島真・小嶋華津子編『習近平の中国』東京大学出版会、2022年、162–165頁。

なお、継続的な統一戦線工作を支える「平和統一」方針に関しても、政権側は繰り返し言及を続けている。例えば、それは2022年10月の共産党第20回大会での習近平演説であり、この演説の直前、同年8月に発表された『台湾白書』(「台湾問題と新時代の台湾の統一事業」)である。後者の『台湾白書』では、次のような箇所はとくに注視してよいと思われる。「両岸関係の平和発展、融合発展を着実に推進し、祖国統一の過程を粘り強く推進する」、「『平和統一、一国二制度』はわれわれが台湾問題を解決する基本方針であり、国家統一を実現するもっとも良い方式」である†17。

一方で、「平和統一」を基本方針としている共産党政権が、軍備の増強、台湾への本格的戦争への準備を着実に進めている現実も軽視してはならない。その起点として、第三次台湾海峡危機があったことは疑いない。A2/AD戦略(接近阻止・領域拒否)といった態勢づくりも整いつつあり、インド太平洋地域、台湾海峡のパワーバランスの劇的変化が進んでいる。

具体的には、近年、習近平政権は台湾海峡の現状を変え、軍事力を見せつけるために一連の措置をとり始めている。まず、台湾の防空識別圏(ADIZ)への侵入を常態化させた。続いて、2022年8月のナンシー・ペロシ米下院議長(当時)の訪台以後、中国軍と台湾軍の事実上の境界線として機能してきた台湾海峡の中間線を無視するようになった†18。これらに加えて、統合軍事作戦遂行のための高度な軍事演習を含めて、台湾への軍事的威嚇のレベルは高まり続けている。ただし、現状において、中国軍の軍事演習は侵略行為には至っていない。戦争と平和の間の「グレーゾーン」内にとどまっており、時間をかけて台湾軍を弱体化させる対応と思われる。

なお、中国による台湾への軍事侵攻については、国内外の

17　「台湾問題与新時代中国統一事業」『人民日報』2022年8月11日、第5面。
18　デビッド・サックス、イヴァン・カナパシー「台湾海峡で中国を抑止するには」『フォーリン・アフェアーズ・リポート』2023年11月号、54頁。

シンクタンクによるシミュレーションが注目される。代表的な1つとして、2023年1月に公表された米国の戦略国際問題研究所(CSIS)報告が挙げられる。この「台湾有事」シミュレーションでは、24のシナリオが検討され、大半のシナリオで、総合力に優る米軍により中国軍は軍事制圧に失敗する結果となった。台湾にとり最悪のケースは、日米が介入せず台湾が独自で防衛作戦を行う展開で、日本が中立を維持して在日米軍基地が使用できなかった場合には中国の勝利と想定された†19。前述のように、共産党政権は「平和統一」方針を基本的に維持しており、対米戦争を遂行する戦闘力もいまだ不十分との判断から、CSISの分析を現実的なシナリオとはとらえていないものと思われる。

2024年1月、台湾で蔡英文の後継を決める総統選挙が行われ、中国と距離を置く民進党の候補者である頼清徳が当選した。中国の指導部は今後も、「平和統一」を前面に、武力使用も放棄しないとする「改革開放」以降の台湾への姿勢を堅持するであろう。米国の動向に注意を払いつつ、共産党政権はこれまで同様に経済的利益や軍事力を利用した台湾に対する圧力を継続し、積極的な統一戦線工作を推進していくものと思われる。

4.おわりに

中国と台湾が抱えるそれぞれの国内事情に焦点を当てて包括的に考察すると、もちろん「台湾有事」は起きない、中国が台湾へ軍事侵攻しないと断言することはできないが、軍事面での偶発的な衝突が発生しない限り、近い将来にその可能性を高く見積もることはできないと思われる。

現在の習近平政権は、共産党による一党支配体制の維持、

19　CSIS報告の内容については、『朝日新聞』2023年1月12日、第9面、その他、日本各紙の報道を参照した。

存続を何よりも最優先課題として位置づけている。台湾問題が重要事項の1つであることに疑いはないが、最優先事項にはなっていないであろう。また、台湾への武力行使により予測されるアメリカの軍事介入および西側世界からの経済制裁は、経済発展という中国国民の多くが共産党を支持する際の正統性の源泉そのものを毀損することに繋がる。その場合、共産党のもっとも恐れる一党支配体制の動揺は避けられない。数多くの公式発言からみるかぎり、確かに習近平は台湾「統一」へのこだわりが極めて強い指導者であることは疑いない。台湾対岸の福建省での長い実務経験もあり、毛沢東や鄧小平が願っても実現できなかった「失地回復」を自らの使命と考えている公算は大きい。いまインド太平洋地域および台湾海峡でのパワーバランスも中国に有利な方向に変化しつつある。米軍の介入に備えた「接近阻止・領域拒否」という中国軍の態勢もかなり整ってきたようである。しかし、経済面では、「ゼロコロナ」政策以降、深刻な停滞局面を迎えている。ハル・ブランズらが指摘するように、衰退の兆候を見せ始めた中国の危険性には注目する必要性はあり†20、トップリーダーが非合理的な選択をするリスクも排除はできない。

ただし、現状において、習政権は前述したような国内的な諸要因によって、表面上の強硬な発言や威圧的な姿勢とは別に、台湾を「平和統一」するという鄧小平が明確化して以降の基本方針に大きな変更は加えておらず、統一戦線工作を維持、強化する対応を推進している。習近平は統一戦線工作を非常に重視する指導者の立場から、当面は台湾への浸透工作を継続的に深化させ、グレーゾーン戦略のもと武力による威圧も併用しながら、戦端を開くことなく台湾住民の諦めを引き出す形で統一を模索するであろう。

20　ハル・ブランズ、マイケル・ベックリー『デンジャー・ゾーン――迫る中国との衝突』奥山真司訳、飛鳥新社、2023年、参照のこと。

第8章

「朝鮮半島の非核化」はなぜ実現しないのか
――分断と体制維持をめぐる国家交渉から考える

冨樫あゆみ

1. はじめに

1945年に広島と長崎へ原子爆弾が投下されてからわずか5年、北朝鮮の韓国侵攻によって1950年にはじまった朝鮮戦争に際してダグラス・マッカーサー国連軍最高司令官が米国本土に対して、朝鮮民主主義人民共和国（北朝鮮）への原子爆弾の使用を求めたのは有名な話である。それから70年、唯一の被爆国である日本に最も近い外国である朝鮮半島では、現在でも核兵器をめぐる国際的な葛藤が続いている。

朝鮮半島における核問題の多くは北朝鮮の核兵器開発による。北朝鮮の核開発は1950年代にまで遡り、1990年代には「朝鮮半島核危機」として国際問題化してきた。2006年10月の第1回以降、北朝鮮は2017年まで6回にわたって核実験を実施し、2012年には憲法前文に「核保有国」であることを明記した。2023年には憲法を改正し「核兵力を高度化」することを明記するなど、北朝鮮は核戦力を保有する意志を明らかにしている。一方で、国際社会はもちろん米国や韓国そして日本が北朝鮮の核開発を放置していたわけではない。核兵器開発を進める北朝鮮に対して、日本や韓国そして米国は問題解決に向けて様々な政策を展開してきた。

では北朝鮮が核を放棄するのならば朝鮮半島の核問題は解決するのだろうか。日本国内において一般的に朝鮮半島核問題は北朝鮮が核兵器を開発する「北朝鮮による核問題」として認識されているが、外交上正しくは「朝鮮半島の非核化」として取り扱われていることに留意する必要がある。北朝鮮に対して核兵器開発を放棄させるためには、韓国国内に核兵器が存在しないことが前提となる。従ってこの問題は今日に至るまで「朝鮮半島の非核化」として、つまり南北両国の非核化問題として取り扱われてきた。では、なぜ朝鮮半島の非核化は解決しないのだろうか。本章では朝鮮半島核問題のこれまでの経緯を振り返りながら、朝鮮半島の非核化解決に向けた課題について理解を深めたい。

2. 問題の経緯

これまで繰り広げられてきた朝鮮半島核問題をめぐる各国間交渉の内実は担当者の回顧録などによって明らかになっている。本節では外交当局間における詳細な交渉過程を明らかにするよりも、1980年代から今日に至るまで米国や韓国と日本をはじめとする国際社会が朝鮮半島核問題に対してどのように対応してきたのかについて整理したい。

北朝鮮は1950年代から核開発に着手していたが、実際に核兵器の開発が明るみになったのは1980年代であった。米国は1982年には寧辺の原子炉施設を把握していたが、事態が深刻化したのは1980年代後半に入ってからである†1。きっかけは

1　ドン・オーバードーファー、ロバート・カーリン『二つのコリア――国際政治の中の朝鮮半島』第三版、菱木一美訳、2015 年、261 頁。

北朝鮮が国際原子力機関(IAEA)による査察受け入れを拒否したことであった。核兵器開発を進める北朝鮮は、ソ連からの圧力を受けて1985年に核兵器不拡散条約(NPT)に署名していたものの、韓国国内に米国の核兵器が配備されていることを理由にIAEAによる査察を拒否していた。IAEAの査察受け入れ拒否によって北朝鮮の核兵器開発疑惑はさらに高まり、「北朝鮮核問題」への対応が米国と韓国そして日本にとって喫緊の外交課題となった。

IAEAの査察を拒否する北朝鮮に対して、1991年9月、米国が全世界に配備している戦術核を撤収することを表明したことによって事態は動き出す。これを受けて11月、盧泰愚大統領は韓国が今後核を保有しないことを盛り込んだ「韓半島(朝鮮半島)非核化と平和構築のための宣言」を、12月には韓国国内には核兵器が存在しないことを対外的に明らかにした「核不在宣言」を発表した。続いて米国と韓国は北朝鮮に対して米韓合同軍事訓練「チームスピリット」を中断することを通告し、これを受けて北朝鮮は態度を軟化させ、同月南北間で「朝鮮半島の非核化に関する共同宣言(南北非核化宣言)」が署名された。南北非核化宣言は1992年2月に発行され、核兵器開発や実験の禁止、核エネルギーの平和利用が盛り込まれた。南北非核化宣言と時を同じくして北朝鮮はIAEAとの保護措置協定に調印し、1992年5月には査察が実施された。

しかし、IAEAが北朝鮮からの申告内容と調査結果が一致しないことを理由として追加の特別査察を求めことをきっかけに、事態は急変した。IAEAの対応を非難した北朝鮮は米国と韓国が「チームスピリット」を再開することを発表すると態度を硬化させ、1993年3月にNPTからの脱退を宣言した。NPTからの脱退は北朝鮮による核兵器の製造と保有への意思の表れでもあり、これによって朝鮮半島の緊張が最高潮に達した。これを第一次朝鮮半島核危機という。

北朝鮮に対して米国国務省が寧辺の核関連施設攻撃を含めた軍事作戦を検討するなど、朝鮮半島での全面戦争が危惧された第一次朝鮮半島核危機であったが、米朝間での武力衝突は1994年6月にジェームズ・カーター元大統領が訪朝したことによって回避された[†2]。カーター訪朝によって米朝交渉が再開され、同月に核兵器や武力の不使用が明記された米朝共同声明が発表された。続く10月には「米国と朝鮮民主主義人民共和国間の合意枠組み（米朝枠組み合意）」が締結された。米朝枠組み合意では、北朝鮮が黒鉛減速炉とその関連施設の建設を凍結すること、対して米国が北朝鮮に対して核兵器による脅威を加えたり核兵器を使用しないことが明記された。米朝枠組み合意を受けて1995年に日本、韓国そして米国は枠組み合意を履行する国際機関として朝鮮半島エネルギー開発機構（KEDO）を設立した。KEDOの目的は北朝鮮に対し軽水炉2基を供与すること、軽水炉建設が完成するまでのあいだのエネルギーの代替として年間50万トンの重油を供与することであった。なお、1999年には北朝鮮に対する日米韓協力の枠組みとして「日米韓三国調整グループ（TCOG）」が発足し、これを通じて日米韓間で対北朝鮮政策が共有検討されるようになった。TCOGは六者協議が開始される2003年まで継続された。

米朝枠組み合意とKEDOの発足によって朝鮮半島の非核化問題は小康状態となったと思われていたが、2002年10月、北朝鮮がウラン濃縮計画を認めたことをきっかけに再度緊張状態に陥った。KEDOは核兵器製造に利用される濃縮ウランを開発する北朝鮮を非難し、重油の提供を停止した。これに北朝鮮は反発し、12月寧辺の核関連施設の再稼働を発表し、IAEAの査察官を国内から退去させた。2003年1月、北朝鮮は再びNPTからの即時脱退とIAEAの保護措置協定からの離脱を表明し、朝鮮半島はまたしても核をめぐって緊張状態に陥った。これを第二次北朝鮮核危機という。

この第二次北朝鮮核危機は米朝枠組み合意の破綻を意味し、事態の打開は米朝二国間交渉よりもむしろ多国間協議に

2　同上、332頁。

よって図られることになった。もっとも、2000年代米国は対テロ戦争に突入しながらジョージ・W・ブッシュ大統領がイラン、イラクと共に北朝鮮を「悪の枢軸」であると指摘するなど、当時の米朝関係は緊張状態にあった。そこで中国が仲介に入り、米中朝会合、その後韓国が加わる四カ国会合を経て、朝鮮半島の非核化に関する問題は中国、米国、韓国のほか日本とロシア、そして当事者である北朝鮮の六カ国で協議する六者協議において検討されることになった。この六者協議は「朝鮮半島の検証可能な非核化」を達成することを目的として、2003年から2008年にかけて計6回会合がもたれた。2004年の第2回会合では、北朝鮮を除いた5カ国間での合意を受けて「朝鮮半島の検証な非核化」のうち北朝鮮に対して「すべての核計画の完全、検証可能かつ不可逆的な廃棄(CVID)」を求めていくことが決定された。

六者協議は、日本や米国が北朝鮮への態度を硬化する一方で、韓国では南北融和を掲げる盧武鉉政権が誕生するなど日米韓での足並みが揃わない状況が続いたことで難航した。それでも、2005年9月に開催された第4回会合では参加国の合意によって共同声明が採択されるなど一定の成果も見られた。この共同声明には、北朝鮮がすべての核兵器と既存の核計画を放棄すること、対して韓国が1992年の非核化宣言を遵守することや米国が核を含む兵器を用いて北朝鮮へ攻撃を加えないことが明記された。しかし、KEDOは2005年12月の理事会で軽水炉建設の終了に合意し、北朝鮮はこの共同声明から1年後の2006年10月に第1回目の核実験を実施した。その後第5回会合では共同声明を実行するための「初期措置」として寧辺の核施設の活動停止や米朝二国間協議の再開が発表されたのもの、六者協議は2008年12月の会合代表者会合をもって停止状態となった。

その後、北朝鮮は2009年、2013年、2016年(1月と9月に実施)と核実験を実施し、国連安全保障理事会は北朝鮮に対して2009年から2016年にかけて6回の制裁決議を採択するなど、国際社会からの北朝鮮に対する圧力は制裁強化とともに高まっていった。その間、2012年2月には米朝交渉によって北朝鮮が核実験や核施設の活動中断と引き換えに米国が食料支援を約束した「2.29米朝合意」が発表されたものの、4月には長距離ミサイル発射に対する安保理制裁決議への対抗措置として北朝鮮が合意の破棄を宣言した。

2017年9月、北朝鮮が過去最大規模となる第7回目の核実験を実施したことによって、朝鮮半島の緊張は再び高まった。この時期を第三次朝鮮半島核危機とする見方もある。米国のドナルド・トランプ大統領（当時）は北朝鮮に対して「最大限の圧力」を加えることを明言し、北朝鮮を2008年以来9年ぶりにテロ国家に再指定し制裁を強化した。対して北朝鮮は2017年11月と12月には大陸間弾道ミサイルを発射するなど北朝鮮情勢は緊迫化した。2017年12月にはジェフェリー・フェルトマン国連事務次長が訪朝するなど国連が緊張緩和に乗り出す一方で、事態は2018年から急展開した。

韓国では、朝鮮半島での平和体制構築を外交目標に掲げる文在寅政権が2017年5月の政権発足以降、北朝鮮への接触を試みていた。2017年秋から2回に渡る南北接触を経て、北朝鮮は態度を軟化させ南北対話路線に舵を取った[†3]。2018年1月には緊張緩和に向けて2年ぶりに南北高位級当局者協議が開催された。2月に開催された平昌冬季オリンピックを契機として南北は急接近し、4月には11年ぶりに南北首脳会談が実施され「韓半島の平和と繁栄、統一のための板門店宣言（板門店宣言）」が発表された。板門店宣言には「南北は完全な非核化によって核のない韓半島（朝鮮半島）を実現するという共通の目標を確認した」と明記され、朝鮮半島の非核化に向けた交渉が開始された[†4]。

---

3 『朝日新聞』2018年2月18日。

4 「韓半島の平和と繁栄、統一のための板門店宣言」、外交部（韓国）、https://www.mofa.go.kr/www/brd/m_3976/view.do?seq=368007&srchFr=&srchTo=&srchWord=&srchTp=&multi_it（2023/10/13）。

2か月後の6月には史上初めての米朝首脳会談が実施され、米朝が署名した合意文書には朝鮮半島の非核化に向けて北朝鮮が努力することなどが含まれた。米朝首脳会談の実現をはじめとする緊張緩和の流れを受けて朝鮮半島の非核化問題は解決するかのように見えた。しかし、第1回米朝首脳会談の後に進められた米朝交渉は難航した。その理由は、米国が北朝鮮に対する経済制裁を解除する条件として北朝鮮が核開発自体を放棄することとを求めたのに対し、北朝鮮は核放棄ではなく寧辺核施設の廃棄を主張したからであった[†5]。北朝鮮内には寧辺以外にも核開発施設が存在していることを認知していた米国にとって、北朝鮮が寧辺だけを放棄したとしても「得るものは皆無に等し[かった]」[†6]。結果的に、2019年2月ハノイで開催された第2回米朝首脳会談は共同声明の調印に至らず事実上の決裂となった。トランプ政権で国家安全保障大統領補佐官を務めたジョン・ボルトンは、米朝交渉が決裂した原因の1つに「金正恩が核放棄という戦略的な決断を下す意志」が無かったことを指摘している[†7]。ハノイ会談の失敗以降、北朝鮮は急激に態度を硬化させ2020年6月には板門店宣言を受けて開城市に建設された南北共同連絡事務所を爆破した。その後、本章執筆時の2023年まで米朝関係はもちろん南北関係は緊張状態が続いている。

3. なぜ北朝鮮が核を持つのか

なぜ北朝鮮は核保有にこだわり、問題発覚から40年を経ても朝鮮半島の非核化は実現しないのだろうか。本節では北朝鮮が核開発を継続する理由とその背景について考察する。

北朝鮮が核兵器開発と保有に固執する最も重要かつ根本的

5　ジョン・ボルトン『ジョン・ボルトン回顧録――トランプ大統領との453日』梅原季哉監訳、朝日新聞出版、2020年、364頁。

6　同上、359頁。

7　同上、358頁。

な理由は国家の生存にあり、北朝鮮にとっての国家の生存はすなわち「北朝鮮式社会主義体制」の維持を意味する[†8]。すべての国家にとって国家の生存は最も優先されるべき目標であるものの、なぜ北朝鮮は核開発を選択したのだろうか。

(1) 米国の脅威

第一に朝鮮半島の分断とそれに伴う米国の脅威である。1950年に北朝鮮による韓国侵攻（南進）によってはじまった朝鮮戦争は、開戦から60年を経てもなお戦争状態にある。朝鮮戦争は、北朝鮮から韓国を防衛するために国連決議（国連安保理決議第83号、第77号）によって結成された朝鮮国連軍と北朝鮮および中国軍間での戦争である。開戦から3年後の1953年7月に休戦協定が締結されたものの、南北両国にとってそれは戦争状態の継続を意味した。韓国は10月に朝鮮戦争を戦った朝鮮国連軍の主力であった米国と相互に防衛義務を負う米韓相互防衛条約（米韓同盟）に署名した。この条約によって韓国は超大国である米国と同盟関係となった。一方、朝鮮戦争の休戦協定が締結された後北朝鮮国内から中国軍は撤退し1953年に締結された「中朝経済文化協力協定」は米韓同盟のように軍事的性格を帯びたものではなかった。このように朝鮮半島における戦争状態が継続し、韓国を北朝鮮から防衛することを目的とする米韓同盟が維持される以上、北朝鮮は「国家の生存」のために米国へ対抗する必要があった。

何よりも北朝鮮にとっての最大の懸念は在韓米軍の存在であった。在韓米軍の主たる目的は北朝鮮の脅威から韓国を防衛することにあり、1960年代には6万人規模の兵力が維持された。1970年代から一部撤収や再編を経て2022年には3万人以下を推移しているが、交戦中の韓国国内に北朝鮮から韓国

8　伊豆見元「第 2 章金正日『自主外交』の限界」、伊豆見元・張達重編『金正日体制の北朝鮮——政治·外交·経済·思想』、2004 年、慶應義塾大学出版会、64 頁。

を防衛するために世界最強の軍事力を誇る米軍が駐留している状況こそが、北朝鮮にとっての最大の脅威であった。特に冷戦期において、北朝鮮にとって深刻な安全保障上の懸念の1つに韓国国内に配備されている米国の核兵器があった。米国は1958年には北朝鮮への抑止として戦術核兵器を韓国国内に配備していたが、核兵器を抑止として配置していたヨーロッパと異なり、1960年代には朝鮮半島においては核兵器の使用が想定されていた[†9]。北朝鮮が核を保有しておらず、報復の恐れがないということが理由であった[†10]。韓国国内に配備されている米国の戦術核に対して北朝鮮は危機感を強め、1963年には米国からの核攻撃からの避難場所を確保し防衛能力を高めることを目的として国土に「坑道を張り巡らせて陣地を要塞化する全国要塞化」政策を発表した[†11]。米国が韓国国内に軍隊を駐留させ核兵器を配備する以上、北朝鮮は韓国に対抗するためだけでなく、韓国の同盟国でありかつ韓国国内に軍事力を保有する米国にも対抗し得る軍事力を保有する必要に迫られた。核開発こそが北朝鮮にとって米国にも対抗し得る軍事力であり、「国家の生存」つまり体制の維持を保障するための手段でもあった。

このような背景から、北朝鮮は核兵器開発を進めつつも、核兵器開発をめぐる国際交渉においては開発を制限する対価として北朝鮮への不可侵を交渉国に保証するように求めてきた。この事実は核開発が北朝鮮の体制維持を目的としていることの証左とも言える。1991年、南北非核化宣言と同時に調

9　李鍾元「朝鮮半島核危機の前史と起源――冷戦からポスト冷戦への転換を中心に」『アジア太平洋研究』No. 44（2022年）、55頁。1960年代には韓国国内に配置されていた米国の戦術核は約900発に上った。太田昌克「戦術核と拡大抑止――アメリカ冷戦戦略の「源流」から（1）――」『国際安全保障』第40巻第4号（2013年3月）、28頁。

10　同上、55頁。

11　宮本悟「朝鮮民主主義人民共和国における国防政策の目的――朝鮮労働党の軍事路線の成立経緯」『国際安全保障』第40巻第1号（2012年、6月）、7頁。

印された「南北基本合意書」の第1条には南北双方がお互いの体制を尊重することが定められており、第4条には南北双方が相手方へ破壊、征服行為を行うことが禁止されている。特に北朝鮮にとっては、1994年の米朝枠組み合意によって米国から体制の保障を獲得したことに意義があった†12。相互不可侵の精神はその後の2000年の「6.15南北共同宣言」や「米朝共同コミュニケ」にも反映され、北朝鮮は2005年に採択された六者協議第4回会合共同声明においても、改めて米国から北朝鮮への武力の使用や侵攻を否定する言質を取ることに成功している。

しかし北朝鮮にとって最も重要なことは言質をとることではなく、自身を取り囲む国際情勢がどのように変化するのかにある。伊豆見元(2004)によると、例えば米朝枠組み合意において体制保証が明記されただけでは北朝鮮にとっては十分ではなかった。北朝鮮にとっての究極的な体制保証は朝鮮戦争の終戦と米朝間での平和協定の締結、加えてそれに伴う在韓米軍の撤退を意味するからである†13。しかし1990年代以降これまで北朝鮮の核開発をめぐる度重なる米朝交渉にもかかわらず、これらのいずれもいまだに実現していない。実際、朝鮮戦争の終戦宣言を実現しようとした文在寅政権に対して北朝鮮は「米国による対朝鮮敵対政策が現存する限り終戦宣言は虚想にすぎない」と反発している†14。

(2)自主路線の追求

第二に、北朝鮮が堅持する自主路線である。北朝鮮は国家の生存、体制維持のための強力な手段として核開発を続けてきたが、軍事面とくに核開発に関して言うならば冷戦から今

12　伊豆見元「第2章金正日『自主外交』の限界」、64頁。

13　同上。

14　鄭成長「韓半島終戦宣言に対する北韓の立場への評価(韓国語)」『情勢と政策(韓国語)』(2021年12月号)。

日に至るまで常に大国の庇護下にあった訳ではない。

北朝鮮が朝鮮戦争から経済復興を遂げるためには、ソ連や中国をはじめとする社会主義陣営国家からの支援が不可欠であった。なかでも北朝鮮はソ連との関係を重視し、ソ連からの援助や経済プロジェクトは事実上北朝鮮経済を支える存在となっていた[†15]。1963年にはソ連から研究用原子炉(IRT-2000)が提供され技術者が派遣されている。北朝鮮は緊密なソ朝関係を背景として1950年代からソ連の支援によって核開発を進めてきたが、それはソ連が北朝鮮の核保有への積極的な支援を意味するわけではなかった[†16]。実際、ソ連からの支援は最低限の研究用原子炉を提供するにとどまり「核施設の提供は消極的かつ限定的」であった[†17]。

1960年代には核兵器保有の意思を明らかにしていた北朝鮮は、1960年代初頭に中ソ対立が生じると北朝鮮はソ連を非難し中国と接近した[†18]。1961年に北朝鮮は中国と友好協力相互援助条約を締結しているが、その理由の1つには金正日が同じく核兵器開発を進める中国から核兵器開発への支援を取り付けようとしたことがあった[†19]。しかし、1964年に原爆、1967年には水爆実験を成功させていた中国は北朝鮮の核兵器開発には反対の立場であった。その後1960年代半ばからベトナム戦争への対応をめぐり中朝関係が悪化すると中国の対北支援も減少した。すでに1960年代には中朝接近によってソ連

15　朝鮮戦争後には社会主義圏からの対北朝鮮経済援助が北朝鮮国家予算の35%に達していたがその比重は1950年代末には急速に減少した。張達重「冷戦体制と南北韓の国家発展（韓国語）」『分断半世紀南北韓の政治と経済(韓国語)』、1996年、慶南大学校極東問題研究所、23頁。

16　李「朝鮮半島核危機の前史と起源」、56頁。井上智太郎『金正恩の核兵器――北朝鮮のミサイル戦略と日本』ちくま書房、2023年、47頁。

17　李「朝鮮半島核危機の前史と起源」、59頁。北朝鮮による核兵器開発の過程については李鍾元の論文が詳しい。

18　北朝鮮の核保有意志については、井上『金正恩の核兵器』、48頁を参照。

19　太永浩『三階書記室の暗号 北朝鮮外交秘録』鐸木昌之監訳、文藝春秋、2019年、39頁。

からの支援は減少していた北朝鮮は、社会主義陣営における大国への依存ではなく自主外交と自力更生によって国防強化路線へと進むことになる。自主外交とは、社会主義陣営の大国であるソ連や中国に依存することなく対外政策において「自主性」を堅持する外交路線を、そして北朝鮮の政治イデオロギーの1つである自力更生とは「いかなる難題に対しても、ひたすら自国の力によって克服する」ことを意味する[†20]。自主外交と自力更生路線に従い、北朝鮮は大国の力に依存することなく独自で核開発を進めてきた。

1970年代から核開発に注力してきた北朝鮮だが、1970年代は北朝鮮と唯一軍事同盟を締結している中国と米国の接近や韓国の核開発など北朝鮮にとって安全保障上の変革期でもあった。韓国朴正熙政権は、1970年代のニクソン（Richard Nixon）政権期における米中接近などを背景として、米国への過度な依存を回避し韓国独自の軍事力を強化する「自主国防」路線を展開し、1972年から独自に核開発を進めた。結果的に、韓国は米国からの反対によって1979年に核開発を断念するが、対して北朝鮮はソ連へ技術者を派遣し「平和利用を目的とした」核開発から本格的な核兵器開発に着手するようになる[†21]。1979年には寧辺で原子炉施設の建設が開始され、1985年に完成した[†22]。

その後、1980年代に入り北朝鮮を取り巻く情勢は急激に変化する。1970年代には北朝鮮と韓国のいずれが優れているのかを競う「体制の競争」が展開されるほど南北間の経済力や軍事力は僅差であったが、1980年代には高度経済成

---

20 「自力更生」国立統一研究院（韓国）、https://www.uniedu.go.kr/uniedu/home/brd/bbsatcl/nknow/view.do?id=46287&eqDiv=&mid=SM00001155&limit=10（2023/10/18）。

21 金ドンス「北朝鮮の核開発の歴史と核兵器保有の理由（韓国語）」、『ノースコリアウォッチ（韓国語）』、立命館大学東アジア平和協力研究センター、2022年 11 月、https://en.ritsumei.ac.jp/research/ceapc/kr/watch/detail/?id=103（2023/10/25）。

22 李「朝鮮半島核危機の前史と起源」、61 頁。

長期に突入していた韓国と北朝鮮間での経済格差は拡大するようになった。1980年代後半には、経済成長に加え民主化を果たした韓国の盧泰愚政権が社会主義国家圏と関係改善を図ることによって韓国の影響力を拡大させることを目的とする北方政策を展開し、積極的に東欧社会主義国家との国交正常化を果たしていった。例えば、韓国はソ連崩壊以前の1989年にハンガリーやポーランド、ユーゴスラビアと国交を樹立した。1990年には韓国はソ連と、1992年には中国と国交を正常化させている。米朝関係や日朝関係は改善しない状況で韓国が社会主義陣営の大国と国交を樹立させていくことは、北朝鮮にとって最も重要な「体制維持」を脅かす要因であった†23。結果的に、1991年に冷戦がソ連の崩壊によって終結したことによって、北朝鮮は核開発をめぐって世界で唯一の超大国となった米国と対峙することとなっていくのである。

このように冷戦後に激変した北朝鮮をめぐる情勢を北朝鮮は「体制維持における危機の局面」と認識し、軍事力によって危機を打開しようとした†24。ここで注目すべきは、冷戦の終結という国際秩序の大転換期と体制の危機にあって、北朝鮮が中国のような改革開放路線ではなくむしろ「北朝鮮(ウリ)式社会主義」強化路線を選択したことにある。北朝鮮は「北朝鮮(ウリ)式社会主義」、つまり北朝鮮の統治イデオロギーの根幹である金日成が提唱した主体思想を堅持しながら外的脅威から自らの社会主義体制を維持しようとしたのであった†25。その後、1998年には軍事を第一国事とする先軍政治を展開しながら北朝鮮は核開発を進め、2006年の第1回核実験そして

23　鄭成長「金正日時代北韓の'先軍政治'と党·軍関係(韓国語)」『国家戦略(韓国語)』第7巻3号(2001年)、57頁。
24　朴正鎮「第5章北朝鮮における安全保障」木宮正史編『朝鮮半島と東アジア』、岩波書店、2015年、137頁。
25　張明奉「北韓の2009憲法改正と先軍政治の制度的強固化(韓国語)」『憲法学研究(韓国語)』第16巻第1号(2010年)、350頁。金日成が提唱した主体思想は、北朝鮮の統治イデオロギーの根幹として機能してきた。

2012年には核保有が憲法に明記された。

4. なぜ「朝鮮半島の非核化」が実現しないのか

これまで朝鮮半島核問題の経緯と北朝鮮が核開発を進める理由について検討してきたが、最後に朝鮮半島の非核化が実現しない理由について反実仮想を用いながら考察したい。まず、朝鮮戦争の終戦宣言が実現し韓国国内から米軍が撤退したのならば北朝鮮は核を放棄するのだろうか。残念ながら現実はそう楽観的ではない。朝鮮戦争の終結が北朝鮮による核放棄とそれに伴う朝鮮半島の非核化が望めない最も重要かつ最大の理由は、終戦宣言によって朝鮮戦争が終結したとしても米韓同盟が維持されることが想定されるからである。確かに、1953年、米韓相互防衛条約が締結された当時から今日まで米韓同盟の主たる目的は対北朝鮮抑止と朝鮮半島の平和維持にある。原則論に立つならば、朝鮮戦争が終結し朝鮮半島に平和体制が構築された場合には米韓同盟も「終焉」を迎えるかもしれない。しかし、条約締結から70年が経ち米韓同盟は「グローバル包括的戦略同盟」として朝鮮半島に限らずグローバルな課題に対して米国と共に解決する性格へと深化してきた。仮に朝鮮戦争の終結によって韓国が米国との同盟関係を精算し、北朝鮮にとって脅威となる在韓米軍を撤収するのであれば、もちろん米国は朝鮮戦争の終結や米朝国交正常化には同意しないであろう。したがって朝鮮半島の平和構築に取り組んできた文在寅政権ですらも朝鮮半島の終戦宣言と在韓米軍の撤収は別問題として捉え、米韓同盟を維持する立場を明らかにしてきた。

これに関連して崔正勲(2020)は、朝鮮半島において核危機が繰り返し生じる理由を米国と北朝鮮が「現状維持的傾向」にあるためと指摘している†26。崔正勲によると、米国にとっ

26　崔正勲『なぜ朝鮮半島「核」危機は繰り返されてきたのか』クレイン、2020

ては北朝鮮へ軍事攻撃もしくは米朝国交正常化などによって現状に変更が生じるよりも米国の一極体制を維持することが最も合理的であり、一方北朝鮮も自国の生存のために「米国とその同盟国への軍事行動を極力控えて」きた[†27]。確かに、米国が大量破壊兵器の隠匿を理由にイラク戦争を開始したように核兵器開発を理由として北朝鮮へ軍事攻撃を行った場合、それはすなわち第二次朝鮮戦争へと拡大する。実際、第一次朝鮮半島核危機に際して、米国は北朝鮮への限定的な軍事攻撃を検討していたものの推定される被害が甚大なことを理由として回避されている[†28]。

北朝鮮に核を放棄させ朝鮮半島の非核化を実現させる1つの方法として、「イラン方式」が有効ではないかという指摘がある。1960年代から核兵器開発を進めていたイランは2015年に米英独仏中ロの6カ国と「包括的共同作業計画(イラン核合意)」を締結した。この合意締結によってイランはウラン濃縮活動をはじめとする核開発を制限し、その対価としてIAEAによる確認を経て米国や欧州が対イラン制裁を解除することが決定した。2017年の就任以降イラン合意の見直しを進めていたトランプ大統領は、2018年に米国が合理から離脱することを表明したものの、当初米国以外の国々は合意の維持を表明していた[†29]。この合意の後、各界から朝鮮半島非核化問題はイラン核合意を参考にするべきであるという意見が出されるようになった。しかし韓国の外交官として長年北朝鮮との交渉を担当してきた宋旻淳は、資源が豊富なイランが国際社会において有する政治的経済的影響力と資源に乏しく閉鎖的な北朝鮮の状況は比較することができないと反論する[†30]。つまり、

年、302頁。

27　同上、303頁。

28　オーバードーファー、カーリン『二つのコリア』、310頁。

29　その後2020年イランは核開発の再開を宣言したことによって、イラン核合意は実質的に破綻した。

30　宋旻淳『氷河は動く(韓国語)』Changbi Publishers、2016年、512頁。吸収統一に関するカッコ内の加筆は筆者によるものである。

イランが核開発を制限した後に米国や欧州が制裁を解除するという内容に合意できるような「余裕」が北朝鮮にはない。「イランは分断国家ではない。イランにとっては自らを吸収統一［韓国が北朝鮮を侵略、北朝鮮を消滅させ韓国が吸収する形式の統一］しようとする対抗勢力も存在しない」のだ†31。

では、米朝国交正常化が実現するのならば北朝鮮は核を放棄するのだろうか。残念ながらこの仮定は前提と予想される結果が逆となっている。つまり北朝鮮が核を完全に放棄し、CVIDが実現したのならば米朝国交正常化が実現する可能性は低くはない。しかし米朝国交正常化への機運が最も高いと思われた2019年のハノイ会談においても、米国は対北制裁を解除する見返りに北朝鮮へすべての核施設の非核化を求めたのに対し、北朝鮮は核放棄を決意できず米国への返答は寧辺の核施設の破棄であった†32。つまりすでに核兵器を保有する北朝鮮が先に自ら核を放棄する可能性は低く、米国もCVIDが実現しない以上米朝国交正常化や朝鮮戦争の終戦宣言にも同意できないという点において朝鮮半島の非核化へむけた動きは悪循環にある。ハノイ会談後の米朝関係の悪化を受けて、2022年9月金正恩総書記は最高人民会議において「核を絶対に放棄しない」と宣言した†33。

一方で注目すべきは、北朝鮮が核を放棄する可能性が低く、南北間そして米朝間交渉が膠着状態に陥ったことを背景として、韓国では核武装論や米国の戦術核再配備を求める声が高まったことである。2021年10月には韓国統一研究院が実施した世論調査によると国民の71.3％が韓国の核開発に賛成した†34。2022年には北朝鮮との対決姿勢を鮮明にする尹錫悦政権が誕生した。北朝鮮の脅威に対して

31　同上、512頁。

32　ボルトン『ジョン・ボルトン回顧録』、358頁。

33　『朝日新聞』2022年9月9日。

34　統一研究院（韓国）『KINU統一意識調査2023——韓国の核開発に対する世論』。

「圧倒的な力による平和構築」を掲げる尹錫悦政権は韓国に対する核抑止を強化することを米国に求めた。これを受けて2023年5月の米韓首脳会談では核を含む戦略企画を米韓で協議する「核協議グループ」の新設が発表された。

5. おわりに

北朝鮮の核兵器開発が国際問題化した1990年代から30年以上、朝鮮半島の非核化を実現するために国際社会は様々な交渉を行ってきた。しかし残念ながらそのどれもが成功せず、そして核兵器を保有した北朝鮮に対して核を放棄させる術をいまだ見出すことはできていない。北朝鮮が核を保有する最大の理由は、朝鮮半島の分断にあり、核兵器を開発する理由は、戦争状態の継続、交戦国である韓国とその同盟国である米国との敵対的関係にある。何よりも北朝鮮自身の問題は「北朝鮮式社会主義」の完遂を放棄しないことにある。すでに多くの社会主義国が倒れ、中国ですらも対外開放路線にある一方で、北朝鮮は自主路線を堅持している。

北朝鮮が強硬姿勢を維持する状況において何よりも懸念すべきは、韓国国内で核保有論が再燃していることにある。核不拡散の国際的枠組みに参加する韓国が核兵器を保有することは現実的ではない一方で、朝鮮半島の非核化を実現する上で最も避けるべきシナリオは、北朝鮮の核兵器開発に対して韓国が米国による拡大抑止を強化し、それに対して北朝鮮が反発し結果的に朝鮮半島の緊張が高まることにある。朝鮮半島の緊張は日本の平和にとって決して無関係ではない。朝鮮半島の非核化を達成するためには朝鮮戦争の終結と平和体制の構築、そして北朝鮮に対外開放路線を求めることが必要となる。困難な課題であるが、同時に北東アジアの平和にとって諦めてはならない課題である。

第9章

新興技術の移転規制と自由貿易は整合しうるのか
――輸出管理と経済安全保障

田中極子

1. はじめに

第二次世界大戦後の西側諸国では、ソ連を中心とする共産主義諸国に対する技術優位を維持すると同時に、米国を中心とする自由主義国際秩序を強化するために、GATT/WTO協定を主軸とした自由貿易が促進されてきた。そのなかで物や技術の輸出規制は、自由貿易体制における安全保障上の例外的な手段とみなされてきた（GATT21条およびGATS14条の2）。安全保障上の輸出規制を実現するために、冷戦期間中には、共産圏に対する輸出管理のための多国間枠組みである対共産圏輸出規制委員会（ココム）（1949年）が設立され、1970年代以降は、原子力供給国グループ（1974年）、オーストラリア・グループ（1985年）、ミサイル技術管理レジーム（1987年）が設立され、技術を有する西側先進国が中心となり、大量破壊兵器とその運搬手段に関連する技術がソ連などの共産主義諸国に拡散しないように調和を図ってきた。冷戦終焉後に東西ブロック間の対立は解消されたが、イラク、リビア、北朝鮮など大量破壊兵器の開発計画が明らかとなり、米国はこれらの国を「ならずもの国家」と指定し、これらの国々に対する輸出管理の体制を維持・強化した。

こうした安全保障上の例外措置としての輸出管理が、ここ数年で大きく変化している。中国は習近平政権になって以降、ボイコットや、投資・貿易、観光の制限などの「経済的威圧」をとおして自国の対外目標を達成しようとし、それに対して米国は、対中国を念頭においた輸出管理制度の改革を次々と実施し、中国に対する「技術デカップリング[†1]」に向けて加速しているように見受けられる。米国は、2018年には「輸出管理改革法（通称ECRA）」と「外国投資審査現代化法（通称FIRRMA）」を制定し、2019年には「国防権限法2019」のもとで中国5社による通信・監視関連機器・サービスに対する米国政府調達規定を実施し、その後数々の大統領令を発出して中国企業を明示的ないしは念頭においた経済取引規制を強化している。日本でも、2022年5月11日に「経済安全保障推進法」が成立し、「戦略的自律性の確保」と「戦略的不可欠性の維持・強化・拡大」を目指すとした。

自由貿易体制が市場の開放と貿易の促進を目指すものである一方で、経済安全保障を目的とした輸出管理は国家の戦略的利益を重視する。根本的な目的の違いにより、過度な輸出規制は、しばしば国際政治における対立の要因となってきた。輸出管理が過度に行われると、市場へのアクセスや供給チェーンに影響を及ぼす可能性があり、特に特定の産業や企業が制約を受けることにより、世界経済に対する影響が生じる。技術先進国が新興技術の輸出規制を強化することは、途上国に

---

1 Jon Bateman, *U.S.-China Technological "Decoupling": A Strategy and Policy Framework*, Carnegie Endowment for International Peace, 2022.

における経済成長の妨げとなり、途上国と先進国における技術格差がますます拡大する。新興技術の輸出管理が強化されるに伴い、2021年の国連総会では、技術の平和利用の権利に関する決議(A/RES/76/234)が多数決で採択され、すべての国は平和目的で科学技術の交流を行う剥奪できない権利を有することが確認された。経済安全保障を目的とした輸出管理制度の拡張は、自由貿易体制とどのように整合し、自由主義国際秩序における技術へのアクセスの権利という国際公益に対してどこまで許容されるのだろうか。

本稿ではこの問いに答えるために、第一に経済安全保障とは何か、経済安全保障とエコノミック・ステートクラフトとしての輸出管理との違いは何かについて、その概念を明らかにする。第二に、米中間の戦略的競争が加速する中で、中国および米国における経済安全保障政策の動向を概観し、最後に、米中間の戦略的競争の板挟みとなる日本に対する影響を検討する。この検討をとおして、経済安全保障が自由主義国際秩序における公益の確保とどのように整合しうるのかを考察する。

2. 経済安全保障と輸出管理

(1)経済安全保障とはなにか

2023年5月19日から21日にかけて広島で開催されたG7サミット(日本、米国、英国、フランス、ドイツ、イタリア、カナダで構成される主要国首脳会議)は、主要課題の1つが「経済的強靭性と経済安全保障」をグローバルに確保することであった。G7のどの国も中国との経済的相互依存が自国の安全保障にとってのリスクであるという認識があり、また、欧州諸国、特にロシアと経済的相互依存を深めてきたドイツにとっては、ロシアのウクライナ侵攻により、自国の経済上及び安全保障上のリスクの高まりを痛感している。G7サミットでは「経済的強靭性および経済安全保障に関するG7首脳声明」を採択し、サプライチェーンの多様化やパートナーシップの深化に加え、これまでの「デカップリング」(分断)ではなく「デリスキング」(リスクの軽減)を宣言した。

G7で採択された経済的強靭性および経済安全保障とはいったい何か。「経済安全保障」として国際的に共有された定義はない。日本では、2020年12月に自民党が発表した「提言「『経済安全保障戦略策定』に向けて[†2]」で用いられたことが、経済安全保障を政策的に推進するきっかけになったものと思われる。この提言では経済安全保障を「わが国の独立と生存及び繁栄を経済面から確保すること」と定義する[†3]。具体的には、日本の国民生活および社会経済活動の維持に不可欠な基盤を強化し、他国に過度に依存しない「戦略的自律性の確保」と、国際社会全体の産業構造の中で、日本の存在が不可欠である分野を戦略的に拡大する「戦略的不可欠性の強化」を目指すとしている[†4]。

この提言に基づき2022年5月に「経済安全保障推進法」が成立した。経済安全保障推進法では、重要物資の安定的な供給の確保(サプライチェーンの強靭化)、基幹インフラ役務の安定的な提供の確保、先端重要技術の開発支援および特許出願の非公開を4つの柱としている。先端的技術とは、「将来の国民生活および経済活動の維持にとって重要なものとなり得る先端技術」であり、このうちの特定重要技術とは、宇宙、海洋、量子、AI技術など、研究開発情報が外部から不当に利用されたり、これらの技術を用いて外部から不当な妨害が行われる可能性のあるもの、また、国家や国民の安全を損なうおそれがあるものとしている。こうした特定重要技術に対して、特定の他国に過度に依存しない「戦略的自律性」を確保するとともに、

2　自由民主党政務調査会新国際秩序創造戦略本部『提言「経済安全保障戦略」の策定に向けて』2020年12月16日。https://www.jimin.jp/news/policy/201021.html.

3　同上、3頁。

4　同上、3–4頁。

日本の技術や製品が唯一無二のものであり、日本に圧力をかければ、逆に日本から報復を受ける恐れがあるという「戦略的不可欠性」の状況を作り出すことで、他国による行動を抑止することを目的とする[†5]。このような戦略的不可欠性を強化するための重要な措置が輸出管理を含む通商政策である。

(2) エコノミック・ステートクラフトとしての輸出管理

経済安全保障と類似の概念として、古くから存在するのがエコノミック・ステートクラフト(ES)である。ESという用語を初めて用いたボールドウィンは、その定義を、経済的手段を用いて対外政策の目的を達成することとしている[†6]。これを踏まえて鈴木は、外交、軍事、安全保障による「ハイポリティクス」の対立と、経済関係による「ローポリティクス」の相互依存という矛盾の中で生まれたのがESであり、経済的手段を用いて、国家の外交的・戦略的な目的を達成することと集約している[†7]。ESの形態としてわかりやすい例が経済制裁と輸出管理である。経済制裁とは、日本でもしばしばニュースで取り上げられる北朝鮮やロシアに対するものがあり、核兵器開発やロシアの場合はウクライナへの侵攻というように、特定の国家に対して輸出規制や金融取引の規制などの経済的な制裁を課すことにより、特定の行動をやめさせようとするものである。もっとも、こうした経済制裁を実施しても、北朝鮮の核開発プログラムもロシアによるウクライナ侵攻も継続しており、外交的・戦略的な目的を達成しているとはいいがたい。しかしESには国際社会に向けて、国際法や規範的なルールに反した行為をしていることを宣言する「アナウンスメント機能」があり、これにより国際社会における秩序を再確認

5　鈴木一人「米中の技術覇権をめぐる問題」鈴木一人・西脇修編著『経済安全保障と技術優位』勁草書房、2023年。

6　David A. Baldwin, *Economic Statecraft*, Princeton University Press, 1985.

7　鈴木一人「検証　エコノミック・ステイトクラフト」『国際政治』第205号(2022年2月)、1–13頁。

する効果も指摘される[†8]。

それに対して輸出管理は、歴史的に外交や安全保障上の目的を達成するために重要な役割を果たしてきた。日本では「安全保障貿易管理」とも呼ばれている。冷戦時代には、輸出管理は経済的な戦略手段として使用され、技術的な優位性を維持し、武器技術の拡散を敵国に防ぐことを目的として、東側ブロックの国々が西側ブロックのもつ機密品や技術へアクセスすることを制限した。いわゆるココム（対共産圏輸出統制委員会）である。ココムは法的拘束力のある条約ではなく、参加国政府間における非公式な合意であり、その合意に基づき参加国はそれぞれの裁量のもとで輸出管理を行う。その一方で、参加国間で輸出禁止対象とする物や技術の共通リストを作成し、例外的な取引を行う場合には、原則として事前に全参加国の承認を求めることにより、参加国間での輸出管理の調和が図られていた。

冷戦の終結に伴い、輸出管理をとおして軍事的な優位性を維持するという目的は不明瞭となり、輸出管理の焦点は、大量破壊兵器の拡散を防ぐことと、通常兵器の不安定な蓄積を防ぐことに移行した。現在は、自由貿易の維持と発展を促進するために、輸出規制を政治的な目的で行うことは、国家安全保障上に限定して認められる例外的な措置となっている。現在例外的な措置として認められる多国間で輸出管理を調整する枠組みには、冷戦期から継続する原子力供給国グループ（NSG）、生物・化学兵器開発に関連するオーストラリア・グループ（AG）、ミサイル技術管理レジーム（MTCR）がある。いずれも軍事利用と民生用途の両用性のあるデュアルユース品目を定めて規制している。また、冷戦後にココムから発展して設置された通常兵器の開発製造に用いられる技術や資機材を規制するワッセナー・アッレンジメント（WA）がある。いずれの枠

8　鈴木一人「エコノミック・ステイトクラフトと国際社会」村上裕三編『米中の経済安全保障戦略――新興技術をめぐる新たな競争』芙蓉書房出版、2021年。

組みも冷戦期同様に法的拘束力は持たず、それぞれ40か国程度が参加し、輸出規制の調和を図っている。

日本は、この4つすべてのレジームに参加し、さらに輸出管理を厳格に実施している国を「ホワイト国(現行のグループA)」と認定して、輸出管理優遇措置の基準としてきた。冷戦後に「輸出管理」が日本で一躍注目されたのは、2019年7月に、日本が輸出管理制度を見直し、韓国を管理の緩い「ホワイト国」から外し、フッ化水素、レジスト、フッ化ポリイミドの三品目を包括許可から個別許可に移行した時であろう。日本政府はこの変更について、韓国の輸出管理制度に不備があり、日本製品が韓国を経由して大量破壊兵器の開発・製造に使われるおそれがあるためと説明した。表面上は、あくまでも韓国の輸出管理体制を懸念した結果としての輸出管理の制度上の変更としたが、韓国側は、その直前に発生した元徴用工問題を巡って韓国の最高裁判所が日本企業に賠償命令を出したことに対する報復措置として、日本がESの手段をもちいたと受け取っている†9。

以上の違いから、経済安全保障は経済的手段を通して国家の存続を維持する「守り」を固める方法であり、それに対してESは、経済的手段により影響力を行使して相手国の行動を変えさせることが目的であり「攻め」の性格を持つ行為ともいわれる†10。

(3)輸出管理の拡大

こうして輸出管理が政策的に用いられる一方で、第二次世界大戦後の自由主義国際秩序の基盤は自由貿易であった。世界恐慌以降のブロック経済化の反省にたち、多国間の自由貿易を促進するために「関税および貿易に関する一般協定(GATT)」が

9　なお、韓国については2023年7月21日施行の外国為替及び外国貿易法政令改定により、輸出管理の厳格化措置はすべて解除され、グループAに再指定され、輸出優遇措置の対象国となっている。

10　鈴木「検証　エコノミック・ステイトクラフト」。

結ばれ、加盟国全体の大幅な関税の引き下げが実現し貿易の自由化が進められた。とりわけ1980年代以降加速したグローバリゼーションは、物だけでなく資本の移動も促し、その結果、生産拠点は北半球から生産コストの低い国へと移動した。冷戦後の1995年には、GATTを解消する形で世界貿易機関（WTO）が設立され、WTOの対象となる範囲は、物の貿易に加えて、サービスや知的所有権にも拡大した。こうして発展した自由貿易体制においては、輸出管理や経済制裁などの経済的圧力の行使は、安全保障上の目的で用いられる例外的な慣行とみなされてきた。

安全保障上の例外措置としての輸出規制が、ここ数年で大きく変化している。2000年代初頭の中国の急速な経済的・軍事的台頭は、冷戦型の技術覇権競争の概念を復活させている。2018年の米国国家防衛戦略の発表に際し、マティス国防長官は、米国が「自由で開かれた国際秩序へのあからさまな挑戦と、国家間の長期的で戦略的な競争の再燃を特徴とする、ますます複雑化するグローバルな安全保障環境†11」に直面していると指摘した。この戦略的競争の中心にあるのは、3Dプリンターのような積層造形技術、合成生物学や遺伝子編集のような高度なバイオテクノロジー、AIを含むコンピューティング能力や機械学習の応用などの新興技術である。

新興技術の戦略的競争が加速するにつれ、国家が輸出管理やその他の行動を正当化するために、WTO／GATTにおける「安全保障上の例外」規定を国家安全保障の名の下で利用する傾向が増えている†12。また、これらの国家は、国家安全保障のもとで、サプライチェーンの脆弱性、外国製部品、アプリケーションに対処するための輸出入規制や、自国経済の戦

---

11 James N. Mattis, *Summary of the 2018 National Defense Strategy*, January 19, 2018. https://dod.defense.gov/Portals/1/Documents/pubs/2018-National-Defense-Strategy-Summary.pdf

12 Tatiana, L. Prazeres, 'Trade and national security: Rising risks for the WTO' *World Trade Review*, Vol. 19, Issue 1（2020）, pp. 137–148.

略部門を管理するために輸出管理を用いることが増えている[13]。中国は習近平政権になって以降、ボイコットや、投資・貿易、観光の制限などの「経済的威圧」をとおして自国の対外目標を達成しようとしている。これに対して米国は、2018年10月にペンス前副大統領が、従来の米国による対中融和政策は失敗だったとして「新冷戦宣言」とも評される演説を行って以降、対中国を念頭においた輸出管理制度の改革を次々と実施し、対中政策を戦略敵競争に転換した。

3. 米中戦略競争における動向

(1)中国の動向

近年、中国は多面的な国家資本主義的アプローチを採用しており、戦略的技術部門の政府による直接管理、政府による広範な産業政策の策定、また、金融に対する政府の管理を強化している[14]。習近平が国家元首になると、中国共産党は、「国有企業の支配的立場を堅持する[15]」ことを公約に掲げ、技術・イノベーション力の獲得と強化をとおして、2025年までに戦略的な製造業セクターで国際競争力のある企業と産業集積を創出することを目指す「中国製造2025」構想を掲げた。これを実現するために、政府が誘導する資金を通じて投資の意思決定を行い、中国が先端技術で世界のリーダーにな

13　Vinod K. Aggarwal and Andrew W. Reddie, "Economic statecraft in the 21st century: Implications for the future of the global trade regime," *World Trade Review*, Vol. 20 Special Issue 2 (May 2021), pp. 137–151.

14　Vinod K. Aggarwal and Andrew W. Reddie, "New Economic Statecraft: Industrial policy in an era of strategic competition," *Issues & Studies: A Social Science Quarterly on China, Taiwan and East Asian Affairs*, Vol. 56, No. 2 (2020), 1–29.

15　Central Committee of the Communist Party of China, 'Decision of the Central Committee of the Communist Party of China on some major issues concerning comprehensively deepening the reform,' General Office of the State Council, 16 January 2014, http://www.china.org.cn/china/third_plenary_session/2014-01/16/content_31212602_2.htm

るための体制を整えている†16。同時に、技術水準の向上をとおして中国軍を世界レベルの軍隊にすることを目指し、大学の研究機関や企業のイノベーションと中国軍や軍需産業の関係を強化し、経済と軍事の発展を同時に達成することを目指した「軍民融合発展戦略」が進められている。さらに中国政府は、2020年1月以降、経済競争力と国家安全保障にとって重要であると考える分野の経済活動に対する統制を強化するための法体制を整えてきた。

輸出管理に関しては、2020年12月に輸出管理法を施行し、国家安全保障を理由として企業間取引、合弁事業等の取引、輸出取引やオフショア取引に条件を課すため、政府に対して新たな権限を付与した。また、この輸出管理法では、他国の行為に対する報復として輸出制限を課すことや、制限リストにない品目であっても一時的な輸出制限を課すことが認められた。さらに輸出管理法を強化するため2020年8月には「輸出禁止・制限技術目録」を改正し、2020年9月には「信頼できない企業リストに関する規定令」を公布した。これら一連の措置をとおして中国は、世界的な経済・技術・軍事面でのリーダーシップを強化し、関連する重要技術とグローバル・サプライチェーンを管理するため、国家経済安全保障措置を推進・調整する政府の役割を強化している。

(2)米国における輸出管理法制の展開

米国は、冷戦後の世界において、安全保障上の重要な技術開発で世界をリードし、中国との関係においては1979年の米中国交回復以降「関与政策」を採用することによって、中国の民主化と経済発展を支援してきた。しかし、2010年頃から顕著となったAIや量子技術などの新興技術の急速な発展、とりわけ中国の経済的・軍事的台頭により、中国との関係において輸出管理政策を劇的に拡大させている。トランプ政権

16　Aggarwal and Reddie, "New Economic Statecraft."

は、中国に対する関与政策の失敗を断言し[†17]、関与から競争へと方針を転換させると、つづくバイデン政権もこの方針を維持し、中国を「既存の国際秩序を作り替える意図と能力を持つ唯一の競争相手[†18]」として、米国の覇権的地位を維持するための技術優位を優先課題と位置付けた。特に中国による国家主導での「中国製造2025」や「軍民融合発展戦略」により、中国による技術覇権に対する警戒感が高まると、米国は技術優位を維持するための手段として、輸出管理と対内直接投資の規制を拡大している[†19]。特に、米国の安全保障の専門家からは、米国の企業や大学が、中国との交流をとおして技術や研究成果の一方的な流出につながるとの懸念が高く、米中間の技術面での交流を遮断する「技術デカップリング」の必要性が主張されている[†20]。こうした声をうけて、米国政府は、輸出管理、対内投資規制、大学や研究機関の国際共同研究の管理をとおして、中国への新興技術の移転規制強化を進めている。

輸出管理の対象として重要技術が取り上げられたのは、ここ数年の出来事ではなく、1976年にはフレッド・ブシーが委員長を務めた国防科学委員会技術輸出タスクフォースによる「米国技術の輸出管理の分析――国防省の見解」(通称「ブシー報告書」)報告書に遡る[†21]。同報告書では、重要技術として、完

17 The White House, National Security Strategy of the United States of America, December 2017. https://trumpwhitehouse.archives.gov/wp-content/uploads/2017/12/NSS-Final-12-18-2017-0905.pdf.

18 The White House, National Security Strategy of the United States of America, October 2022, https://www.whitehouse.gov/wp-content/uploads/2022/10/Biden-Harris-Administrations-National-Security-Strategy-10.2022.pdf.

19 Scott Jones, "Disrupting Export Controls: "Emerging and Foundational Technologies" and Next Generation Controls," *Strategic Trade Review*, Vol. 6, Issue. 9 (Winter/Spring 2020), pp. 31–52.

20 Bateman, *U.S.-China Technological "Decoupling"*.

21 Office of the Director of Defense Research and Engineering, An Analysis of Export Control of U.S. Technology – A DOD Perspective,' 4 February 1976, https://apps.dtic.mil/sti/pdfs/ADA022029.pdf.

成品との対比での設計と製造の知識管理、「受動的」な移転との対比で「能動的」な移転（例えば、東西の相互関係が最も緊密な技術の移転）への集中、輸入国にとっての「進化的」な技術との対比での「革命的」な進歩をもたらす技術に焦点を当てる必要性を指摘している。これを受けて輸出規制当局は、米国がリードすべき革命的進歩をもたらす技術分野を特定した†22。この勧告に基づき1979年に輸出管理法（EAA）が制定されたが、同法は1990年の冷戦の終焉に伴い廃止され、それ以降は1977年に施行された国際緊急経済権限法（IEEPA）を用いて米国の輸出管理は履行されている。クリントン政権時の2001年には、EAAを復活させるための法案が上院に提出され、軍事利用と民生利用の両用性であるデュアルユース品の管理を通した大量破壊兵器や通常兵器への転用の防止に加えて、グローバル経済における米国の国際競争量の優位性の維持、また、エコノミック・ステートクラフトとしての輸出管理が目的とされた。しかしその直後に9.11同時多発テロ事件が発生し、それ以降、米国の輸出管理は、タリバーンやアルカイーダ等のテロ組織に対する大量破壊兵器の拡散防止のための制裁が強化されることとなり、輸出管理法制度そのものの再検討が行われる機会を逸していく。

EAAの廃止後実に17年ぶりの2018年に制定されたのが、輸出管理改革法（ECRA）であり、輸出管理を対外直接投資と結びつけ「新興・基盤技術」を特定・管理することとした。ECRAにおける大きな展開は、管理対象の技術領域を見直し、①新興技術と基盤的技術を規制することとしたこと、②技術を対象とするだけではなく、その技術の開発や製造にかかわる対象者のリスト（Entity List）を作成し管理対象とすること、そして、③軍事エンドユースと軍事エンドユーザーの規制を強化したことである†23。これらの展開によって、従来の大量破壊兵器

22　Jones, "Disrupting Export Controls."
23　米国の輸出管理法制度の展開については、中野雅之「米国の輸出管理

や特定の通常兵器の拡散を主目的とした輸出管理の対象が大きく拡大することになった。

一点目の新興技術と基盤的技術規制について、まず新興技術とは、いままさに出現しつつある技術であり、まだ製品やサービスとして確立していない技術であり、兵器でもなければ、現在の大量破壊兵器や軍事品の中で明確に定義された構成要素でもない。したがって新興技術は、その軍事的応用は推測の域を出ず、従来の大量破壊兵器や通常兵器の輸出管理の視点から国家安全保障への影響は十分に評価されていない。この不確実性と曖昧さによって、従来の輸出管理の枠組みで新興技術を定義し管理することを困難にしている[†24]。もう一方の基盤的技術には、最先端技術ではないものの特定の重要産業の基盤を支えるものであり、かつ米国が優位性を持つ基盤的技術を特定して新たに規制するものである。基盤的技術は、新興技術と異なりすでに市場に存在することから、すでに自由主義市場において規制対象外であったものを改めて規制することである。これまで自由に流通していた品目が規制されることになることから、国際的な取引に支障が生じる可能性が指摘されている[†25]。

二点目の対象者リストは、以前から輸出管理規則において規定されてきたものであるが、新たな方向性としてリストに掲載される対象者の範囲が拡大した。従来は、対象者リストに掲載されるのは大量破壊兵器の拡散が懸念される者が中心であったが、中国による軍民融合政策の強化に伴い、軍事関連の活動に関与した者が掲載されたり、その行動が国防関係

の新展開——従来型の限界と今後」村山雄三編『米中の経済安全保障戦略——新興技術をめぐる新たな競争』芙蓉書房出版、2021年に詳しい。

24　Sam Weiss Evans, *Comment for the Department of Commerce ANPRM on "Review of controls on certain emerging technologies,"* 27 December 2018, https://evansresearch.org/2018/12/comment-for-the-department-of-commerce-anprm-on-review-of-controls-on-certain-emerging-technologies/

25　中野「米国の輸出管理の新展開」、125頁。

のサプライチェーンの確保に対する脅威と認識されるといった理由で掲載されるようになっている[†26]。また、従来は対象者として企業が中心に掲載されていたが、大学や研究機関にまで対象が拡大している。加えて、米国の輸出管理法制度の最大の特徴は、米国からの輸出に対して適用されるだけでなく、米国から輸出された技術や物が、さらに第三国に対して輸出される際にも米国法の規制が及ぶことである。これを米国では「再輸出」として管理している。この対象となる技術や物は、米国の輸出管理規制(EAR)に規定される対象品目のうち、純粋に米国産の品目、米国産品目を一定以上組み込んだ品目[†27]、そして、米国の技術が直接的に用いられる品目が対象となる。この再輸出規制がECRAに基づき作成される対象者リストに掲載される相手にも適用されることとなる。すなわち、米国から技術や物を輸入した国が第三国に輸出する際には、この対象者リストの規制が適用されるということである。

三点目の軍事エンドユース・エンドユーザー規制とは、上記の対象者リストに記載された者以外に対しても、特定国の軍事エンドユース向け、または軍事エンドユースを支援する活動や機能を有する軍事エンドユーザー向けの輸出及び再輸出を規制するものである。従来の軍事エンドユーザー規制が、ロシアおよびベネズエラ向けのみであったのに対して、ECRAでは、ここに中国を追加している。軍民融合政策を採用している中国が、軍事エンドユーザー規制の対象となることにより、いわゆる一般企業や研究機関、大学等が該当することが予想される。

米国では、このほかにも2018年にECRAが制定されて以降、対中国を念頭においた様々な規制が相次いで講じられている。対内直接投資における規制も強めており、2018年には外国投

26　同上、126頁。

27　なお、EARでは米国原産品目が組み込まれた非米国製品目において、米国原産品目の組込比率が一定の値以下の場合には、EARの規制対象としないとするデミにミスルールが規定されている。

資リスク審査近代化法(FIRRMA)を成立させ、既存の対米外国投資委員会(CFIUS)の監督手続きを拡大し、米国市場における外国企業の活動が含まれるようになった。これは、企業活動における意思決定のあらゆる段階に適用され、重要な技術に関わる米国のベンチャーキャピタルやプライベートエクイティ企業の少数株式にも適用される†28。外国資本の企業ではない取引であっても、情報開示、審査及び調査の対象となる可能性がある。こうして政府および企業はともに、自由な投資環境の維持と国家安全保障への配慮の間でバランスを取ることが求められるようになっている†29。

またトランプ大統領は、1977年に施行された国際緊急経済権限法(IEEPA)を用いて、民間の情報サプライチェーンから特定の敵対者を排除する大統領令を発出した。IEEPAはもともと、米国の「安全保障、外交政策、経済に対して、米国外で生じた普通ではない、異常な脅威に対処するために」大統領は国家緊急事態宣言を発出し、同時に、外国為替取引、金融機関取引等のほか、関連する国外アクターの米国管轄内の資産の取得、使用、移転、輸出入等について、調査、差し止め、規制、取消、禁止をすることができるなどの権限を認める法である。1977年の制定以降、IEEPAは、米国による経済制裁の手段として用いられてきている†30。従来はテロ行為やクーデター等を根拠として国家に対して発動されることが多かったが、トランプ大統領は2019年5月に、情報・通信技術サービスのサプライチェーンのセキュリティ確保について国家非常事態を宣言し、ファーウェイを念頭に置いた「敵対者」を排除する大統領令を発出した†31。さらに、2020年11月には、中国の軍民

28　Aggarwal and Reddie, "New Economic Statecraft."

29　Ibid.

30　梅川健「アメリカ大統領権限と緊急事態法制――国際緊急経済権限法と経済制裁を中心に」安全保障貿易情報センター『CISTECジャーナル』No. 191(2021年1月)、62–69頁。

31　Donald Trump, "Executive Order 138873: Securing the Information and

融合政策が米国に対する異常な脅威を構成しているとして国家緊急事態宣言を発出し、行政命令13959によって中国人民解放軍と関連があるとされる特定の中国企業に対する証券の取引を禁止した。

このように、米国は中国に対する技術優位性を維持する経済安全保障を念頭に、新興技術に対する様々な規制を強化している。この展開は、2000年代中旬までの主流であったエコノミック・ステートクラフト型の輸出管理ではなく、冷戦期の対ソ関係でみられた軍事競争とそれを支える先端技術によって分断された新たな国際秩序に基づく、その名のとおり「安全保障貿易管理」への回帰であると評価できる†32。

4. 日本への影響

翻って日本では、第二次世界大戦以降、西側主導の自由主義国際秩序のもとで戦後復興および経済発展を成し遂げてきた。1955年にGATTに加盟して以降、日本はGATTの主要加盟国である米国及び西ヨーロッパとの貿易比率が急拡大する。GATTは冷戦の終焉に伴い、世界貿易機関(WTO)へと発展し、物の貿易に加えて、サービス、投資、知的財産も対象になるとともに、貿易上の紛争解決機能が強化された。2001年には中国がWTOに加盟し、WTOはグローバリゼーションのもとで経済相互依存の促進をけん引していく。日本の輸出管理は、自由貿易を基軸とした通商政策のもと、外国為替及び外国貿易法(外為法)における安全保障上の例外措置として実施されてきた。前述した4つの多国間輸出管理レジームにおける合意に基づき、大量破壊兵器やその他特定の通常兵器の開

Communications Technology and Services Supply Chain," 15 May 2019, 84 FR 22689.

32　小野純子「米国における輸出管理の歴史」村上裕三編『米中の経済安全保障戦略――新興技術をめぐる新たな競争』芙蓉書房出版、2021年。

発に用いられるおそれの高い機微な貨物や技術が輸出管理の対象であり、それらの取引を行う場合には外為法に基づき経済産業大臣の許可を得る仕組みとなっている。

ところが、WTOを基軸とする自由貿易体制で国際的な取引が拡大する一方で、中国がWTOに加盟し経済的·技術的影響力が高まるにつれ、WTOでの交渉やルール形成機能や紛争解決機能が滞り、経済的な相互依存が逆にリスクとして顕在化していった†33。こうした展開を背景として、米国はECRAやFIRMMAを制定したのである。米国による輸出管理強化に向けた動きを受け、日本は一連の輸出管理及び外資規制の枠組みの見直しを進めた。この背景には、米国における政策変化に対して、同盟国としてどのように対応するかという問題意識が存在する†34。日本は2017年5月に外為法を改正し、不正輸出や技術取引に対する罰則を強化した。また、安全保障関連のデュアルユース技術やビジネスの国際化の加速に伴う品目の海外流出を懸念し、対内直接投資規制を強化した。2019年11月には、日本はさらに、日本企業への対内直接投資の国家審査の閾値を、対象企業の株式の10%から12の中核部門で1%に引き下げる法案を可決した。また、2020年4月には、日本は国家安全保障局(NSS)内に経済班を設置した。その目的は、インフラ投資や機密技術の保護といった問題に関する政府の政策を調整することである。経済班は、経済政策立案を国家安全保障機構と統合するという、日本にとって近年で最も重要な構造改革の1つといえるだろう。

さらに、安全保障に関する機微なデュアルユース技術が人的交流を通じて流出する懸念に対応するため、2021年6月には、いわゆる「みなし輸出管理」の見直しが行われた。みなし輸出

33　西脇「経済安全保障と通商政策」、90–91頁。

34　村上裕三「日本の経済安全保障政策への展望」村上裕三編『米中の経済安全保障戦略――新興技術をめぐる新たな競争』芙蓉書房出版、2021年、207–229頁。

管理とは、国際的な平和と安全の維持を目的として、特定の機微技術を日本国内の「非居住者」に提供する取引を管理する制度で、経済産業省の事前許可を必要とする。従来は、日本国内の事業所に勤務する外国人は日本人と同様に「居住者」とみなされ、居住者間の技術提供はみなし輸出管理の対象外であった。つまり、企業の従業員間での技術移転は原則として輸出管理の対象外であった。企業のほか、6か月以上日本に滞在している研究者や学生などの外国人も「居住者」とみなされるため、大学や研究機関が共同研究や指導をとおして技術を提供する場合も、みなし輸出管理の対象外とされることがあった。今回の「みなし輸出」の明確化により、「居住者」と「非居住者」の関係が明確化され、外国政府と雇用契約を結び、その命令や外国の法律に従う義務を負っている者、外国政府から多額の金銭その他の多額の利益を得ている者、外国政府から日本での活動に関する指示や要請を受けている者は、日本国内に居住していたとしても、外為法で管理される機微な技術を提供する場合には、経済産業省の承認が必要であることが規定された。これらの政策の変更をとおして、日本は、米国による輸出管理制度の強化、特に「第三国輸出」規制に対応することを念頭に体制を整えてきている。

5. おわりに——自由貿易の維持と経済安全保障政策の整合は可能か

自由貿易は第二次世界大戦後の世界秩序の基盤であった。1980年代以降加速したグローバリゼーションは、モノだけでなく資本の移動も促し、生産拠点は北半球から生産コストの低い国へと移動した。冷戦後、WTOにより自由貿易がさらに促進され、グローバル・サプライチェーン・ネットワークが拡大した。それ以来、世界は自由貿易を基軸とし、輸出規制や経済制裁といった経済的圧力の行使は、安全保障上の例外的な措置として、他国の行動を変えさせる「エコノミック・ステートクラフト」として用いられてきた。その一方で、2000年代初頭の中国の急速な経済的・軍事的台頭は、米中間における新興技術をめぐる戦略的競争を生み出し、冷戦時代型の輸出管理を復活させている。国家間の緊張が高まるにつれ、自由貿易のルールを守るべきWTOが機能不全に陥り、各国政府が貿易障壁やその他の行動を正当化するために、GATTに基づく「安全保障上の例外」規定を国家安全保障の名の下に拡大解釈して利用する傾向が強まっている。国家は技術移転規制を自国の重要産業を保護するための有用な手段と見なすようになっており、サプライサイド規制の対象は大幅に拡大している。

こうして経済安全保障の名のもとに、輸出管理の対象を拡大、強化することにより、安全保障とWTOに基づく自由貿易との整合性が問われている。すでに中国は、米国による中国に対するAI関連の規制は不当であるとして、WTOの紛争処理手続きに訴えている。同時に「安全保障例外」に関する議論は、WTOルールの適用の問題を超えて、技術覇権競争という冷戦型の安全保障観と、グローバリゼーションを促進してきた自由主義的国際秩序という相互矛盾に対する問題提起ともいえる。本稿の冒頭で触れたG7首脳会議での「経済的強靭性および経済安全保障に関するG7首脳声明」では、米国で議論されてきた「デカップリング」(分断)ではなく「デリスキング」(リスクの軽減)が宣言された。その背景には、現在の国際経済環境が冷戦期と大きく異なることがある。戦略的競争関係にある国家間の関係があまりにも密接している。欧州諸国にとって、中国との経済関係を分断することはあまりにも経済的な打撃が大きい一方で、経済安全保障の観点から、重要産業については中国への依存度を下げていきたい思いがある。米国においても、様々な法整備を整える一方で、2022年10月に発出した対中半導体規制では、サーバー用の半導体と関連設備の対中輸出は禁止したが、スマートフォンや自動運転用の半導体は制限の対象としなかった。米国は対中戦略的競争としながらも、中国との経済関係のあり方に揺れ動いているのが実情である。

日本は一貫して自由貿易を基軸とし、輸出管理はあくまで大量破壊兵器とその運搬手段、また特定の通常兵器の拡散を防ぐことを目的とした例外措置として実施してきた。輸出管理のルールは多国間輸出管理レジームに則り、このルールを逸脱した政策を用いることは日本にとって基本的には難しい。こうした前提に立つならば、日本は、輸出管理を経済安全保障ないしはESとして用いるのではなく、多国間輸出管理レジームにおける合意をとおした輸出管理の拡充を推進し、潜在的な敵対国家に対する技術流出を効果的に防いでゆくことが望ましいと思われる。多国間の枠組みのなかで情報や課題を共有し、自由貿易の原則に基づき国家間の技術の流れを維持することの重要性を再認識し、適切なルールの策定をすることが求められる[†35]。こうした行動をとおして、自由主義的国際秩序の維持に努めることにより、日本が追求する法の支配に基づく国際秩序の形成に寄与することにつながるだろう。

35　同上、225頁。

終章

戦争原因の探求
――理論で何を説明できるのか

今野茂充

1. はじめに

戦争が社会に及ぼす甚大な被害や影響のことを考えると、はるか昔から継続的に戦争原因についての探求が続いてきたことも、まったく不思議ではない。しかしながら、過去2000年以上にわたって、幅広い分野(哲学、歴史学、政治学、神学、文化人類学、社会学、心理学、経済学、生物学、文学、数学など)の学者や思想家が戦争原因の究明に従事し、膨大な知見を生み出してきたにもかかわらず、戦争をはじめとする組織的暴力の原因については、いまだにコンセンサスが存在しない[†1]。すべての戦争の原因を説明する理論の構築を試みる野心的な研究者も存在

1　Jack S. Levy and William R. Thompson, *Causes of War*, Wiley-Blackwell, 2010, p. 2; Greg Cashman, *What Causes War? An Introduction to Theories of International Conflict*, 2nd edition, Rowman & Littlefield, 2014, p. 477.

するが[†2]、多くの分析者はそのような「マスター理論」は存在しないと考えている。歴史家ジェフリー・ブレイニーは、「戦争と平和の永続的なパターンが発見されないのは、おそらく、そのようなものは存在しないという単純な理由からであろう」と論じている[†3]。

たしかに、戦争のようにさまざまな要因が複雑に絡み合う事象を、シンプルに説明しようとすることには限界があるのかもしれない。しかしながら、リアリズムやリベラリズムなどの国際関係理論の研究を中心に、戦争が起きやすい条件や起きにくい条件を特定することを試みる思索も積み重ねられてきた。また、戦争の相関研究(COW: Correlates of War)プロジェクトをはじめとして[†4]、戦争を「科学的」に分析するためのデータの整備も着実に前進しており[†5]、過去30年間ほどで、それらのデータを統計的に解析して戦争勃発の原因を探求する試みも活発化している。さらには、後述するジェームズ・フィアロンの戦争の交渉理論のように、数理モデルを用いて厳密に戦争開戦の条件を分析する試みも存在する。個々の戦争に関する歴史学的研究の豊かな知見に加えて、これまで積み重ね

2　最近の試みとして、クリストファー・ブラットマン『戦争と交渉の経済学——人はなぜ戦うのか』(神月謙一訳、草思社、2023年)を参照。ブラットマンは、①「抑制されていない利益」の存在(戦争による犠牲に責任を負う必要がなく、開戦を決定する人々が私的な利益を追求できる場合など)、②「無形のインセンティブ」の存在(復讐や宗教上の目的など、形のない報酬を求める場合)、③「不確実性」の存在、④「コミットメント問題」の存在(双方とも取引が望ましいと考えているが、相手の約束を信頼できない状況)、⑤「誤認識」の5つが戦争の原因だとしており、「ほとんどの戦争に対する説明はこれら5つが形を変えたものだ」としている(31–34頁)。

3　Geoffrey Blainey, *The Causes of War*, 3rd ed., Free Press, 1988, p. 35.

4　Correlates of War Project Homepage. <https://correlatesofwar.org/>

5　代表的なデータセットの概要については、多湖淳『戦争とは何か——国際政治学の挑戦』(中公新書、2020年)175–179頁を参照。2012年に刊行されたポール・ヘンセルによるレビューも参考になる。Paul R. Hensel, "Review of Available Data Sets," Sara McLaughlin Mitchell, Paul F. Diehl and James Morrow, eds., *Guide to the Scientific Study of International Processes*, Wiley-Blackwell, 2012,

られてきた様々な理論的知見を総合することで、戦争の原因について、ある程度の傾向を把握するところまでは十分に到達可能であると思われる。

本章の目的は、戦争原因について理論的に探求する方法やアプローチについて検討し、理論で何が説明できるのか、その大要を示すことである。本章で取り扱う先行研究は、膨大な戦争原因研究のごく一部にすぎないが、以下では、これまでの理論研究において、どのようなことが問題にされ、何が明らかになり、どのような課題が残されているのか、その一端を示したい。なぜ、意思決定者は戦争を決断するのか。逆に、どのような条件で戦争を思いとどまるのか。どのような環境の時に戦争が起きやすくなるのか。何をめぐって戦争が起きることが多いのか。戦争には多大なコストが生じるのに、なぜ戦争が繰り返し起きているのか。なぜ、特定の国家はその他の多数の国家よりも頻繁に戦争にかかわっているのか。戦争は人類特有の現象なのか。これらは戦争原因に関する基本的な問題の一例であるが、一見して明らかなように、明確に答えることが容易ではない問題も多い。

本論に入る前に、3つのことを確認しておこう。第1に、本章では、主として国家間戦争を扱う。冷戦終結後の世界では、国家間戦争よりも、内戦や国家と非国家主体の戦闘が目立つようになったこともあり、戦争研究の対象を国家間戦争に限定しない分析者が増えている。内戦は凄惨さを増しており、伝統的な内戦よりも国家間戦争に近くなっているため、「粗野な国内戦争(uncivil wars)」と分類するべきだという議論も存在する†6。前述のCOWプロジェクトにおいても、1990年代以降、戦争の分類に関する再検討が進められ、①国家間戦争(Inter-state War)、②国家外戦争(Extra-state War)、③国家内戦争(Intra-state War)、④非国家戦争(Non-state War)という4分類が採用されることに

pp. 43–62.

6　Donald M. Snow, *Uncivil Wars: International Security and the New Internal Conflicts*,

なった†7。こうした研究動向もあるが、本章では紙幅も限られているため、国家間戦争のみを扱うことにしたい。

第2に、「近接的な原因」と「根本的な原因」の区別である。たとえば、ジョン・ヴァスケスは、隣接した国家間の領土問題こそが、戦争を引き起こすような紛争の根本的な原因だと考えているが、実際に戦争を引き起こすかどうかは、当事者がその紛争をめぐる問題をどのように扱うか(近接的な原因)によって決まるという立場をとっている†8。また、ジャック・リーヴィとウィリアム・トンプソンが指摘しているように、「大局的にみれば、システム・経済・社会のレベルの広範な力は、特定の個人のそれよりも、対立状況の形成や戦争にいたる過程に大きな影響を及ぼすことになるが、敵対する国家の意図や能力に関する誤解を含め、戦争が近づくにつれ、個人の影響が大きくなる」傾向がある†9。戦争へとつながる一連の因果連鎖について分析する際に、近接的な原因と根本的な原因を区別して考えることは重要である。

第3に、戦争原因に関する理論の多くは決定論的な理論ではなく、確率論的な理論だということである。気象予報士は、観測された気象条件やデータから、降雨や台風の進路などさまざまな気象結果が生じる確率を予測しているが、スコット・ベネットとアラン・スタムは、政治的行動を扱う理論もそれに似ていると論じている。彼らは、確率論的とは「人間の行動には確率的な要素があることであり、一見同じようにみえる条件下でも、あるときには特定の選択をおこない、あるときにはまったく別の選択をするかもしれないが、それぞれの選択をおこなう確率についてはある程度予測すること可能であ

Lynne-Rienner, 1996, pp. 1–2.

7 Meredith Reid Sarkess and Frank Whelon Wayman, *Resort to War 1816–2007: A Data Guide to Inter-State, Extra-State, Intra-State, and Non-State Wars*, CQ Press, 2010, pp. 45–47.

8 John A. Vasquez, *The War Puzzle Revisited*, Cambridge University Press, 2012, p. 7.

9 Levy and Thompson, *Causes of War*, p. 211.

る」と説明している†10。

2. 戦争と戦争原因の分析レベル

(1)戦争の定義

戦争原因を探求する方法やアプローチについて検討するにあたり、まずは「戦争とは何か」ということについて確認しておく必要がありそうである。しかしながら、戦争研究はさまざまな学問分野を横断しておこなわれており、戦争の定義についてのコンセンサスは存在しない。ここでは、さしあたり国際関係論や安全保障研究でよく目にする2つの定義を確認しておきたい。

第1に、「戦争とは、政治的ユニットが互いに対しておこなう組織的暴力である」というヘドリー・ブルの定義がある†11。ヴァスケスが評しているように、この定義は、戦争を国家間戦争に限っておらず、幅広い学問分野の研究に対応できる汎用性の高さを特徴としている。また、論争的な用語や概念も使用されておらず、「組織化された暴力」という広く有用な概念も含まれている。なお、ヴァスケスは、この定義に「他の集団の構成員を殺害することを目的にしている」という条件を追加するべきだと主張している†12。

第2に、「戦争とは、1000人以上の死者をともなう軍事組織間の持続的な戦闘」という、COWプロジェクトで採用されている定義がある†13。戦争による死者数を戦争の基準として採用することや、戦争による死者の数え方をめぐってさまざまな議論もあるが、戦争と小規模な軍事衝突とでは闘争の性

10 D. Scott Bennett and Allan C. Stam, *The Behavioral Origins of War*, University of Michigan Press, 2004, p. 4.

11 Hedley Bull, *The Anarchical Society: A Study of Order in World Politics*, 2nd ed., Columbia University Press, 1995, p. 178.

12 Vasquez, *The War Puzzle Revisited*, p. 24.

13 Sarkees and Wayman, *Resort to War 1816–2007*, p. 41.

質や国内外への影響に違いが出るため、一定の基準を設けることには利点も存在する。なお、COWプロジェクトでは、戦闘による死者が1000人未満の紛争も重視しており、「武力紛争(MIDs)」データセットを整備して、公開している†14。

戦争と大戦争(major war)とが区別されることもある。デール・コープランドによれば、大戦争とは、①あるシステム内のすべての大国が関与していること、②最高レベルの激しさで戦われる全面的な闘争であること(軍の総動員をともなう)、③係争中の1つあるいは複数の大国が主権国家として消滅する可能性を含んでいること、という3つの特徴を有した戦争である†15。大戦争が実際に起きる確率はそれほど高くはないが、地域や世界に及ぼす影響が非常に大きいため、国際安全保障の研究においても重要視されている。

(2)戦争原因の分析レベル

複雑な事象を分析する際に、分析対象をいくつかのレベルに整理して分析したり、異なる視点から分析したりすることは、学問領域を超えて一般的におこなわれている。戦争原因に関する議論でも、分析レベルを意識したものは多い。戦争にいたる道筋(因果経路)はさまざまであり、多様な要因(変数)が戦争の発生に関係しているが、分析レベルを分けて考えることによって、こうした多様性を扱いやすくなるからである。リーヴィとトンプソンが簡潔にまとめているように、「分析レベルは戦争の原因を類型化したものであり、より一般的には、国家やその他のアクターの政策や行動に影響を与えるさまざまな原因(要因)を分類するための枠組みである」†16。

それでは戦争の原因について考える際に、分析レベルをど

14　Militarized Interstate Disputes. <https://correlatesofwar.org/data-sets/mids/>

15　Dale C. Copeland, *The Origins of Major War*, Cornell University Press, 2000, p. 3.

16　Levy and Thompson, *Causes of War*, p. 14.

のように整理すればよいのだろうか。国際関係論や安全保障研究の領域では、ケネス・ウォルツによる3つのイメージの議論がよく知られている。ウォルツは1959年に刊行された『人間・国家・戦争』のなかで、戦争の原因を体系的に整理して考察するために、人間(第一イメージ)、国家(第二イメージ)、国際システム(第三イメージ)という分類を提唱した†17。その後、デーヴィッド・シンガーが分析レベルという用語を使用し†18、現在では、この用語が学界で一般的に使用されているが、ウォルツの3つのイメージ論は今もその代表例として扱われることが多い。

ウォルツが分類したそれぞれのイメージ(分析レベル)では、さまざまな要因が戦争の原因になることが想定されている。まず、人間(個人)の分析レベルでは、恐怖や自負や焦りといった人間の本性にかかわる要因や、特定の指導者の性格や心理的特性などに戦争の原因を求めることになる。次に、国家(国内政治)の分析レベルでは、政策決定過程や政治・軍事指導者間の力関係、経済システムの構造、国内集団の力関係や影響力、政軍関係、世論の圧力、国家と社会の関係などに戦争の原因を求めることになる。特定の性質を持つ国家が、そうではない国家と比べて戦争に踏み切りやすい理由を探求することも第二イメージの議論である。最後に、国際システムの分析レベルでは、大国(極)の数やパワーの分布状況(勢力均衡の状況)、パワー・シフトの動向、不確実性、アナーキー(無政府的)な国際構造などに戦争の原因を求めることになる。

過去30年間で、ウォルツが提示した「3つのイメージ」に加えて、ダイアッド(二国間)の相互作用を独立した分析レベルとみなすことも増えている。ダイアッドレベルでは、それぞれの国家の性質ではなく、国家のペアの性質・特徴や、相互作用

17　ケネス・ウォルツ『人間・国家・戦争——国際政治の 3 つのイメージ』渡邉昭夫・岡垣知子訳、勁草書房、2013 年。

18　J. David Singer, "The Level-of-Analysis Problem in International Relations," *World Politics*, Vol. 14, Special Issue 1 (October 1961), pp. 77–92.

に焦点が当てられる。たとえば、民主主義国家同士は戦争しないという、民主的平和の議論もダイアッドレベルの議論である。また、ライバル関係にある国家の組み合わせの方が、そうではない組み合わせの場合よりも、危機が戦争にエスカレートする確率が高まる傾向も定量的な研究によって確認されている。ライバル関係は、悪質な形で国内政治と連動し、対立の力学を強化する傾向がある。そのため、対立する国家同士が、相互にとって利益となる解決策の模索を阻害することも多い[†19]。

国際システムではなく、諸国家の二者間相互作用(dyadic interactions)に着目することで、これまでみえにくかった戦争勃発のパターンがみえやすくなったことは、戦争原因研究における大きな進展である[†20]。定量的な戦争研究で確認されている通り、全体としてみれば、戦争に参加した経験を有する国はむしろ少数派であり、特定の国が戦争を繰り返す傾向が強い。戦争が発生しやすいダイアッドとそうではないダイアッドの違いを探ることで、戦争原因を探求するにあたり、あらたな視角を提示したと評価できる。

過去には、「どの分析レベルがもっとも重要か」、「各分析レベルの相対的な重要度をどのように考えるべきか」といった問題に焦点が当てられた時期もあった。しかしながら、現在では、戦争と平和の問題を理解するためには複数の分析レベルの変数を組み合わせる必要がある[†21]、と考える分析者が増えているように思われる。

3. 戦争原因を説明する諸理論

アザー・ガットが論じているように、そもそも地球上の生物は(資源の)希少性の制約下で生き残りや繁殖のために互い

19 Cashman, *What Causes War?* pp. 483–484.

20 Levy and Thompson, *Causes of War*, p. 55.

21 Ibid., pp. 207, 212.

に争うものである。自然界全体でみれば、人間による致命的な暴力や戦争も特別なことではないのかもしれない†22。とはいえ、命がけで争うことが人類特有の現象ではないとしても、人類が戦争にいたる道筋は複雑であることが多く、戦争に関連する要因も無数に存在する。そのため、戦争原因については、これまで多種多様な考察がおこなわれてきた。

戦争原因に関する20世紀中盤以降の思想研究や理論研究を概観すると、パワーや安全保障をめぐる国家間の闘争を重視するリアリズムが、伝統的に中心的な位置を占めてきたことがわかる。1990年代以降になると、リアリズムの研究に加えて、統計分析で戦争の勃発について探求する研究や、数理モデルを用いた合理的選択論による研究の蓄積も本格的に進み、戦争原因に関する理論は着実に進展しているといえる。

その一方で、一部の例外は別として、説明力を十分に検証される機会がないまま、あらたな理論が生み出され続けていることによる弊害もかなり前から指摘されている†23。戦争原因に関する理論の乱立状況は、学界における研究の細分化傾向と相まって、現在さらに悪化しているようにも思われる。こうした問題のことも念頭におき、本節では、無数に存在する戦争原因に関する理論研究のなかでも、継続的に批判や比較検証の対象とされてきた、①リアリズムの戦争原因論、②定量的な戦争研究、③戦争の交渉理論を中心に論点を検討することにしたい。

本題に入る前に、リベラリズムや社会構成主義(social constructivism)と戦争原因との関連についても、少しだけ言及しておこう。まず、現代リベラリズムの議論では、戦争は非合理的だとされることが多く、何が戦争を引き起こすのかを直接的に探求する試みはあまり存在しない。経済的相互依存の深

22　Azar Gat, *The Causes of War and the Spread of Peace: But Will War Rebound?*, Oxford University Press, 2017, p. 246.

23　Bennett and Stam, *The Behavioral Origins of War*, pp. 1–2.

化、民主主義国家の増大、国際制度の発達などが国家間の平和を促進することを論証しようとする研究が多く[†24]、戦争発生を抑制する要因への関心が強いといえる[†25]。規範やアイデンティティといった非物質的要素とその相互作用を重視する社会構成主義による研究も同様である。「アナーキーは国家が作り出すもの」という議論で有名なアレクサンダー・ウェントは、国家間の相互作用の状況に応じて、アナーキーの論理がホッブズ的、ロック的、カント的なものに変化するため、アナーキーが必然的に不信と戦争の原因になるわけではないと論じている[†26]。同じアナーキーという環境下でも、国家の相互作用の様態によって戦争のリスクが変化するという指摘は重要であるが、直接、戦争原因を分析することはなされていない。ウェントの研究以降も、戦争原因の解明に、社会構成主義者の関心はあまり集まっていないように思われる。

24　Bruce Russett and John Oneal, *Triangulating Peace: Democracy, Interdependence, and International Organization*, Norton, 2001; Patrick J. McDonald, *The Invisible Hand of Peace: Capitalism, The War Machine, and International Relations Theory*, Cambridge University Press, 2009.

25　パトリック・マクドナルドが論じているように、19 世紀の古典的リベラリズムの議論でも、民主主義や自由貿易の平和促進効果が強調されていた。第 1 に、専制や君主制の場合、戦争が勃発すると、指導者はそのコストを国内社会に転嫁した上で、課税を強化して国家の財政基盤を拡大したり、政府の権限を強化したり、(既得権益を弱める)改革を先送りすることで、戦争から利益を得ることができる。ところが民主主義国家の場合、戦争を名目にして私利私欲を追求する指導者は選挙で罰せられやすい。第 2 に、貴族や商業独占者といった既得権益層は、戦争や領土拡張から経済的利益を得ており、課税収入を増やすために国際貿易を含む自由な商業活動を制限する傾向があった。そのため、貿易障壁を撤廃し、自由貿易を推進することは、既得権益層の国内権力を浸食する手段にもなり、国家間の相互利益が増大すれば、戦争への物質的動機も低下することになると考えられた。マクドナルドは、「リチャード・コブデンもヨーゼフ・シュンペーターも、戦争の起源を政治体制内の支配階級の特殊な利害に求めるというリベラリズムに共通する遺産を利用していた」と論じている(37–38 頁)。McDonald, *The Invisible Hand of Peace*, pp. 33–39.

26　Alexander Wendt, *Social Theory of International Relations*, Cambridge University Press, 1999, pp. 18, 20, 246–312.

(1)リアリズムの戦争原因論

悲観的な世界観を基調とするリアリズムの理論研究では、時代を超えて戦争が発生し続けている理由や、パワーや安全保障をめぐる国家間(特に大国間)の競争について、探求が続けられてきた。戦争原因に関連するリアリズムの議論は多岐にわたるが、ここでは国際システム、パワー・シフト、勢力均衡(およびバランシング)という、リアリズムの3つの主要テーマとの関連について検討する。

第1に、アナーキーな国際システムとの関連であり、戦争がなくならない理由や戦争が起こりやすい環境にも関わる議論である。ジョナサン・カーシュナーが論じている通り、古典的リアリズムから最近のネオクラシカル・リアリズムに至るまで、リアリストの議論は、アナーキーな国際システムの帰結から出発している†27。世界政府のような中央権威が存在しない国際システムにおいて、他国の行動が穏健で抑制的であり続ける保証はどこにもない。現在はもちろん、将来の他国の意図や能力には常に不確実性が存在するため、国家は安全保障に関する不安を常に持ち続けるとリアリストは想定する。こうした環境下で、国家は、他国に攻撃される可能性に備え、他国のパワーや軍事力の動向に重大な関心を持つ。そして、不必要な戦争は避けるべきだとしても、必要があれば戦争も辞さないことになる。このアナーキーな国際システムは不変のものであり、パワーや安全保障をめぐる国家間の競争が永続的に繰り返されるとされている。

リアリストにとって、戦争の根本的な原因は、国際システムがアナーキーであることである。ただし、攻撃的リアリストのジョン・ミアシャイマーが「安全保障をめぐる争いは国際システムの中で日常的に起こるが、戦争は違う。安全保障競争が戦争に発展するのはかなり珍しいといってよい」と述

27　Jonathan Kirshner, *An Unwritten Future: Realism and Uncertainty in World Politics*, Princeton University Press, 2022, pp. 3–4.

べているように†28、リアリストは戦争が常に頻発すると主張しているわけではない。

恐怖や不安が戦争の原因になることもリアリストの中心的な論議である。アナーキーな国際システムの不確実性が、国家の不安を増幅する安全保障のジレンマを引き起こすことは、特に防御的リアリストに分類される論者によって強調されてきた。安全保障のジレンマは、「安全保障を高めようとする様々な手段が他国の安全保障を低下させてしまう」時に発生する†29。ここでは、国家が攻撃的な意図を持つか否かにかかわらず、ある国の安全保障を高める行動が他国には脅威として認識されること、脅威を認識した他国が軍備拡大等を通じて安全保障を高めようとすること、他国のこうした対応が自国の安全保障を損ねること、といった点が強調されている。この安全保障のジレンマの影響は、軍事技術における攻撃と防御のバランス(とその識別可能性)によって変化すると想定されている。攻撃が有利な状況では先制攻撃の誘因が高まり、安全保障のジレンマも過酷になるため、戦争勃発の確率も上がる。逆に、防御が有利な状況ではジレンマが緩和され、戦争勃発の可能性も低下することになる†30。

国際システムにおけるパワーの分布状況が、戦争勃発の確率に関連するという議論もある。よく知られているのは、極(主要大国)の数と国際システムの安定(大きな戦争の不在)に関する議論であるが、長期にわたる論争にもかかわらず、今もコンセンサスは存在しない†31。多極の方が安定するという議論

28　ジョン・J・ミアシャイマー『完全版 大国政治の悲劇』奥山真司訳、五月書房、2017年、409頁。

29　Robert Jervis, "Cooperation under the Security Dilemma," *World Politics*, Vol. 30, No. 2 (1978), p. 169.

30　攻撃=防御バランスについては以下を参照。Stephen Van Evera, *Causes of War: Power and the Roots of Conflict*, Cornell University Press, 1999, chapter 6.

31　極をめぐる議論については以下を参照。Nina Græger, Bertel Heurlin, Ole Wæver, and Anders Wivel, eds., *Polarity in International Relations: Past, Present, Future*,

もあれば、二極の方が安定するという議論もある。また、ランドール・シュウェラーは、三極と四極以上の多極を区別し、三極が不安定になりやすい(戦争が発生しやすい)と主張している。シュウェラーは最強国の半分以上の国力を有する国を「極」と定義しているが、この定義で考えると、2つの極が手を結べば、残された極は、総合国力の面で必ず劣勢になることになる†32。極の数と戦争の関係について決定的な論理を提示することは困難であるが、少なくとも三極が安定しないことは、直感的には理解しやすい。

第2に、パワー・シフトとの関連である。ロバート・ギルピンが論じているように、パワー・シフトを重視するリアリストは、「国家間の戦争と国際システムの変動の根本的な原因は国家間の国力の不均衡成長」にあり、「国際関係の力学の動因を、国際システムにおける力の分布が時間の経過とともに変化する」ことに求めてきた†33。ただし、パワーの分布の変化が、台頭国と衰退国のどちらにより多く戦争の誘因を与えるかという点については、見解が一致していない。かつては、台頭国(挑戦国)が支配的大国に戦争を仕掛けることが想定されることも多かったが、冷戦終結以降は、相対的に衰退傾向にある強国が、将来の地位・状態の悪化を避けるために予防戦争をおこなうことに関心が集まるようになった。スティーヴン・ヴァン=エヴェラが端的にまとめているように、「差し迫ったパワー・シフトは、一方的な誘因を生む。衰退する国家は早期の戦争を望み、台頭する国家はパワー・シフトが終わるまで戦争を避けたい」†34。デール・コープランドも、パワー低下

Palgrave Macmillan, 2022; 岡垣知子「国際システムの『極』をめぐる議論のゆくえ」『国際安全保障』第51巻、第3号(2023年12月)、1–17頁。

32 Randall L. Schweller, *Deadly Imbalances: Tripolarity and Hitler's Strategy of World Conquest*, Columbia University Press, 1998, pp. 17, 39–58.

33 ロバート・ギルピン『覇権国の交代――戦争と変動の国際政治学』納家政嗣監訳、徳川家広訳、勁草書房、2022年、88頁。

34 Van Evera, *Causes of War*, p. 73. たしかに、台頭国が対外的な野心を自制し、

の深刻さと衰退の不可避性の度合いによって、大国が予防戦争を起こす誘因が変化すると主張し、条件が同じであれば多極よりも二極で戦争になりやすいとも論じている†35。

もっとも、野口和彦が指摘しているように、「相対的パワーの上昇は国家に自国をより強くする機会を与え、相対的パワーの下降は国家をより脆弱にする」ので、台頭国と衰退国はそれぞれ戦争の動機を持ちうる。そのため、台頭国による戦争と衰退国による戦争を一貫した論理で理論化することが望ましい†36。

第3は、勢力均衡との関連である。戦争と勢力均衡の関係は複雑であるが、全般的に、勢力均衡がうまく機能していれば、侵略は抑制され、戦争の頻度も低下すると考えるリアリストが多い。問題は、勢力均衡がなかなかうまく機能しないことである。

ハンス・モーゲンソーは、勢力均衡の政策が他を圧倒する国家の出現を防止するという目的を達成してきたことを認めた上で、勢力均衡メカニズムが円滑に機能することを妨げてきた3つの弱点について議論している。第1は、不確実性であり、国家が合理的に他国の相対的国力を計算することが難しく、同盟国の動静も不確実なため、将来の闘争の際の力関係について、正確に評価できないことである。第2は、非現実性であり、そもそも均衡点が不明瞭なので、各国は均衡ではなくパワーの最大化を追求してしまう傾向があることである。第3は、不十分性であり、勢力均衡に加えて、秩序維持に関する諸国家

パワー・シフトが自国に有利な形に推移するまで待つことは合理的である。しかしながら、歴史上の台頭国の事例から明らかなように、自制を保ち続けることはことのほか困難であり、そこには国内政治の力学が作用している。台頭国の自制戦略の論理と障害については、今野茂充「台頭国の自制戦略——論理と阻害要因」『法学研究』第92巻第1号(2019年1月)、211–234頁を参照。

35 Copeland, *The Origins of Major War.*

36 野口和彦『パワー・シフトと戦争——東アジアの安全保障』東海大学出版会、2010年、26, 32–33頁。同書では、台頭国と衰退国の行動を1つの理論

間の道義的コンセンサスがなければ、システムが安定しないことである[†37]。モーゲンソーは、「勢力均衡の安定化作用が多くの戦争の回避に貢献した」という主張は、論証することも反証することも永久にできないとも論じている[†38]。

勢力均衡の論理によれば、ある特定の国が圧倒的な力を求める時に、大きな戦争が発生しやすい。覇権を追求する台頭国に直面する国々は、結束して台頭国を抑えなければ自国の安全が脅かされることになるからであり、抑止に失敗した場合、最終的には戦争によって勢力均衡の崩壊を阻止しなければならないこともある。ウォルツのネオリアリズムでも、こうした状況で発生する戦争のことは想定されているが、ピンポイントで戦争勃発を予測することはできない[†39]。攻撃的リアリズムや防御的リアリズムでも同様である。構造的リアリズムにできることは、戦争が起こりやすい環境・条件について説明するところまでである。

国内要因を媒介変数として説明に組み入れているネオクラシカル・リアリズムでは、構造理論の予測に反して、国家が戦争につながる行動を選択することも説明できる[†40]。たとえば、ランドール・シュウェラーは、バランシング(均衡化)を、①適切なバランシング、②オーバーバランシング(本来は脅威にならないターゲット国に過剰に反応し、不必要に高価で危険な軍拡スパイラルを引き起こす)、③ノンバランシング(バンドワゴンや、均衡化の責務を転嫁するバックパッシングなどの行動)、④アンダーバランシング(危険で宥和できない侵略国に対し、不十分な均衡行動しかおこ

から説明している。

37　ハンス・J・モーゲンソー『国際政治――権力と平和』現代平和研究会訳、新装版、福村書店、1998年、218頁。

38　同上、226頁。

39　ケネス・ウォルツ『国際政治の理論』河野勝、岡垣知子訳、勁草書房、2010年。

40　ジェフリー・タリアフェロが、プロスペクト理論を援用したネオクラシカル・リアリズムの理論で、大国が不必要な介入をおこなってしまう論理と実例を説明していることもその一例である。Jeffrey W. Taliaferro, *Balancing Risks: Great Power*

なわないこと)に分類し、「アンダーバランシングをおこなう国家は、回避できたはずの戦争をもたらすか、それ以外の選択をした場合よりも戦争のコストを上げてしまう」と論じている[†41]。勢力均衡の論理に従わないことが、不必要な戦争の原因になるということである。

(2)定量的な戦争研究

過去30年間ほどの定量的な戦争研究の発展は、戦争勃発のパターンに関する学界の理解を大幅に前進させた。統計分析から明らかになった相関関係が、具体的にどのような因果経路で戦争勃発につながるかという点について、理論的考察が弱いという指摘もたびたびなされているが、定量的研究から多くの有意な知見が提示されてきたことは明らかである。以下では、定量的な戦争研究の成果に関するヴァスケスやグレッグ・キャッシュマンの整理を参考にしながら、特に注目に値すると思われる戦争に関する傾向について確認してみよう[†42]。

第1に、戦争に従事する国家は、全体としてみれば、ごく一部の国家に限定されていることである。大国の方が中小国よりも戦争をはじめることが多く、国力が大きければ大きいほど、より多くの戦争を経験する傾向がある。システム内で最強の国家がもっとも頻繁に戦争をおこなう傾向があることは特に注目に値する[†43]。そして、多くの戦争はライバル関係にある国家間で戦われていることも、定量的な研究が明確に示して

Intervention in the Periphery, Cornell University Press, 2004.

41　Randall L. Schweller, *Unanswered Threat: Political Constraints on the Balance of Power*, Princeton University Press, 2006, p. 10. アンダーバランシング論については、本書第 2 章も参照。

42　Vasquez, *The War Puzzle Revisited*, pp. 423–429; Cashman, *What Causes War?*, pp. 478–479.

43　John A. Vasquez, "What Do We Know about War" in John A. Vasquez, ed., *What Do We Know about War*, 2nd ed., Rowman & Littlefield, 2012, p. 320.

いる†44。

第2は、過去5世紀を通じて、全般的に国家間戦争が減少傾向にあることである。特に大国間戦争はその傾向が顕著であり、16世紀に22回あった大国間戦争は、19世紀には5回に、20世紀には5回か6回（定義により数が変わる）に減少している†45。もっとも、1980年代まで減少傾向にあった国家間戦争であるが、1995年から2004年の10年間に件数が増え、ナポレオン戦争以来、もっとも多くの戦争が勃発した10年間になっている†46。全体として減少傾向にはあっても、戦争がなくなる方向に向かっているとは判断できない†47。

第3に、多くの場合、戦争勃発に先だって軍事化された紛争や危機が起きている。オーストリア=ハンガリー帝国のフェルディナント大公夫妻の暗殺を契機に勃発した1914年7月危機もその典型例である。どこかの国が唐突に戦争をはじめるよりも、危機や紛争がエスカレートして、戦争が起きることが多いことをデータは示している。

第4に、国家間戦争の多くは隣国同士の戦いである。隣国同士ではない場合、どちらか一方が大国であることが多い。遠方への戦力投射能力を持つ国が限られていることを考えれば容易に想像がつくことではあるが、統計的な分析でも裏付けられている。隣国同士の戦争の原因の多くは領土紛争であるが、領土紛争が必ず戦争につながるわけではない。民族問題

44　Michael P. Colaresi, Karen Rasler and William R. Thompson, *Strategic Rivalries in World Politics: Position, Space and Conflict Escalation*, Cambridge University Press, 2007, 87–90; Vasquez, "What Do We Know about War," p. 313.

45　Levy and Thompson, *Causes of War*, p. 11.

46　Sarkees and Wayman, *Resort to War*, p. 5.

47　心理学者のスティーブン・ピンカーは、ベストセラーとなった2011年の著書のなかで、戦争も含め、あらゆる形態の対人暴力が減少傾向にあり、人類は史上もっとも平和な時代を迎えているとの楽観論を展開した。Steven Pinker, *The Better Angels of Our Nature: Why Violence has Declined*, Viking 2011. こうした国家間戦争が減少しているという学説に対する有力な反論として、ベア・ブラウモラーの論考がある。Bear F. Braumoeller, *Only the Dead: The Persistence of War in the Modern*

にかかわる領土紛争が戦争に発展しやすく、それに続いて戦略的領土をめぐる紛争が戦争になりやすい。民族問題や戦略的領土をめぐる問題に比べると、経済問題にかかわる領土紛争は戦争になりにくいことも指摘されている†48。

第5に、戦争を仕掛けた側が勝利する確率が減少傾向にあることである。1900年以前は戦争をはじめた側が73%勝利していたが、1945年以降は33%に低下し、内戦ではさらに戦いをはじめた側が勝利する確率が低いというデータも存在する†49。

第6に、国家間の国力の大きな格差は、戦争よりも平和を促進する傾向があることである。交戦国のペアを統計的にみると、国家間戦争の多くは、国力が比較的近い国同士で戦われている。

以上のことは、定量的な研究が明らかにした知見のごく一部でしかないが、いずれも非常に興味深い論点となっている。それでは、こうした定量的研究の知見は、戦争勃発のメカニズムと具体的にどのようにかかわるのであろうか。

ヴァスケスは、「戦争は一連の条件によって引き起こされるのではなく、ある行動がとられることによって、戦争が発生する確率が高まる」という考え方をした方が有益であるとしている†50。ヴァスケスが提唱し、その後、複数の研究者が発展させた「戦争へのステップ」(“Steps to War”)理論は、領土紛争が段階的に戦争にエスカレートする過程を、統計的な手法を用いて明らかにしている。紛争を戦争へと発展させる可能性が高い要因を具体的に示し、統計的に分析している点が大

Age, Oxford University Press, 2019.

48　Paul K. Huth, *Standing Your Ground: Territorial Disputes and International Conflict*, University of Michigan Press, 1996; Paul R. Hensel, Sara McLaughlin Mitchell, Thomas E. Sowers II, and Clayton L. Thyne, “Bones of Contention: Comparing Territorial, Maritime, and River Issues,” *Journal of Conflict Resolution*, Vol. 52 (2008), 117–143.

49　Sarkees and Wayman, *Resort to War*, p. 1.

50　Vasquez, *The War Puzzle Revisited*, pp. 4, 9.

きな特徴であり、戦争原因に関する実証的な研究において「最も重要な理論の1つ」とみなされている†51。

領土紛争が戦争の原因になりやすいということは、すでに多くの定量的研究で示されていることであるが、「戦争へのステップ」理論の学界への貢献は、実際に戦争になる確率は、紛争当事国がどのような行動をとるかによって大きく変化することを示していることであろう。他の定量的研究も示している通り、領土紛争が戦争にエスカレートする確率は、実はそれほど高くない。ところが、ヴァスケスは、リアリストが実践を奨励する同盟の形成、軍備増強、抑止のための威嚇などのステップを紛争当事国が選択すると、戦争になる確率が上がり、複数のステップが組み合わさると戦争勃発の確率がさらに上がると主張している†52。

勢力均衡の実践が、戦争防止につながるのか、戦争の契機になるのかという点は非常に興味深い論点である。ヴァスケスらが提示するリアリズム的な「戦争へのステップ」が戦争の確率を高めるのではなく、戦争に踏み切る決断をした国家が同盟相手を探したり、軍備を増強したりするので相関が強くなるという内生性の問題も指摘されている†53。また、「戦争へのステップ」に関係なく、ライバル関係が直接的に戦争勃発の確率を高めると考えることもできそうである。

(3)戦争の交渉理論と観衆費用

どんなに一方的な戦争であっても、戦争には多大のコストを要することが一般的である。そのため、はじめから結果が

51　Susan G. Sample, "From Territorial Claim to War: Timing, Causation, and the Steps-to War," *International Interaction*, Vol. 40 (2014), p. 270.

52　Paul D. Senese and John A. Vasquez, *The Steps to War: An Empirical Study*, Princeton University Press, 2008.

53　Sample, "From Territorial Claim to War," pp. 270–285. スーザン・サンプルは「戦争へのステップ」理論の内生性の問題を事例研究で検証しているが、この理論に合致する場合とそうではない場合があるという分析結果に終わっている。

わかっているのであれば、戦わずに、交渉で問題を解決した方が双方にとってメリットがあると考えることもできる。

フィアロンは、「もし戦闘に何らかのコストやリスクがともなうのであれば、合理的な指導者は、許容できる範囲の外交的解決が実現する可能性が低くなり、攻撃を正当化することができるという結論にいたるまでは、戦争を選択しない」と論じている。そして、戦争原因を探求する方法として、「どのようなことが、国家に安価で非軍事的な解決の望みを捨てさせるのか」を特定することを提唱している†54。もし、戦争をおこなった場合の結果に基づいて和解できるのであれば、戦争にかかわる人的·物的コストを支払うことなく、戦争によって得られるものと同じ結果を得ることができることになる。そのため、戦争よりも和解の方が望ましいという論理である†55。

フィアロンは、非合理性や病的な国内政治を原因とする戦争の存在も認めているが、基本的に、戦争は非効率的だと考えている。また、合理的な国家同士であれば、戦争より望ましい、交渉による合意ライン(妥協点)が存在するはずだとも考えている†56。その上で、以下のような時には交渉が成立せず、合理的な国家でも戦争に踏み切る場合があるとしている。

第1に、合理的な指導者は相対的能力や決意の強さに関する私的情報を偽装する動機を持つため、情報の非対称性によって相互に望ましい解決策を交渉でみいだせない場合がある。第2に、合理的な国家は、コミットメント問題のために戦争をはじめることがある。交渉で何かを約束したとしても、アナーキーな国際環境下では、それを反故にする誘因が存在するため、

---

54 James D. Fearon, "Domestic Audiences and the Escalation of International Disputes," *American Political Science Review*, Vol. 88, No. 3 (September 1994), p. 577.

55 Levy and Thompson, *Causes of War*, p. 64.

56 James D. Fearon, "Rationalist Explanation for War," *International Organization*, Vol. 49, No. 3 (Summer 1995), p. 409.

戦争より望ましい解決策を取り決めることができない場合があるからである。第3に、国家は問題の不可分性によって、双方が望ましいと考える平和的解決策に達することができないことがある†57。たとえば、19世紀頃までみられた王位継承をめぐる争いもその一例であろう。

なお、双方とも交渉による解決を望んでいる場合、交渉理論では、危機の間にどれだけ強い決意を相手に伝えることができるかが、結果を左右すると考えることになる。

情報の非対称性とコミットメント問題に関連して、フィアロンは観衆費用(audience cost)という重要概念を発案している。観衆費用とは、国際交渉の際に指導者が公言した約束や威嚇を、実際には実行せずに引き下がった場合に、その指導者が国内で受ける政治的ペナルティのことである。観衆費用が高くつく国家は、紛争時に軍事的な示威行動をおこなわなくても、意思を公言することで、その決意の堅さを伝えることができる†58。この観衆費用の概念は、河野勝が評しているように、1990年代以降、国際危機をめぐる交渉に関する学術研究において中核的な位置を占めてきた†59。

フィアロンによれば、戦争のコストとリスクは、双方の紛争当事国に、戦争よりも望ましい非軍事的な解決策を見いだす強い動機を与える。問題は、交渉を有利に進めるために、意思を偽る強い動機が存在することであるが、観衆費用のようなコストのかかるシグナル(costly signal)によって、自国の決意を相手に明確に伝えることができる。そして、観衆費用を生み出す能力が低い国ほど、紛争時に引き下がる可能性が高いとフィアロンは論じている。つまり、観衆費用が高くつく民主主義国家のような国の方が、観衆費用を生み出す能力の低

57　Ibid., pp. 381–382.

58　Fearon, “Domestic Audiences and the Escalation of International Dispute,” pp. 586–587.

59　河野勝『政治を科学することは可能か』中央公論新社、2018 年、62 頁。

い独裁国家よりものような国よりも、危機時に引き下がることが少なく、交渉を有利に進めることができるということになる†60。

こうした国内観衆費用の存在は、世論調査を組み込んだ実験サーベイによっても裏付けられている。たとえば、マイケル・トムズは、複数の実験を通じて、国内観衆費用が幅広い条件にわたって存在することや、エスカレーションの度合いに応じて変化することを検証している†61。また、河野は、トムズによるサーベイ実験を日本で再現し、日本においても国内観衆費用が存在することを論証している†62。現実の危機の際にも、サーベイ実験で観察されたような形で観衆費用が存在するのであれば、合理的な国家間においては、情報の非対称性を原因とする戦争を回避できることになる。

しかしながら、歴史上の国際危機の詳細な分析をおこなっても、国内観衆費用が重要な役割を果たしたことを確認できないとの批判も存在する。たとえば、マーク・トラクテンバーグは、1867年以降の戦争には至らなかった国際危機のうち、少なくとも一方の当事国が民主主義国であった事例で国内観衆費用の存在を検証している。1875年の「目前の戦争」危機(1875年)、ファショダ危機(1898年)、二回のモロッコ危機(1905年および1911年)、ラインラント危機(1935年)、チェコ危機(1938年)、ベルリン危機(1948年)、キューバ危機(1962年)などの12の危機を検証した結果、トラクテンバーグは国際危機の際に、観衆費用のメカニズムは機能していないという結論に至っている†63。

---

60 Fearon, "Domestic Audiences and the Escalation of International Dispute," pp. 577–579, 585.

61 Michael Tomz, "Audience Costs in International Relations: An Experimental Approach," *International Organization*, Vol. 61, No. 4 (Autumn 2007), pp. 821–840.

62 河野『政治を科学することは可能か』第4章。

63 Marc Trachtenberg, "Audience Costs: An Historical Analysis," *Security Studies*, Vol. 21, No. 3 (2012), pp. 3–42.

ジャック・スナイダーとエリカ・ボーグハードの研究でも同様のことが指摘されている。彼らは、スエズ危機(1956年)、イラン人質事件(1979–1980年)、中印戦争(1962年)、キューバ危機(1962年)の事例を詳細に精査し、観衆費用の作用の有無について検証した。その結果、指導者には明白なコミットメントを避ける(無謀な「こけおどし」はせずに、逃げ道をつくっておく)傾向があること、指導者の言動と関係なく、国内の観衆は自国の決意や名誉について関心をもっていること、権威主義体制の指導者はそもそも観衆費用の論理を認識も理解もしていない場合が多いことを明らかにしている。そして、国際危機において、観衆費用は重要な役割を果たしておらず、理論の意義を再評価する必要があると結論づけている†64。

数理モデルをベースとする観衆費用の理論は、論理構成が非常に緻密であり、観衆費用の存在は複数の実験サーベイでも検証されている。フィアロンの観衆費用論から非常に多くの派生する研究が生まれていることも特筆に値する点であろう。ところが、歴史上の主要な危機を精査しても、観衆費用のメカニズムの作動を確認することはできていない。つまり、現状では、論理や想定の世界にのみ存在が確認された概念ということになる†65。

国家が費用便益の観点で合理的であれば、戦争を非効率的なものとみなすことができる(どちらかが妥協をして、交渉によって戦争が回避される)という前提にも議論の余地は大いにありそ

64　Jack S. Snyder and Erica D. Borghard, "The Cost of Empty Threats: A Penny, Not a Pound," *American Political Science Review,* Vol. 105, No. 3 (August 2011), pp. 437–456.

65　フィアロンの理論に対して、歴史家からは否定的な反応が示されることが多いと思われるが、フィアロンの理論（主としてコミットメント問題に関する相互作用的な議論）を「分析の補助線」として、外交史研究に活用できる可能性を示す興味深い論考もある。中谷直司「外交史の研究者はなぜ理論を使わないのか――研究者の『生存競争』を超えて」村田晃嗣編『外交と戦略』彩流社、2023年、183–204頁を参照。

うである。チャールズ・グレーザーは、交渉で増大したパワーを、将来、さらに大きな妥協を強いる交渉に使わないことを信頼できる形で約束することができないため、「領土の放棄などの譲歩によって、国家が将来有する国力が変化する場合、交渉によって戦争を回避できる可能性は低くなる」と指摘している†66。また、カーシュナーは、古典的リアリズムの観点から、達成不可能な正確さを目指すのは誤りであり、間違ったことを(科学という観点で)正確におこなうよりも、曖昧に正しい方がよいと主張している†67。

4. おわりに

本章では、戦争原因に関する理論的な探求について考察してきた。まず、国際関係論や安全保障研究における戦争の代表的な定義を確認し、戦争原因の分析レベルの考え方について整理した。そして、戦争の原因に関する理論研究について、リアリズムの諸理論、定量的な戦争研究、戦争の交渉モデルの代表的な論点を中心に検討した。それぞれの理論は、戦争原因のある側面を説明することはできるが、単一の理論で戦争原因の大半を説明することは困難であり、複数の理論が相互に矛盾した論理を示す場合もある。戦争原因に関する諸理論は確率論的であり、決定論的な自然科学の法則とは違って、理論に反する事例を複数集めても、すぐに理論が棄却されることはないという問題も存在する。

戦争原因を理論的に解明しようとする分析者の多くは、戦争にいたる経路が複数存在するとことには同意している。ただ、経路の数が多ければ多いほど、一般的な理論からは遠ざかる

---

66 Charles L. Glaser, *Rational Theory of International Politics: The Logic of Competition and Cooperation*, Princeton University Press, 2010, p. 117.

67 Kirshner, *An Unwritten Future*, p. 5. カーシュナーの批判の対象には、戦争の交渉理論のような合理主義理論だけではなく、ネオリアリズム以降の現代リアリズムも含まれている。

ことになり、それぞれの戦争をユニークな出来事とみなす歴史家の見解に近づくことになる†68。その一方で、個々の戦争の開戦経緯に関する歴史学的な研究（あるいは過程追跡による事例研究）は、それぞれの戦争の勃発の経緯や背景を理解する際に有用であるが、戦争原因の一般化には直接つながることはない。ただし、歴史事象の個別研究には、有用な「仮説の生成」という機能がある†69。たとえば、安全保障のジレンマや攻撃・防御バランスなどの理論が、第一次世界大戦の開戦史から着想を得て生み出されたことはよく知られている†70。

戦争原因に関する科学的な研究は、地震予知や天気の長期予報と同じような困難も抱えている。厳密に科学的な分析では、観察できる要因やデータに依拠して、実証的に研究を進めていくことになるが、それだけでは正確な予測ができないという現実がある。近似的なモデルを作ることができても、観察できない要因の存在のために、正確な予測ができないことは、プロセスが複雑な対象を分析する際には珍しいことではない。科学的な戦争研究は今後も発展していくと思われるが、厳密に科学的なアプローチにこだわることで、逆にみえにくくなる側面があることも意識しておく必要がありそうである。

戦争の原因のような複雑な現象の解明を進めるためには、数理モデルや定量的研究といった科学的に厳密なアプローチだけではなく、個々の戦争を詳細に分析する歴史研究や、リアリズムの諸理論および意思決定理論などの研究も含め、複数の方法やアプローチの成果を地道に比較検証し、統合的に考察を深めていく姿勢が求められているように思われる。

---

68 Levy and Thompson, *Causes of War*, pp. 213–214.

69 Ibid., p. 216.

70 Keir A. Lieber, "The New History of World War I and What It Means for International Relations Theory," *International Security*, Vol. 32, No. 2 (Fall 2007), p. 155; 今野茂充「国際安全保障の理論と第一次世界大戦の勃発——予防戦争理論・戦争のルビコン理論と歴史研究の進展」『国際安全保障』第44巻4号（2017年6月）、24–39頁。

あとがき

本書は、東洋英和女学院大学国際関係研究所を主体として実施されたプロジェクトの成果である。同研究所所長の小久保康之教授から、研究叢書を企画してみないかとお誘いをいただいたのは、2023年度がはじまる頃だったと記憶している。以後、4月から5月にかけて叢書の企画を練り、国際関係研究所の幹事会等の場で、幹事の先生方と叢書の方向性について議論した。その結果、国際安全保障をテーマとする書籍を、東洋英和女学院大学国際社会学部の教員のみで執筆することになった。

年度内に刊行するという目標が設定されていたため、本書の執筆・編集は時間との闘いでもあった。それぞれの分析対象における「基本的な問い」を意識して議論を進めるという方針が決まった後は、授業や会議や大学業務等の合間に相談や雑談を繰り返しつつ、各章の執筆者が具体的内容について検討を進めた。そして、2023年9月には、グランドエクシブ那須白河（福島県西白河郡西郷村）で合宿形式の研究会を実施した。この研究合宿では、非常に恵まれた環境で、各章の内容について集中的に討議する機会を得ることができた。2日間という短い時間ではあったが、日常業務から離れて、普段は校務の話ばかりになっている同僚と専門的な議論を交わすことができたことは、編者にとって非常に貴重な時間となった。多忙のなかで時間を確保していただいた執筆者の皆様に、感謝を申し上げたい。

本書の企画から刊行にいたるまで、小久保教授には多くのご助言をいただいた。小久保教授には研究合宿にもご参加いただき、各報告について有益なコメントもいただいた。心より感謝を申し上げたい。同研究所の樋口祐貴氏にも、さまざまな側面から今回のプロジェクトをサポートしていただいた。改めて感謝の意を表したい。

本書の刊行を引き受けていただいた春風社と、刊行にいたるまで適切なご助言をくださった春風社の岡田幸一氏にも厚く御礼申し上げたい。クリスマスを過ぎても原稿の一部しか入稿することができず、編者としても内心穏やかではなかったが、こうした状況においても冷静にサポートしていただいた。年末年始の入稿作業でご負担をおかけする結果になってしまったが、なんとかゴールにたどり着くことができた。重ねて御礼申し上げたい。

最後に、本書の刊行にあたっては、2023年度東洋英和女学院大学出版助成を得ている。関係各位に厚く御礼申し上げたい。

2024年1月
今野　茂充

引用文献一覧

日本語文献

赤木完爾「爆撃と封鎖――1945年夏の軍事的現実」『昭和のくらし研究』第14号（2015年12月）、7–14頁。

――「安全保障理論の新たな地平」『国際安全保障』第44巻第3号（2017年3月）、1–7頁。

赤木完爾・国際安全保障学会（編）『国際安全保障がわかるブックガイド』慶應義塾大学出版会、2024年。

浅田正彦（編）『輸出管理――制度と実践』有信堂、2012年。

足立研幾『国際政治と規範――国際社会の発展と兵器使用をめぐる規範の変容』有信堂、2015年。

阿南友亮「膨張海軍 実戦は未知数 高まる偶発的衝突の危険」『中央公論』第136巻 8号（2022年8月）、30–37頁。

有江浩一「人工知能技術が核抑止に及ぼす影響」『安全保障戦略研究』第1巻1号（2020年8月）、161–176頁。

池内恵『現代アラブ社会思想――終末論とイスラーム主義』講談社現代新書、2002年。

石津朋之「『シュリーフェン計画』論争をめぐる問題点」『戦史研究年報』第9号（2006年3月）、89–117頁。

伊豆見元「金正日『自主外交』の限界」、伊豆見元、張達重（編）『金正日体制の北朝鮮――政治・外交・経済・思想』慶應義塾大学出版会、2004年、第2章。

泉川泰博「日本国際政治学会の安全保障研究」『国際政治』第199号（2020年3月）、97–109頁。

磯﨑敦仁、澤田克己『新版 北朝鮮入門――金正恩体制の政治・経済・社会・国際関係』東洋経済新報社、2017年。

板山真弓『日米同盟における共同防衛体制の形成――条約締結から「日米防衛協力のための指針」策定まで』ミネルヴァ書房、2020年。

井上智太郎『金正恩の核兵器――北朝鮮のミサイル戦略と日本』ちくま新書、2023年。

植木千可子『平和のための戦争論――集団的自衛権は何をもたらすのか？』ちくま新書、2015年。

ウォルツ、ケネス『国際政治の理論』河野勝・岡垣知子（訳）、勁草書房、2010年。
——『人間・国家・戦争——国際政治の3つのイメージ』渡邉昭夫・岡垣知子（訳）、勁草書房、2013年。
ウォルト、スティーヴン・M『同盟の起源——国際政治における脅威への均衡』今井宏平・溝渕正季（訳）、ミネルヴァ書房、2021年。
梅川健「アメリカ大統領権限と緊急事態法制：国際緊急経済権限法と経済制裁を中心に」安全保障貿易情報センター『CISTECジャーナル』No. 191（2021年1月）、62–69頁。
梅本哲也『アメリカの世界戦略と国際秩序——覇権、核兵器、RMA』ミネルヴァ書房、2010年。
太田昌克「戦術核と拡大抑止——アメリカ冷戦戦略の「源流」から」『国際安全保障』第40巻第4号（2013年3月）、19–35頁。
オーバードーファー、ドン、ロバート・カーリン『二つのコリア——国際政治の中の朝鮮半島』第3版、菱木一美（訳）、共同通信社、2015年。
大矢根聡（編）『国際関係理論と日本外交史——「分断」を乗り越えられるか』勁草書房、2020年。
——（編）『戦後日本外交からみる国際関係——歴史と理論をつなぐ視座』ミネルヴァ書房、2021年。
岡垣知子『国際政治の基礎理論』青山社、2021年。
——「国際システムの『極』をめぐる議論のゆくえ」『国際安全保障』第51巻第3号（2023年12月）、1–17頁。
落合雄彦『アフリカの紛争解決と平和構築——シエラレオネの経験』昭和堂、2011年。
小野純子「米国における輸出管理の歴史」村上裕三（編）『米中の経済安全保障戦略——新興技術をめぐる新たな競争』芙蓉書房出版、2021年、37–70頁。
小野直樹『日本の対外行動——開国から冷戦後までの盛衰の分析』ミネルヴァ書房、2011年。
加藤陽子『満州事変から日中戦争へ』岩波新書、2007年。
神谷万丈「日本的現実主義者のパワー観」『国際安全保障』第39巻第4号（2012年3月）、66–81頁。
——「日本的現実主義者のナショナリズム観」『国際政治』第170号（2012年10月）、15–29頁。
加茂具樹「集権を選択する中国政治」中国研究所（編）『中国年鑑2023』明石書店、2023年、37–42頁。

川上桃子「台湾マスメディアにける中国の影響力の浸透メカニズム」『日本台湾学会報』第17号（2015年9月）、91–109頁。
川﨑剛『社会科学としての日本外交研究——理論と歴史の統合をめざして』ミネルヴァ書房、2015年。
——『大戦略論——国際秩序をめぐる戦いと日本』勁草書房、2019年。
川島真・小嶋華津子編『習近平の中国』東京大学出版会、2022年。
北野充『核拡散防止の比較政治——核保有に至った国、断念した国』ミネルヴァ書房、2016年。
ギルピン、ロバート『覇権国の交代——戦争と変動の国際政治学』納屋政嗣（監訳）、徳川家広（訳）、勁草書房、2022年。
クトゥブ、サイド『イスラーム原理主義の「道しるべ」　発禁〝アルカイダの教本〟全訳＋解説』岡島稔・座喜純（訳）、第三書館、2008年。
クレフェルト、マーチン・ファン『戦争の変遷』石津朋之（監訳）、原書房、2011年。
河野勝『政治を科学することは可能か』中央公論新社、2018年。
今野茂充「国際安全保障の理論と第一次世界大戦の勃発——予防戦争理論・戦争のルビコン理論と歴史研究の進展」『国際安全保障』第44巻4号（2017年6月）、24–39頁。
——「台頭国の自制戦略——論理と阻害要因」『法学研究』第92巻第1号（2019年1月）、211–234頁。
——「反実仮想と安全保障研究——1914年7月危機についての思考実験」『国際安全保障』第51巻第3号（2023年12月）69–89頁。
サックス、デビッド、イヴァン・カナパシー「台湾海峡で中国を抑止するには」『フォーリン・アフェアーズ・リポート』2023 No. 11（2023年11月）、52–58頁。
櫻田大造「カナダはなぜNORADを設立したのか——加米関係史の一考察」『国際安全保障』第40巻第4号（2013年3月）、104–121頁。
崔正勲『なぜ朝鮮半島「核」危機は繰り返されてきたのか』クレイン、2020年。
シェリング、トーマス『紛争の戦略——ゲーム理論のエッセンス』河野勝（監訳）、勁草書房、2008年。
——『軍備と影響力——核兵器と駆け引きの論理』斎藤剛（訳）、勁草書房、2018年。
ジョンソン、ジェームズ『ヒトは軍用AIを使いこなせるか——新たな米中覇権戦争』川村幸城（訳）、並木書房、2023年。
鈴木一人「国連イラン制裁の実効性」『国際安全保障』第48巻第2号（2020年9月）、68–87頁。
――「エコノミック・ステイトクラフトと国際社会」村上裕三（編）『米中の経済安全保障戦略――新興技術をめぐる新たな競争』芙蓉書房出版、2021年、9–32頁。
――「検証　エコノミック・ステイトクラフト」『国際政治』第205号（2022年2月）、1–13頁。
――「米中の技術覇権をめぐる問題」鈴木一人・西脇修（編）『経済安全保障と技術優位』勁草書房、2023年、3–23頁。
鈴木基史『平和と安全保障』東京大学出版会、2007年。
須藤季夫『国家の対外行動』東京大学出版会、2007年。
セーガン、スコット、ケネス・ウォルツ『核兵器の拡散――終わりなき論争』川上高司（監訳）、斎藤剛（訳）、勁草書房、2017年。
瀬島龍三『大東亜戦争の実相』PHP文庫、2000年。
タウンセンド、チャールズ『テロリズム』宮坂直史（訳）、岩波書店、2003年
竹内舞子「国連による北調整制裁の有効性――その効果と課題」『国際安全保障』第48巻第2号（2020年9月）、24–45頁。
武田康裕『日米同盟のコスト――自主防衛と自律の追求』亜紀書房、2019年。
武田幸男、「テロリズムはいつ流行し、終息するのか？」宮坂直史（編）『テロリズム研究の最前線』法律文化社、2023年、178–194頁。
多湖淳『戦争とは何か――国際政治学の挑戦』中公新書、2020年。
立山良司「中東における核拡散の現状と問題点」『アジア研究』Vol. 53, No. 3（2007年7月）、57–71頁。
田中修「改革開放を当面維持――3期目の経済政策」中国研究所（編）『中国年鑑2023』明石書店、2023年、55–60頁。
田中極子「デュアルユース・ジレンマとバイオテロ対策」『国際安全保障』第44巻第2号（2016年9月）、32–49頁。
――「安保理による立法的行為の評価――安保理決議1540の国内履行からの考察」日本国際連合学会『国連研究』第24号（2023年6月）、133–158頁。
タネンワルド、ニーナ「21世紀における核のタブーの遺産」吉田文彦（訳）、マイケル・D・ゴードン、G.ジョン・アイケン

ベリー編『国際共同研究　ヒロシマの時代――原爆投下が変えた世界』藤原帰一、向和歌奈（監訳）、岩波書店、2022年、265–282頁。
千々和泰明『安全保障と防衛力の戦後史1971～2010』千倉書房、2021年。
――『戦後日本の安全保障――日米同盟、憲法9条からＮＳＣまで』中公新書、2022年。
チャ、ビクター・D『米日韓反目を超えた連携』船橋洋一（監訳）、倉田秀也（訳）、有斐閣、2003年。
土山實男『安全保障の国際政治学――焦りと傲り』第2版、有斐閣、2014年。
太永浩『三階書記室の暗号 北朝鮮外交秘録』鐸木昌之（監訳）、文藝春秋、2019年。
冨樫あゆみ『日韓安全保障協力の検証――冷戦以後の「脅威」をめぐる力学』亜紀書房、2017年。
中谷直司「外交史の研究者はなぜ理論を使わないのか――研究者の『生存競争』を超えて」村田晃嗣編『外交と戦略』彩流社、2023年、183–204頁。
中西寛、石田淳、田所昌幸『国際政治学』有斐閣、2013年。
中野雅之「米国の輸出管理の新展開――従来型の限界と今後」村山雄三（編）『米中の経済安全保障戦略――新興技術をめぐる新たな競争』芙蓉書房出版、2021年、111–139頁。
中村元哉・森川裕貫・関智英・家永真幸『概説　中華圏の戦後史』東京大学出版会、2022年。
西脇修「経済安全保障と通商政策――技術優位への影響」鈴木一人・西脇修（編）『経済安全保障と技術優位』勁草書房、2023年、81–112頁。
日本軍縮学会（編）『軍縮・不拡散の諸相』信山社、2019年。
野口和彦『パワー・シフトと戦争――東アジアの安全保障』東海大学出版会、2010年。
バトー、ネイサン・F「現状維持を望む台湾市民」『フォーリン・アフェアーズ・リポート』2023年No. 2（2023年2月）、70–75頁。
林望『習近平の中国――百年の夢と現実』岩波新書、2017年。
ハルバースタム、デイヴィッド『ザ・コールデスト・ウィンター朝鮮戦争』上巻、山田耕介・山田侑平（訳）、文春文庫、2012年。
福田円「中国と台湾の関係はどうなるのか」加茂具樹編『「大国」

としての中国』一藝社、2017年、129–144頁。
ブラットマン、クリストファー『戦争と交渉の経済学――人はなぜ戦うのか』神月謙一（訳）、草思社、2023年。
古川勝久「北朝鮮による制裁強化への適応と国際社会の課題」『国際安全保障』第46巻第2号（2018年9月）、43–65頁。
防衛省防衛研究所「朝鮮半島――北朝鮮の経済・核「並進路線」と韓国の信頼外交の始動」『東アジア戦略概観2014』防衛省防衛研究所、2014年、第2章。
防衛大学校安全保障研究会編『安全保障のポイントがよくわかる本――「安全」と「脅威」のメカニズム』亜紀書房、2007年。
防衛大学校安全保障研究会編『安全保障学入門』新訂第5版、亜紀書房、2018年。
朴正鎮「北朝鮮における安全保障」木宮正史編『朝鮮半島と東アジア』岩波書店、2015年、第5章。
保坂修司『正体――オサマ・ビンラディンの半生と聖戦』朝日新聞社、2001年。
ボルトン、ジョン『ジョン・ボルトン回顧録――トランプ大統領との453日』梅原季哉（監訳）、朝日新聞出版、2020年。
益尾知佐子「中国の国内統治と安全保障戦略」『国際問題』715号（2023年10月）、40–49頁。
松田康博・清水麗編『現代台湾の政治経済と中台関係』晃洋書房、2018年。
ミアシャイマー、ジョン・J『完全版 大国政治の悲劇』奥山真司（訳）、五月書房、2017年。
宮岡勲『入門講義 安全保障入門』第2版、慶應義塾大学出版会、2023年。
宮坂直史（編）『テロリズム研究の最前線』法律文化社、2023年。
宮下明聡『ハンドブック戦後日本外交――対日講和から密約問題まで』ミネルヴァ書房、2017年。
宮本悟「朝鮮民主主義人民共和国における国防政策の目的一朝鮮労働党の軍事路線の成立経緯」『国際安全保障』第40巻第1号（2012年6月）、1–18頁。
村山裕三「日本の経済安全保障政策への展望」村上裕三（編）『米中の経済安全保障戦略――新興技術をめぐる新たな競争』芙蓉書房出版、2021年、207–229頁。
室井義雄『石油資源の呪い――ナイジェリア政治経済史――』東京図書出版、2023年。

モーゲンソー、ハンス・J『国際政治――権力と平和』新装版、現代平和研究会（訳）、福村出版、1998年。
――『国際政治』中巻、原彬久（監訳）、岩波文庫、2019年。
山本健『ヨーロッパ冷戦史』ちくま新書、2021年。
山本吉宣、河野勝（編）『アクセス安全保障論』日本経済評論社、2005年。
吉川直人・野口和彦（編）『国際関係理論』第2版、勁草書房、2015年。
吉田文彦『迫りくる核リスク――〈核抑止〉を解体する』岩波新書、2022年。
吉村祥子（編）『国連の金融制裁――法と実務』東信堂、2018年。
李鍾元「朝鮮半島核危機の前史と起源 ――冷戦からポスト冷戦への転換を中心に」『アジア太平洋研究』、No. 44（2022年）、51–76頁。
レイン、クリストファー『幻想の平和――1940年から現在までのアメリカの大戦略』奥山真司（訳）、五月書房、2011年。
若林正丈「『台湾のあり方』を見つめ続けてきた世論調査」『交流』第953号（2020年8月）、7–11頁。

英語文献

Aggarwal, Vinod K., and Andrew W. Reddie, "New Economic Statecraft: Industrial Policy in an Era of Strategic Competition," *Issues & Studies: A Social Science Quarterly on China, Taiwan and East Asian Affairs*, Vol. 56, No. 2 (2020), pp. 1–29.
——, "Economic Statecraft in the 21st Century: Implications for the Future of the Global Trade Regime," *World Trade Review*, Vol. 20 Special Issue 2 (May 2021), pp. 137–151.
Baldwin, David A., *Economic Statecraft*, Princeton University Press, 1985.
Bateman, Jon, *U.S.-China Technological "Decoupling": A Strategy and Policy Framework*, Carnegie Endowment for International Peace, 2022.
Bell, Mark S., *Nuclear Reactions: How Nuclear-Armed States Behave*, Cornell University Press, 2021.
Bennett, D. Scott, and Allan C. Stam, *The Behavioral Origins of War*, University of Michigan Press, 2004.
Betts, Richard K., *Nuclear Blackmail and Nuclear Balance*, Brookings Institution, 1987.

Blainey, Geoffrey, *The Causes of War*, 3rd ed., Free Press, 1988.

Braumoeller, Bear F., *Only the Dead: The Persistence of War in the Modern Age*, Oxford University Press, 2019.

Brodie, Bernard, *How Much Is Enough? Guns Versus Butter Revisited*, California Seminar on Arms Control and Foreign Policy, Lecture Series No. 56.

Bull, Hedley, *The Anarchical Society: A Study of Order in World Politics*, 2nd ed., Columbia University Press, 1995.

Cashman, Greg, *What Causes War? An Introduction to Theories of International Conflict*, 2nd ed., Rowman & Littlefield, 2014.

Christensen, Thomas J., "The Contemporary Security Dilemma: Deterring a Taiwan Conflict," *The Washington Quarterly*, Vol. 25, No. 4 (Autumn 2002), pp. 7–21.

Christensen, Thomas J., and Jack Snyder, "Chain Gangs and Passed Bucks: Predicting Alliance Patterns in Multipolarity," *International Organization*, Vol. 44, No. 2 (1990), pp. 137–168.

Colaresi, Michael P., Karen Rasler and William R. Thompson, *Strategic Rivalries in World Politics: Position, Space and Conflict Escalation*, Cambridge University Press, 2007.

Copeland, Dale C., *The Origins of Major War*, Cornell University Press, 2000.

David, Steven R., "Explaining Third World Alignment," *World Politics*, Vol. 43., No. 2 (1991), pp. 233–256.

Debs, Alexandre and Nuno P. Monteiro, *Nuclear Politics: The Strategic Causes of Proliferation*, Cambridge University Press, 2017.

Deutsch, Karl, *Nationalism and Social Communication: An Inquiry into the Foundation of Nationality*, MIT Press, 1953.

Doyle, Andrew, *The New Puritans: How the Religion of Social Justice Captured the Western World*, Constable, 2022.

Drezner, Daniel, "Power and International Relations: a temporal view," *European Journal of International Relations*, Vol. 27, No. 1 (2021), pp. 29–52.

English, Richard, *Does Terrorism Work? A History*. Oxford University Press, 2016.

Fearon, James D., "Domestic Audiences and the Escalation of International Disputes," *American Political Science Review*, Vol. 88, No. 3 (September 1994), pp. 577–592.

——, James D., "Rationalist Explanation for War," *International Organization*, Vol. 49, No. 3 (Summer 1995), pp. 379–414.

Fitzpatrick, Mark, "Artificial Intelligence and Nuclear Command and Control," *Survival*, Vol. 61, No. 3 (June–July 2019), pp. 81–92.

Freedman, Lawrence, "Defining War" in Julian Lindley-French and Yves Boyer eds., *The Oxford Handbook of War*, Oxford University Press, 2014, pp. 17–29.

Fukuyama, Francis, *Identity: Contemporary Identity Politics and the Struggle for Recognition*, Profile Books, 2018.

Futter, Andrew, and Benjamin Zala, "Strategic Non-Nuclear Weapons and the Onset of the Third Nuclear Age," *European Journal of International Security*, Vol. 6 (2021), pp. 257–277.

Gambetta, Diego, and Steffen Hertog, *Engineers of Jihad: The Curious Connection between Violent Extremis and Education*, Princeton University Press, 2016.

Gat, Azar, *The Causes of War and the Spread of Peace: But Will War Rebound?* , Oxford University Press, 2017.

Gavin, Francis J., *Nuclear Statecraft: History and Strategy in America's Atomic Age*, Cornell University Press, 2012.

——, "Strategies of Inhibition: U.S. Grand Strategy, the Nuclear Revolution, and Nonproliferation," *International Security*, Vol. 40, No. 1 (Summer 2015), pp. 9–46.

——, *Nuclear Weapons and American Grand Strategy*, Brookings Institution, 2020.

Geist, Edward, and Anderw J. Lohn, "How Might Artificial Intelligence Affect the Risk of Nuclear War?" RAND Corporation, 2018, https://www.rand.org/content/dam/rand/pubs/perspectives/PE200/PE296/RAND_PE296.pdf.

George, Alexander L., ed., *Avoiding War: Problems of Crisis Management*, Westview Press, 1991.

Glaser, Charles L., "Realists as Optimists: Cooperation as Self-Help," *International Security*, Vol. 19, No. 3 (Winter 1994/95), pp. 50–90.

——, *Rational Theory of International Politics: The Logic of Competition and Cooperation*, Princeton University Press, 2010.

Gorski, Philip S. and Samuel L. Perry, *The Flag + the Cross: White Christian Nationalism and the Threat to American Democracy*, Oxford University Press, 2022.

Græger, Nina, Bertel Heurlin, Ole Wæver, and Anders Wivel, eds., *Polarity in International Relations: Past, Present, Future*, Palgrave Macmillan, 2022.

Gray, Colin S., *Another Bloody Century: Future Warfare*, Phoenix, 2005.

Hensel, Paul R., "Review of Available Data Sets," Sara McLaughlin Mitchell, Paul F. Diehl and James Morrow, eds., *Guide to the Scientific Study of International Processes*, Wiley-Blackwell, 2012, pp. 43–62.

Hensel, Paul R., Sara McLaughlin Mitchell, Thomas E. Sowers II, and Clayton L. Thyne, "Bones of Contention: Comparing Territorial, Maritime, and River Issues," *Journal of Conflict Resolution*, Vol. 52 (2008), 117–143.

Hoffman, Bruce, *Inside Terrorism*. Columbia University Press, 1998.

Horowitz, Michael C., and Lauren Kahn, "How Joe Biden Can Use Confidence-Building Measures for Military Uses of AI," *Bulletin of the Atomic Scientists*, Vol. 77, No. 1 (2021), pp. 33–35.

——, "Leading in Artificial Intelligence through Confidence Building Measures," *Washington Quarterly*, Vol. 44, No. 1 (2022), pp. 91–106.

Horowitz, Michael C., and Paul Scharre, "AI and International Stability: Risks and Confidence-Building Measures," Center for a New American Security, January 2021, https://www.cnas.org/publications/reports/ai-and-international-stability-risks-and-confidence-building-measures.

Howard, Michael, *The Causes of War*, Harvard University Press, 1983.

Hunter, Robert E., "Terrorism and War" in Julian Lindley-French and Yves Boyer eds., *The Oxford Handbook of War*, Oxford University Press, 2014, pp. 198–211.

Huth, Paul K., *Standing Your Ground: Territorial Disputes and International Conflict*, University of Michigan Press, 1996.

Jervis, Robert, "Cooperation under the Security Dilemma," *World Politics*, Vol. 30, No. 2 (January 1978), pp. 167–214.

——, "Deterrence Theory Revisited," *World Politics*, Vol. 31, No. 2 (January 1979), pp. 289–324.

——, *The Meaning of the Nuclear Revolution: Statecraft and the Prospect of Armageddon*, Cornell University Press, 1989.

——, "War and Misperception," Robert I. Rotberg and Theodore K. Rabb, eds., *The Origin and Prevention of Major Wars*, Cambridge University Press, 1989, pp. 101–126.

——, *Perception and Misperception in International Politics*, Princeton University Press, 2017 [1976].

Johnson, Dominic and Zoey Reeve, "The Virtues of Intolerance: Is

Religion an Adaptation for War?" in Steve Clarke Russel Powell, and Julian Savulescu eds., *Religion, Intolerance, and Conflict: A Scientific and Conceptual Investigation*. Oxford University Press, 2013, pp. 67–87.

Johnson, James, "Inadvertent Escalation in the Age of Intelligence Machines: A New Model for Nuclear Risk in the Digital Age," *European Journal of International Security*, No. 7 (2022), pp. 337–359.

Jones, Scott, "Disrupting Export Controls: 'Emerging and Foundational Technologies' and Next Generation Controls," *Strategic Trade Review*, Vol. 6, Issue.9 (Winter/Spring 2020), pp. 31–52.

Juergensmeyer, Mark, *When God Stops Fighting: How Religious Violence Ends*, University of California Press, 2022.

Kirshner, Jonathan, *An Unwritten Future: Realism and Uncertainty in World Politics*, Princeton University Press, 2022.

Klare, Michael T., "Cyber Battles, Nuclear Outcomes? Dangerous New Pathways to Escalation," *Arms Control Today*, November 2019, https://www.armscontrol.org/act/2019–11/features/cyber-battles-nuclear-outcomes-dangerous-new-pathways-escalation.

Koch, Lisa Langdon, *Nuclear Decisions: Changing the Course of Nuclear Weapons Programs*, Oxford University Press, 2023.

Lauren, Paul Gordon, Gordon A. Craig, Alexander L. George, *Force and Statecraft: Diplomatic Challenges of Our Time*, Sixth Edition, Oxford University Press, 2020.

Lee, Kyung Suk, James D. Kim, Hwalmin Jin and Matthew Fuhrmann, "Nuclear Weapons and Low-Level Military Conflict: Research Note," *International Studies Quarterly*, Vol. 66, 2022, spac067, https://doi.org/10.1093/isq/sqac067.

Lerner, Daniel, *The Passing of Traditional Society: Modernizing the Middle East*, Macmillan Publishing, 1958.

Levy, Jack S., "The Offensive/Defensive Balance of Military Technology: A Theoretical and Historical Analysis," *International Studies Quarterly*, Vol. 28, No. 2 (June 1984), pp. 219–238.

Levy, Jack S., and William R. Thompson, *Causes of War*, Wiley-Blackwell, 2010.

Lewis, Patricia, Heather Williams, Benoît Pelopidas and Sasan Aghlani, "Too Close for Comfort: Cases of Near Nuclear Use and Options for Policy," *Chatham House Report*, April 2014.

Lieber, Keir A., "The New History of World War I and What It Means for

International Relations Theory," *International Security*, Vol. 32, No. 2 (Fall 2007), pp. 155–191.

Lieber, Keir A. and Daryl G. Press, *The Myth of the Nuclear Revolution: Power Politics in the Atomic Age*, Cornell University Press, 2020.

Liff, Adam P., and Andrew S. Erickson, "Calming the Waters: The Need for Crisis Management in the East China Sea," *Foreign Affairs*, March 23, 2015, https://www.foreignaffairs.com/articles/east-asia/2015-03-23/crowding-waters.

Lin, Bonny, and David Sacks, "How to Prevent an Accidental War Over Taiwan," *Foreign Affairs*, October 12, 2021, https://www.foreignaffairs.com/articles/taiwan/2021-10-12/how-prevent-accidental-war-over-taiwan.

MacMillan, Margaret, *War: How Conflict Shaped Us*, Profile Books, 2020.

Mallett, Ellis and Thomas Juneau, "A Neoclassical Realist Theory of Overbalancing," *Global Studies Quarterly*, Vol. 3, No2 (2023), ksad023, https://doi.org/10.1093/isagsq/ksad023.

McDonald, Patrick J., *The Invisible Hand of Peace: Capitalism, The War Machine, and International Relations Theory*, Cambridge University Press, 2009.

Mearsheimer, John J., *The Tragedy of Great Power Politics*, W. W. Norton, 2001.

Mearsheimer, John J., and Stephen M. Walt, "The Case for Offshore Balancing A Superior U.S. Grand Strategy," *Foreign Affairs* (July/August 2016), pp. 70–83.

Monteiro, Nuno P., "We Can Never Study Merely One Thing," *Critical Review*, Vol. 24, No. 3 (March 2012), pp. 343–366.

Morrow, James D., "Alliances and Asymmetry: An Alternative to the Capability Aggregation Model of Alliances," *American Journal of Political Science*, Vol. 35, No. 4 (1991), pp. 904–933.

Muro, Diego and Tim Wilson eds., *Contemporary Terrorism Studies*. Oxford University Press, 2022.

Narang, Vipin, *Seeking the Bomb: Strategies of Nuclear Proliferation*, Princeton University Press, 2022.

Narang, Vipin and Scott D. Sagan, eds., *The Fragile Balance of Terror: Deterrence in the New Nuclear Age*, Cornell University Press, 2022.

Nye, Joseph S, Jr., and Sean M. Lynn-Jones, "International Security Studies: A Report of a Conference on the State of the Field," *International Security*, Vol. 12 , No. 4 (Spring 1988), pp. 5–27.

Pape, Robert A., *Bombing to Win: Air Power and Coercion in War*, Princeton

University Press, 1996.

Pinker, Steven, *The Better Angels of Our Nature: Why Violence has Declined*, Viking 2011.

Prazeres, Tatiana, L., "Trade and National Security: Rising Risks for the WTO," *World Trade Review*, Vol. 19, Issue 1 (2020), pp. 137–148.

Quackenbush, Stephen L., "The Problem with Accidental War," *Conflict Management and Peace Studies*, Vol. 40, Issue 6 (2023), pp. 1–17.

Rapoport, David C., "The Four Waves of Modern Terrorism," Reprinted in Hogan, John and Kurt Braddock. *Terrorism Studies: A Reader*, Routledge, 2012, pp. 41–60. [Originally published in Audrey Kurth Cronin and James M. Ludes eds., *Attacking Terrorism: Elements of a Grand Strategy*, Georgetown University Press, pp. 46–73.]

Reich, Walter ed., *Origins of Terrorism: Psychologies, Ideologies, Theologies, State of Mind.* Woodrow Wilson Center Press, 1990.

Reus-Smit, Christian, "Constructivism," Scott Burchill et al., eds., *Theories of International Relations*, 3rd ed., Palgrave Macmillan, 2005, pp. 188–211.

Ripsman, Norrin M., and Jack S. Levy, "Wishful Thinking or Buying Time? The Logic of British Appeasement in the 1930s," *International Security*, Vol. 33, No. 2 (Fall 1995), pp. 148–181.

Russett, Bruce and John Oneal, *Triangulating Peace: Democracy, Interdependence, and International Organization*, Norton, 2001.

Sagan, Scott D., *The Limits of Safety: Organizations, Accidents, and Nuclear Weapons*, Princeton University Press, 1993.

——, "Why Do States Build Nuclear Weapons? Three Models in Search of a Bomb," *International Security*, Vol. 21, No. 3 (Winter 1996–1997), pp. 54–86.

Sample, Susan G., "From Territorial Claim to War: Timing, Causation, and the Steps-to War," *International Interaction*, Vol. 40 (2014), pp. 270–285.

Sarkess, Meredith Reid, and Frank Whelon Wayman, *Resort to War 1816–2007: A Data Guide to Inter-State, Extra-State, Intra-State, and Non-State Wars*, CQ Press, 2010.

Schelling, Thomas C., *Arms and Influence*, Yale University Press, 2020 [1966].

Schweller, Randall L., *Deadly Imbalances: Tripolarity and Hitler's Strategy of World Conquest*, Columbia University Press, 1998.

——, *Unanswered Threat: Political Constraints on the Balance of Power*, Princeton University Press, 2006.

Sechser, Todd S., and Matthew Fuhrmann, *Nuclear Weapons and Coercive*

Diplomacy, Cambridge University Press, 2017.

Senese, Paul D., and John A. Vasquez, *The Steps to War: An Empirical Study*, Princeton University Press, 2008.

Shane, Scott. *Objective Troy: A Terrorist, A President, and the Rise of the Drone*, Penguin Random House, 2015.

Singer, J. David, "The Level-of-Analysis Problem in International Relations," *World Politics*, Vol. 14, Special Issue 1 (October 1961), pp. 77–92.

Snow, Donald M., *Uncivil Wars: International Security and the New Internal Conflicts*, Lynne-Rienner, 1996.

Snyder, Glenn, "The Balance of Power and the Balance of Terror," in Paul Seabury, ed., *The Balance of Power*, Chandler Books, 1965, pp. 184–201.

Snyder, Jack S., and Erica D. Borghard, "The Cost of Empty Threats: A Penny, Not a Pound," *American Political Science Review,* Vol. 105, No. 3 (August 2011), pp. 437–456.

Stein, Janice Gross, "Crisis Behavior: Miscalculation, Escalation, and Inadvertent War," Robert A. Denemark, ed., *The International Studies Encyclopedia*, Vol. 2, Wiley-Blackwell, 2010, pp. 665–682.

——, "The Arab-Israeli War of 1967: Inadvertent War Through Miscalculated Escalation," in Alexander L. George ed., *Avoiding War: Problems of Crisis Management*, Westview Press, 1991, pp. 126–159.

Stockholm International Peace Research Institute, *SPIRI Yearbook 2023 – Armaments, Disarmament and International Security*, Oxford University Press, 2023.

Taliaferro, Jeffrey W., *Balancing Risks: Great Power Intervention in the Periphery*, Cornell University Press, 2004.

Tomz, Michael, "Audience Costs in International Relations: An Experimental Approach," *International Organization*, Vol. 61, No. 4 (Autumn 2007), pp. 821–840.

Trachtenberg, Marc, "The 'Accidental War' Question," paper presented at a workshop on Organization Theory and International History, Stanford University, February 14, 2000, https://www.sscnet.ucla.edu/polisci/faculty/trachtenberg/cv/inadvertent.pdf.

Trachtenberg, Marc, "Audience Costs: An Historical Analysis," *Security Studies*, Vol. 21, No. 3 (2012), pp. 3–42.

Van Evera, Stephen, *Causes of War: Power and the Roots of Conflict*, Cornell University Press, 1999.

Vasquez, John A., "What Do We Know about War" in John A. Vasquez, ed., *What Do We Know about War*, 2nd ed., Rowman & Littlefield, 2012 pp. 301–330.
——, *The War Puzzle Revisited*, Cambridge University Press, 2012.
Voll, John O., "Political Islam and the State," in John L. Esposito and Emad El-Din Shahin eds., *The Oxford Handbook of Islam and Politics*, Oxford University Press, 2013, pp. 56–67.
Watts, Michael, "Revolutionary Islam: A Geography of Modern Terror," in Derek Gregory and Allan Pred eds., *Violent Geographies: Fear, Terror, and Political Violence*. Routledge, 2007, pp. 175–203.
Wendt, Alexander, *Social Theory of International Relations*, Cambridge University Press, 1999.
Whiting, Allen S., "The U.S.-China War in Korea," in Alexander L. George, ed., *Avoiding War: Problems of Crisis Management,* Westview Press, 1991, pp. 103–125.
Williams, Clive, *Terrorism Explained: The Facts About Terrorism and Terrorist Groups*, New Holland Publishers, 2004.
Wolfers, Arnold, *Discord and Collaboration: Essays on International Politics*, Johns Hopkins University Press, 1962.
Wood, Graeme, *The Way of the Strangers: Encounters with the Islamic State*, Random House, 2017.
Zahra, Tara, *Against the World: Anti-Globalism and Mass Politics Between the World Wars*, Norton, 2023.

英語以外の外国語文献

Sarnap, Siti Sujinah. *Bilakah Munculnya Dajjal*（ダッジャールの出現はいつか）, Selangor, Malaysia: Hijjaz Records Publishing, 2023.
우승지（宇スンジ）「냉전 시기 한국-일본 협력의 퍼즐:불개입가설 대 개입-연합정치가설（冷戦期韓国——日本協力のパズル：不介入仮説対加入連合政治仮説）」『한국정치학회보（韓国政治学会報）』第37巻第3号（2003年）、129–149頁。
송순민（宋旻淳）『빙하는 움직인다：비핵화와 통일외교의 현장（氷河は動く:非核化と統一外交の現場）』Changbi Publishers、2016年。
장명봉（張明奉）「북한의 2009 헌법개정과 선군정치의 제도적 공고화（北韓の2009憲法改正と先軍政治の制度的強固化）」『헌법학 연구（憲法学研究）』第16巻第1号（2010年）、341–377頁。

장성장(鄭成長)「김정일 시대 북한의 '선군정치' 와 당·군 관계（金正日時代北韓の '先軍政治' と党・軍関係）」『국가전략（国家戦略）』第7巻第3号（2001年）、51–78頁。
장성장(鄭成長)「한반도 종전선언에 대한 북한의 입장 평가（韓半島終戦宣言に対する北韓の立場への評価）」『정세와 정책（情勢と政策）』12月号（2021年）、1–4頁。

執筆者紹介

（掲載順）

今野 茂充（こんの しげみつ）【編者】

◆**現職**　東洋英和女学院大学国際社会学部教授

◆**学歴**　慶應義塾大学大学院法学研究科後期博士課程修了。博士（法学）。

◆**専攻**　国際政治、国際関係理論、安全保障研究

◆**主要著作**

『第一次世界大戦への道――破局は避けられなかったのか』共訳、慶應義塾大学出版会、2017年。

『東アジアのなかの日本と中国――規範・外交・地域秩序』共編著、晃洋書房、2016年。

『戦略史としてのアジア冷戦』共編著、慶應義塾大学出版会、2013年。

福田 保（ふくだ たもつ）

◆**現職**　東洋英和女学院大学国際社会学部教授

◆**学歴**　オーストラリア国立大学大学院アジア太平洋研究科博士課程修了（Ph. D. in Politial Science and International Relations）

◆**専攻**　国際関係論

◆**主要著作**

Handbook of Japanese Security, 共著 , MHM Limited, 2023.

『「一帯一路」時代のASEAN――中国傾斜のなかで分裂・分断に向かうのか』共著、明石書店、2020年。

『アジアの国際関係――移行期の地域秩序』編著、春風社、2018年。

冨樫 あゆみ（とがし あゆみ）

◆**現職**　東洋英和女学院大学国際社会学部准教授

◆**学歴**　ソウル国立大学校政治外交学部政治学専攻博士課程修了。政治学博士。

◆**専攻**　国際政治、北東アジア安全保障

◆**主要著作**

『日韓安全保障協力の検証』、亜紀書房、2017年。

「脅威均衡戦略としての日韓・日米韓安全保障協力――脅威均衡同盟説からの考察」『現代韓国朝鮮研究』第23号、2023年。

『アジアからみるコロナと世界――我々は分断されたのか』共著、毎日新聞出版、2022年。

田中 極子（たなか きわこ）

◆**現職**　東洋英和女学院大学国際社会学部准教授

◆**学歴**　国際基督教大学大学院後期博士課程修了。博士（学術）。

◆**専攻**　国際関係論、国際機構論、安全保障、軍縮・不拡散、政治思想

◆**主要著作**

「Controlling the Transfer of Biotechnology in the Age of Strategic Competition」『社会科学ジャーナル』No.90、2023年。

「安保理による立法的行為の評価

——安保理決議1540の国内履行からの考察」『国連研究』第24号、2023年。

河野 毅（こうの たけし）

♦**現職**　東洋英和女学院大学国際社会学部教授

♦**学歴**　オハイオ州立大学政治学部博士課程修了。Ph.D.

♦**専攻**　比較政治学

♦**主要著作**

Compliance and Resistance: Governance in Transitional Societies in East and Southeast Asia, 共著, Palgrave, 2023.

『秋田から考えるアジアの地域協力』共著、芦書房、2022年。

"To Combat Extremism, How to Frame Religion Matters: Southeast Asia in Comparative Perspective." *Studia Islamika*. Vol. 28, No 3 (2021).

望月 克哉（もちづき かつや）

♦**現職**　東洋英和女学院大学国際社会学部教授

♦**学歴**　東京外国語大学大学院地域研究研究科修士課程修了。国際学修士。

♦**専攻**　国際関係論、アフリカ地域研究

♦**主要著作**

『途上国石油産業の政治経済学的分析』共著、岩波書店、2010年。

Protest and Social Movements in the Developing World, 共著, Edward Elgar, 2009.

『人間の安全保障の射程——アフリカにおける課題』編著、アジア経済研究所、2006年。

望月 敏弘（もちづき としひろ）

♦**現職**　東洋英和女学院大学国際社会学部教授

♦**学歴**　慶應義塾大学大学院法学研究科後期博士課程単位取得後退学。

♦**専攻**　近現代中国政治史、地域研究（中国・台湾）

♦**主要著作**

『ニクソン訪中と冷戦構造の変容』共著、慶應義塾大学出版会、2006年。

『歴史の中の中国政治——近代と現代』共著、勁草書房、1999年。

『20世紀の中国——政治変動と国際契機』共著、東京大学出版会、1994年。

【編者】今野茂充（こんの・しげみつ）
東洋英和女学院大学国際社会学部教授

東洋英和女学院大学社会科学研究叢書 11

国際安全保障（こくさいあんぜんほしょう）

——基本的（きほんてき）な問（と）いにどう答（こた）えるか

2024 年 3 月 27 日　初版発行

東洋英和女学院大学　国際関係研究所

発行者　三浦衛
発行所　春風社 Shumpusha Publishing Co.,Ltd.
横浜市西区紅葉ヶ丘 53　横浜市教育会館 3 階
〈電話〉045-261-3168　〈FAX〉045-261-3169
〈振替〉00200-1-37524
http://www.shumpu.com　✉ info@shumpu.com

装丁・レイアウト　矢萩多聞
印刷・製本　シナノ書籍印刷 株式会社

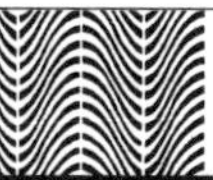

乱丁・落丁本は送料小社負担でお取り替えいたします。

ISBN 978-4-86110-958-4 C0036 ¥2500E